普通高等教育"十二五"规划教材·卓越汽车工程师系列

汽车测试技术

（第2版）

陈　勇　主编
孙逢春　主审

北京理工大学出版社
BEIJING INSTITUTE OF TECHNOLOGY PRESS

内 容 简 介

本书第一版被评为"北京市高等教育精品教材"。

本书是关于汽车测试技术的基础理论和基本技术的专业基础教材，介绍汽车测试技术的理论和方法，内容涉及汽车试验过程中测试系统组成的各个环节，主要包括信号及其分类，测试系统的基本特性，常用传感器的原理、特点与选用原则，测试信号调理与显示记录，测试数据分析，计算机测试系统以及典型的汽车性能试验等内容，在有些章节，列出了 MATLAB 语言的源程序。

本书可作为车辆工程、汽车服务工程及相关专业的本科生教材，也可为研究生和从事汽车试验的工程技术人员提供参考。

版权专有　侵权必究

图书在版编目（CIP）数据

汽车测试技术／陈勇主编． —2 版． —北京：北京理工大学出版社，2013.9（2019.7 重印）
ISBN 978 – 7 – 5640 – 8347 – 2

Ⅰ．①汽…　Ⅱ．①陈…　Ⅲ．①汽车 – 测试技术 – 高等学校 – 教材　Ⅳ．①U467

中国版本图书馆 CIP 数据核字（2013）第 218352 号

出版发行 ／	北京理工大学出版社有限责任公司
社　　址 ／	北京市海淀区中关村南大街 5 号
邮　　编 ／	100081
电　　话 ／	（010）68914775（总编室）
	82562903（教材售后服务热线）
	68948351（其他图书服务热线）
网　　址 ／	http：//www.bitpress.com.cn
经　　销 ／	全国各地新华书店
印　　刷 ／	北京虎彩文化传播有限公司
开　　本 ／	787 毫米×1092 毫米　1/16
印　　张 ／	14.75
字　　数 ／	336 千字
版　　次 ／	2013 年 9 月第 2 版　2019 年 7 月第 9 次印刷
定　　价 ／	39.00 元

责任编辑／李秀梅
文案编辑／李秀梅
责任校对／周瑞红
责任印制／王美丽

图书出现印装质量问题，请拨打售后服务热线，本社负责调换

编写委员会

编委会主任： 王耀斌（吉林大学）

编委会副主任： 上官文斌（华南理工大学）　　刘玉梅（吉林大学）
　　　　　　　　　马　钧（同济大学）　　　　　付百学（黑龙江工程学院）

编委（排名不分先后）：

边明远（清华大学）	韩加蓬（山东理工大学）
徐雯霞（同济大学）	齐晓杰（黑龙江工程学院）
何　瑛（同济大学）	于春鹏（黑龙江工程学院）
胡　宁（上海工程技术大学）	倪明辉（黑龙江工程学院）
金海松（上海工程技术大学）	张　蕾（天津工程师范学院）
宋年秀（青岛理工大学）	董恩国（天津工程师范学院）
刘瑞昌（青岛理工大学）	迟瑞娟（中国农业大学）
陈　勇（北京信息科技大学）	庞昌乐（中国农业大学）
杨守丽（辽宁工业大学）	李真芳（中国农业大学）
王海林（华南农业大学）	李淑艳（中国农业大学）
朱　刚（华南理工大学）	陈　理（中国农业大学）
丁问司（华南理工大学）	韩同群（湖北汽车工业学院）
王　春（广州大学）	陈立辉（河北师范大学）
赵福堂（北京理工大学）	征小梅（重庆工学院）
谭德荣（山东理工大学）	范钦满（淮阴工学院）
曲金玉（山东理工大学）	高爱云（河南科技大学）

出版说明

近几年，我国的汽车生产量和销售量迅速增大，全国汽车保有量大幅度上升，世界各知名汽车企业纷纷进入国内汽车市场，促进了国内汽车技术的发展。汽车保有量的急剧增加和汽车技术的不断更新，使得汽车运用与维修行业的车源、车种、服务对象以及维修作业形式都已发生了新的变化，以致技能型、运用型人才非常紧缺。

本套教材针对汽车专业学生教学特点的变化和新形势下教材的编写要求，面向高等院校（应用型），以服务市场为基础，以提高能力为本位，注重培养学生的综合能力，同时合理控制理论知识，丰富实例，力求突出应用型学科教材的实用性、操作性特色。

本套教材可供开设有汽车运用工程、汽车服务工程、汽车交通与运输、汽车维修等汽车相关专业的高等院校使用，也可作为成人高等教育、汽车技术培训等相关课程的培训教材。

本套教材经编委会相关老师评审，做了适当的修改，内容更具体、更实用，特推荐出版。但限于水平和经验，本套图书难免存在不足之处，敬请广大同行和读者批评指正。

丛书编委会

前 言

汽车测试技术是伴随汽车工业的发展逐渐成长起来的。汽车测试技术基础是车辆工程和汽车服务工程专业本科生的必修课，所涉及的内容是本科生需要掌握的基础知识。汽车测试技术所涉及的知识面较广，需要有较好的数学基础，同时，新技术在汽车试验中的使用，使得汽车试验技术发展较快。编写本教材的出发点就是希望既能够较全面地介绍汽车试验技术，又能够便于学生理解和掌握试验技术涉及的基础知识。

本书作者长期从事汽车试验技术的教学与科研工作，在内容的安排上借鉴了同类教材的优点，同时注意把该学科的最新成果及时引入到教材中，在注意介绍基础理论知识的同时，也注意到了新技术在汽车试验中的应用。在编写过程中，力求做到深入浅出，物理概念准确，以汽车工程应用为背景，便于学生理解和掌握。

本书是为车辆工程及汽车服务工程专业的本科生而编写的，计划学时在48学时左右，同时也可供研究生及有关工程技术人员参考。全书共分八章。第1章简要介绍汽车试验技术的发展与现状、研究内容、研究对象及学习方法；第2章介绍信号及其分类方法；第3章介绍测试系统的特性；第4章介绍汽车上常用的传感器原理及其测量电路，着重介绍传感器的工作原理及结构，使学生了解典型测量电路，能够根据需要选择传感器；第5章介绍信号调理与显示记录装置，包括电桥、放大器、信号的调制与解调、滤波器、信号的传输及干扰抑制等内容；第6章介绍测试数据分析的内容，包括测量误差的概念、静态测试数据分析、动态测试数据分析以及数字信号分析与处理的内容；第7章介绍计算机测试技术，包括计算机辅助测试系统组成、虚拟仪器系统以及汽车车载网络系统的内容；第8章介绍典型汽车试验的系统组成、试验方法等内容，是前面各章内容的综合运用，便于学生理解汽车试验技术的组织实施过程，包括动力性能试验、燃油经济性试验、制动性能试验、平顺性试验、噪声试验和尾气排放试验。

本书由北京信息科技大学陈勇担任主编，辽宁工业大学段敏、中国北方车辆研究所王艳琴、华南理工大学康龙云担任副主编。第1章、第2章、第4章、第6章部分内容和第8章第2节由陈勇编写；第3章由段敏编写；第5章、第7章由康龙云编写；第8章1、4、5、6节分别由李贵远（辽宁工业大学）、何辉（辽宁工业大学）、张立军（辽宁工业大学）、王岩松（辽宁工业大学）编写；第 6 章部分内容和第 8 章第 3、7 节由王艳琴编写。张大明、陆中奎、赵治、马也等绘制了部分插图。

本书由北京理工大学孙逢春教授担任主审，他在百忙之中抽出时间对全书进行了仔细而全面的审阅，并提出了许多宝贵的意见和建议，在此表示最诚挚的谢意。

本书在编写的过程中，引用了一些国内外书籍、期刊等文献资料，充实和丰富了本书的内容，在此向有关文献的作者表示感谢。

由于作者水平和能力有限，书中不足和不当之处恳请广大读者批评指正。

编　者

目 录

第1章 绪论 (1)
  1.1 汽车测试技术的发展与现状 (1)
  1.2 汽车测试技术的基本内容 (2)
  1.3 本课程的研究对象与学习方法 (3)
  思考题 (4)

第2章 信号及其分类 (5)
  2.1 概述 (5)
  2.2 信号的分类及描述 (6)
  2.3 周期信号及其频谱 (10)
  2.4 非周期信号及其频谱 (15)
  2.5 典型信号及其频谱 (18)
  2.6 随机信号 (21)
  思考题 (24)

第3章 测试系统的基本特性 (25)
  3.1 概述 (25)
  3.2 测试系统的特性 (27)
  3.3 测试系统在典型输入下的动态响应 (39)
  3.4 测试系统实现不失真测试的条件 (41)
  3.5 测试系统动态特性的测定 (43)
  思考题 (47)

第4章 常用的传感器 (48)
  4.1 传感器的分类 (48)
  4.2 电阻应变片式传感器 (50)
  4.3 电感式传感器 (55)
  4.4 电容式传感器 (62)
  4.5 压电式传感器 (69)
  4.6 磁电式传感器 (73)
  4.7 霍尔式传感器 (75)
  4.8 光电式传感器 (78)
  4.9 热敏传感器 (82)
  4.10 光纤传感器 (88)

4.11 超声波传感器 ……………………………………………………………… (91)
  4.12 传感器的发展方向 ……………………………………………………… (92)
  4.13 传感器的选用原则 ……………………………………………………… (93)
  思考题 …………………………………………………………………………… (95)

第5章 测试信号变换调理与显示记录 ……………………………………… (96)
  5.1 电桥 ……………………………………………………………………… (96)
  5.2 放大器 …………………………………………………………………… (101)
  5.3 信号的调制与解调 ……………………………………………………… (105)
  5.4 滤波器 …………………………………………………………………… (110)
  5.5 信号的传输及干扰抑制 ………………………………………………… (116)
  5.6 信号的显示与记录装置 ………………………………………………… (120)
  思考题 …………………………………………………………………………… (123)

第6章 测量误差分析与试验数据处理 ……………………………………… (124)
  6.1 测量误差概述 …………………………………………………………… (124)
  6.2 异常数据的取舍 ………………………………………………………… (127)
  6.3 直接测量参数和间接测量参数测定值的处理 ………………………… (131)
  6.4 静态试验数据分析 ……………………………………………………… (133)
  6.5 动态试验数据分析 ……………………………………………………… (140)
  6.6 数字信号分析与处理 …………………………………………………… (154)
  思考题 …………………………………………………………………………… (162)

第7章 计算机测试系统 ……………………………………………………… (164)
  7.1 概述 ……………………………………………………………………… (164)
  7.2 计算机测试系统的组成技术 …………………………………………… (165)
  7.3 虚拟仪器系统开发平台 LABVIEW …………………………………… (172)
  7.4 汽车车载网络系统（CAN） …………………………………………… (176)
  思考题 …………………………………………………………………………… (178)

第8章 汽车性能试验 ………………………………………………………… (180)
  8.1 汽车的分类与试验的一般要求 ………………………………………… (180)
  8.2 汽车动力性能试验 ……………………………………………………… (182)
  8.3 汽车燃料经济性试验 …………………………………………………… (190)
  8.4 汽车制动性能试验 ……………………………………………………… (197)
  8.5 汽车平顺性试验 ………………………………………………………… (204)
  8.6 汽车噪声试验 …………………………………………………………… (208)
  8.7 汽车尾气排放试验 ……………………………………………………… (214)
  思考题 …………………………………………………………………………… (221)

参考文献 ……………………………………………………………………… (222)

第1章 绪 论

1.1 汽车测试技术的发展与现状

测试技术是科学技术的一部分,是科学技术和生产发展中不可或缺的。其发展促进了科学技术水平的不断提高,推动了生产的自动化水平。科学技术水平的提高又为测试技术的创新、完善和发展创造了条件。

现代测试技术是指在科学技术高度发展的今天进行测试所采用的技术。与一般的测量相比,采用现代测试技术进行测试使得可以测量的量更多,测量的范围更广,得到的被测量的值更准确,采用的技术更先进、更复杂,可以对被测量进行自动采集、分析和处理数据,并以人们常见的形式予以显示。测试技术与信号处理(简称测试)是信息技术三大支柱(测控技术、计算机技术和通信技术)之一。

汽车工业的特点是产量大、品种多、产品的使用条件复杂多变,对产品的性能、寿命、质量和成本等方面要求高,影响产品质量的因素多。汽车由上万个零件组成,已经成为高度机电一体化的产品。汽车技术涉及机械、动力、电子、电磁、控制和网络等多个领域。许多影响因素很难在设计和制造过程中考虑得非常周密,而且许多理论问题研究得还不够充分,不少设计还不能根据现有的理论做出准确的预测,这些都需要经过测试结果来检验。测试可以帮助设计人员了解汽车在实际使用中各种现象的本质及其规律,为解决问题提供依据,同时也为技术进步提供推动力。特别是随着汽车电子技术的不断发展,对汽车测试技术提出了新的更高的要求。汽车测试技术对于保证汽车整车及零部件产品的质量和性能,提高汽车产品的竞争力具有重要意义。

汽车测试技术是伴随汽车工业的发展而逐渐成长起来的。自1913年第一条汽车总装生产流水线建成后,劳动生产率显著提高,汽车的成本下降,产量增加,并扩大了使用范围。从20世纪初至20世纪40年代,由于采用了大规模生产技术和流水生产线,产品的可靠性、寿命和性能方面的许多问题需要通过试验来解决,汽车行业逐渐制订了相关的标准和规范,形成了具有行业特色的试验方法和试验设备,如转鼓试验台、疲劳试验台等,道路试验成为汽车试验的重要方法之一,并出现了专用的汽车试验场。

随着汽车工业的不断发展,特别是相关学科的发展,汽车测试技术开始大量应用电子、光学、理化与机械相结合的测试技术。进入20世纪70年代以来,随着计算机技术的发展和应用,以及汽车各系统功能的不断提升与扩展,汽车测试技术获得了巨大发展,相关的测试标准日臻完善。有限元方法(FEM)、虚拟仪器(VI)、仿真(Simulation)分析方法、虚拟现实(VR)技术和虚拟试验场(VPG)技术等在汽车测试中得到了不同程度的应用,不仅能够预测汽车的整车性能,而且能够模拟特定的试验工况进行试验。汽车测试技术正在向高性能、多功能、集成化和网络化方向发展。

1.2　汽车测试技术的基本内容

试验是对迄今未知事物的探索性认识过程，测量是为确定被测对象的量值而进行的试验过程。测试可以理解为测量和试验的综合，是具有试验性质的测量，是为获得有关研究对象的状态、运动和特征等方面的信息而进行的。所谓信息，一般可理解为消息、情报或知识，在自然科学中，信息是对这些物理对象的状态或特性的反映。信息本身不是物质，也不具有能量，但信息的传输却依靠物质和能量。信号是信息的载体，测试人员的任务就是根据测试目的确定测试系统以获取测量信号，并从复杂的信号中提取有用的信息。

测试系统因测试目的的不同而存在差异，其种类、型号繁多，用途、性能差异很大，但作用都是用于各种物理量或化学成分等参量的测量。信号在系统组成单元之间传递的流程为：各种传感器（变送器）将非电被测物理量或化学成分参量转换成电信号，经信号调理（信号变换、信号检波、信号滤波、信号放大等）、传输、数据采集、信号处理后显示并输出。测试系统的一般结构框图如图1-1所示。

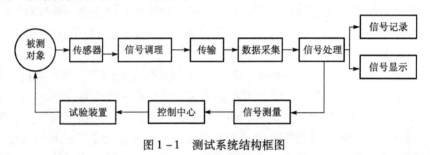

图1-1　测试系统结构框图

传感器是测试系统中的第一个环节，是测量的源头，是测试系统与被测对象直接发生联系的器件或装置，用于从被测对象中获取所需要的信息，并按照一定规律将其转换为适于测量的变量或信号。对于一个测量任务来说，第一步是能够有效地获取从被测对象上所能取得的有用信息，所以传感器在整个测量系统中的作用是至关重要的。传感器通常由敏感元件和转换部分组成，其中敏感元件为传感器直接感受被测参量变化的部分，转换部分的作用通常是将敏感元件的输出转换为便于传输和后续环节处理的电信号。但并不是所有的传感器均可以明确地区分敏感和转换两部分，有的传感器是合二为一，有的仅有敏感元件（如热电阻、热电偶）而无转换部分。传感器的种类繁多，分类方法也较多。

信号调理是对来自于传感器的微弱信号做进一步的加工和处理，例如将幅值放大、调制与解调、阻抗变换、抗混滤波、放大等，以方便测试系统的后续环节处理或显示。例如，被测试件变形引起电阻应变片的电阻变化时，通常采用电桥将电阻值的变化转变为电压信号，其输出既可用指示仪表直接测量，也可以送入放大器进行放大。

传输是用导线把测量仪器与被测对象联系起来，完成信号的传递，分为无线传输和导线传输两种，在传输回路中应对干扰进行抑制。

数据采集模块在测试系统中的作用是对信号调理后的连续模拟信号进行离散化并转换成与模拟信号电压幅度相对应的一系列数值信息，同时以一定方式把这些转换数据及时传递给微处理器或依次自动存储。数据采集模块通常以各类模/数（A/D）转换器为核心，辅以模拟多路开关、采样/保持器、输入缓冲器、输出锁存器等。

信号处理模块是进行数据处理和各种控制的中枢环节，通常以各种单片机、微处理器为核心，目前专用的高速数据处理器（DSP）也已广泛应用。

信号显示对被测参量随时间变化的情况进行显示，有模拟显示、数字显示、屏幕显示等多种显示形式。

被测对象和观察者也是测试系统的组成部分，他们同传感器、信号调理部分和数据存储与显示部分一起构成了一个完整的测试系统。这是由于在用传感器获取被测对象的有用信号时，被测对象与传感器之间不同的连接方式或耦合方式也会对传感器产生影响和作用，同样观察者自身的行为和方式也直接或间接地影响着系统的传递特性，所以在评价测试系统性能时也要考虑这两个环节。

如果所测试的信号不随时间变化，或相对观察时间而言变化非常缓慢而可以忽略其变化者，则称这种测试是静态的；如果所测试的信号随时间变化较快，这种测试属于动态测试。本书的重点在动态测试方面。

1.3　本课程的研究对象与学习方法

本课程研究的对象是汽车研究与开发过程中与测试相关的技术，主要涉及测试系统的静、动态特性，常用传感器原理、特性及选择，以及与之匹配的测量电路、信号调理及记录仪器的结构与工作原理，电子计算机在测试系统中的应用，测试信号的分析和数据处理方法，汽车的性能试验。

对高等学校车辆工程专业、汽车服务工程专业及相关专业的学生来讲，"汽车测试技术"是一门专业基础课。通过本课程的学习，学生应该掌握有关测试技术的基本理论和技术，培养学生能较为正确地选择测试装置，初步掌握试验方法和测试技术，正确处理试验数据和分析试验结果，为学生进一步学习、研究和处理汽车工程技术中的测试技术问题打下基础。为此，本课程的重点内容包括：

（1）掌握信号与信号处理的理论和方法，包括信号时域和频域的描述方法，建立明确的信号的频谱概念；掌握相关分析和频谱分析的基本原理和方法；了解数字信号处理的基本理论和方法。

（2）掌握测试系统特性的评价方法，包括测试系统传递特性的时域、频域描述，传递函数和频率响应函数，一阶、二阶系统的动态特性描述及其参数的测量方法以及不失真测试的条件。

（3）掌握传感器的原理，了解传感器的选用原则，包括各类常用传感器的原理、结构及性能参数等，能较为正确地选用传感器。

（4）掌握信号调理的原理和方法，包括电桥电路和信号的调制与解调、信号的放大与滤波、信号的存储与记录等，以及上述各种电路的原理与应用。

（5）对计算机组成的测试系统有一个完整的概念。

（6）了解静、动态测试数据的处理方法，了解误差的来源，静态测试数据分析方法及动态测试数据的时域、幅值域和频域的处理方法。

（7）了解汽车工程中典型性能试验的测试系统原理、构成和测试方法。

"汽车测试技术"课程中涉及过去所学的许多有关知识，需要多种学科知识的综合运用，其内容包括常用的试验基本理论和技能，具有涉及面宽、实践性强的特点。学生在学习过程中要注意理解物理概念，掌握基本原理和特性，密切联系实际，加强实践环节。学习中，学生必须通过必要的试验课，亲自动手完成某些试验项目的全过程，受到科学试验能力的基本训练，才能掌握有关试验的知识和测试技术，初步具有在实际生产、科研中组织、实施各种试验工作的能力。

思 考 题

1-1 简述汽车测试技术的发展现状和趋势。

1-2 简述测试系统的组成及各部分功用。

第 2 章 信号及其分类

2.1 概　述

2.1.1 信号的概念

在科学研究和生产过程中，测试是从客观事物中提取有关信息的认识过程，因此，测试技术属于信息科学范畴。

信号只是信息的某种表现形式，是传输信息的载体，信号是物理性的，并且随时间而变化，这是信号的本质所在。一般说来，传输信息的载体称为信号，信息蕴涵在信号中。例如，在无线电通信中，电磁波信号运载着新闻或音乐信息。信号是有能量的物质，它描述了物理量的变化过程，在数学上，可以表示为一个或几个独立变量的函数，可以是随时间或空间变化的图形。例如，汽车驾驶员座椅振动信号可以表示为一个时间函数；机械零件的表面粗糙度，则可以表示为一个二元空间变量的高度函数。

实际的信号往往包含着多种信息成分，其中有些是我们需要的，被称为有用信号，而那些我们不关心的信息成分，则被称为干扰信号（也被称为噪声或冗余信息）。但有用信号和干扰信号是相对的，在一种场合下，认为是干扰信号，在另一种场合中却可能是有用的。例如，车内噪声对车内乘客是噪声，但对于降低车内噪声的试验而言却是有用信号，试验人员需要根据噪声来确定噪声的来源，为降噪提供依据。

2.1.2 信号的时域分析和频域分析

通常，信号可以被看作一个随时间变化的量，是时间的函数 $x(t)$。在相应的图形表示中，时间 t 作为自变量出现在横坐标上。信号的这种描述方法就是信号的时域描述。一般的，信号的波形就是指被测信号幅度随时间的变化历程。基于微分方程和差分方程等知识，在时域中对信号进行分析的方法称为信号的时域分析。

对于快速变化的信号，时域描述不能很好地揭示信号特征。此时，人们感兴趣的是较大的幅值会出现在哪些频率或哪些频带上，或在特定的频率或频带上，幅值是如何分布的。通常把时域描述的信号进行变换，以达到更加全面深入研究信号、从中获得更多有用信息的目的。将信号的时域描述通过数学处理变换为频域分析的方法称为频谱分析。常用的变换方法有傅里叶（Fourier）变换、拉普拉斯（Laplace）变换和 Z 变换等。

将频率作为自变量，把信号看作频率 f 的函数 $X(f)$，在相应的图形表示中，频率 f 作为自变量出现在横坐标上，信号的这种描述方法就是信号的频域描述。信号在频域中的图形表示又称作信号的频谱，包括幅值谱和相位谱等。幅值谱以频率为横坐标，以幅度为纵坐标；相位谱以频率为横坐标，以相位为纵坐标。基于傅里叶变换理论，在频域中对信号进行分析的方法称为信号的频域分析。对信号的频域，可以用幅值谱、相位谱、幅值谱密度、功率谱密度等描述。

信号分析的主要任务就是要从尽可能少的信号中，取得尽可能多的有用信息。时域分析和频域分析，只是从两个不同角度去观察同一现象。时域分析比较直观，能一目了然地看出信号随时间的变化过程，但看不出信号的频率成分；而频域分析正好与此相反。在工程实际中应根据不同的要求和不同的信号特征，选择合适的分析方法，或两种分析方法结合起来，从同一测试信号中取得所需要的信息。

2.2 信号的分类及描述

为深入了解信号的物理实质，将其进行分类研究是非常必要的。下面介绍几种比较常见的分类方法。

2.2.1 确定性信号和非确定性信号

信号按其运动规律，可分为确定性信号和非确定性信号，如图 2-1 所示。

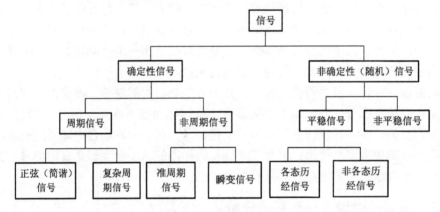

图 2-1 信号的分类

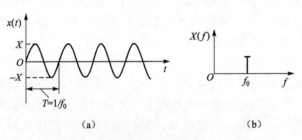

图 2-2 正弦信号的时间历程和频谱图
(a) 时间历程；(b) 频谱图

1. 确定性信号

可以用明确的数学关系式描述的信号称为确定性信号，可以进一步分为周期信号、非周期信号。

周期信号是经过一定时间就重复出现的信号。周期信号又分为正弦信号（包括余弦信号）和复杂周期信号。图 2-2 所示为正弦信号的时间历程和频谱图。

周期信号满足下列条件：

$$x(t) = x(t + nT) \tag{2-1}$$

式中 $n = 0, \pm 1, \cdots$

T——周期，$T = 2\pi/\omega = 1/f$（ω 为角频率或圆频率，f 为频率）。

复杂周期信号可以看成由若干个频率之比为有理数（精确地表示为两个整数之比的数，整数和通常所说的分数都是有理数，包括正有理数，0，负有理数）的正弦波叠加而成。图 2-3 所示为复杂周期信号的时间历程和频谱图。

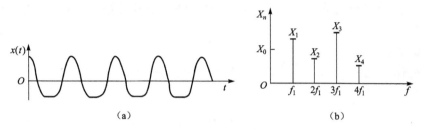

图 2-3 复杂周期信号的时间历程和频谱图
(a) 时间历程；(b) 频谱图

非周期信号往往具有瞬变性，虽可用明确的时间函数描述，但不具有周期性。它包括瞬变信号和准周期性信号。瞬变信号

$$x(t) = \begin{cases} Ae^{-at}\cos bt & t \geq 0 \\ 0 & t < 0 \end{cases}$$

其时间历程和频谱图如图 2-4 所示。例如锤子的敲击力为瞬变信号，可以表示为 $F = \sin \omega t$ $(0 < t < \tau)$。

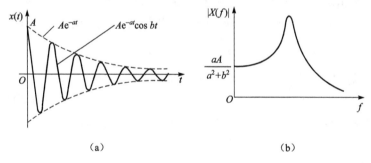

图 2-4 瞬变信号的时间历程和频谱
(a) 时间历程；(b) 频谱图

准周期信号是周期与非周期的边缘情况，是有限个周期信号的合成，但各周期信号的频率相互间不是公倍数的关系，其合成信号不满足周期条件，频谱如图 2-5 所示。例如：

$$x(t) = \sin t + \sin \sqrt{2} t$$

这是两个正弦信号的合成，其频率比 $\omega_1/\omega_2 = 1/\sqrt{2}$，不是有理数，不是谐波关系。

2. 非确定性信号

非确定性信号，又称随机信号，不能用数学关系式描述，其幅值、相位变化是不可预知的，所描述的物理现象是一种随机过程。例如，

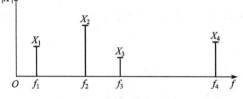

图 2-5 准周期信号的频谱

汽车行驶时所产生的振动、飞机在大气流中的浮动、环境噪声等,只能通过统计分析方法得到信号的整体统计特征,如均值、方差、自相关等。

2.2.2 能量信号和非能量信号

从信号能量的角度区分为能量信号和非能量信号,在非能量信号中又可分为功率信号和非功率信号。

1. 能量信号

在所分析的区间 $(-\infty, +\infty)$,能量为有限值的信号 $x(t)$ 称为能量信号。信号应满足条件:

$$\int_{-\infty}^{+\infty} x^2(t) dt < +\infty \qquad (2-2)$$

否则为非能量信号。

信号的能量,可以这样解释:对于电信号,通常是电压或电流,电压 $U(t)$ 在已知区间 (t_1, t_2) 内消耗在电阻 R 上的能量为

$$E = \int_{t_1}^{t_2} \frac{U^2(t)}{R} dt \qquad (2-3)$$

对于电流 $i(t)$,能量为

$$E = \int_{t_1}^{t_2} i^2(t) R dt \qquad (2-4)$$

在上面每一种情况下,能量都是正比于信号平方的积分。讨论消耗在 1 Ω 电阻上的能量是非常方便的,因为 $R = 1$ Ω 时,上述两式具有相同的形式,采用这种规定时,就称方程

$$E = \int_{t_1}^{t_2} x^2(t) dt \qquad (2-5)$$

为任意信号 $x(t)$ 的"能量"。但必须注意到,这一关系式中包括了一个带有适当量纲的数"1"。通常定义,当区间 (t_1, t_2) 为 $(-\infty, +\infty)$ 时,能量为有限值的信号称为能量信号,或称为能量有限信号,例如矩形脉冲 (t_1, t_2)、减幅正弦波 $(0, +\infty)$ 和衰减指数等信号。

2. 功率信号

有许多信号,如周期信号、随机信号等,在所分析的区间 $(-\infty, +\infty)$ 内能量不是有限值,此时研究信号的平均功率更为合适。

在区间 (t_1, t_2) 内,信号的平均功率为

$$P = \frac{1}{t_2 - t_1} \int_{t_1}^{t_2} x^2(t) dt \qquad (2-6)$$

若所分析的区间为 $(-\infty, +\infty)$ 时,式 $(2-6)$ 仍然大于零,那么信号具有有限的平均功率,我们称之为功率信号。功率信号 $x(t)$ 应满足条件:

$$0 < \lim_{T \to +\infty} \frac{1}{2T} \int_{-T}^{T} x^2(t) dt < +\infty \qquad (2-7)$$

否则为非功率信号。

对比式 $(2-2)$ 和式 $(2-7)$ 可以发现,一个能量信号具有零平均功率,而一个功率信号具有无穷大能量。

2.2.3 时限信号和频限信号

信号从持续时间上区分为时限信号（定义域为有限）和时域无限信号。

时限信号是在有限区间 (t_1, t_2) 内定义，而其外延恒等于零，例如矩形脉冲、三角脉冲等；而周期信号、指数衰减信号、随机过程等，则称为时域无限信号。

频限信号指信号经过傅里叶变换，在频域内占据一定带宽 (f_1, f_2)，其外延恒等于零。例如，正弦信号、sinc (t) 函数、限带白噪声等，为时域无限频域有限信号；δ 函数、白噪声、理想采样信号等，则为频域无限信号。

时间有限信号的频谱，在频率轴上可以延伸至无限远。由时、频域对称性可推论：一个具有有限带宽的信号，必然在时间轴上延伸至无限远。可见，一个信号不能够在时域和频域都是有限的。时限信号和频限信号如图2-6所示。

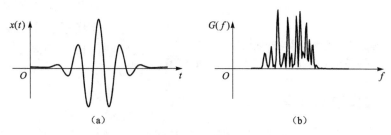

图2-6 时限信号与频限信号的示意图
(a) 时限信号；(b) 频限信号

2.2.4 带限信号和非带限信号

从频域分布上区分为带限信号（定义域为有限）和非带限信号，或宽带信号和窄带信号。

设信号的频率上限为 f_H，下限为 f_L，则当 $f_H - f_L$ 与 $f_H + f_L$ 为同一数量级时称为宽带信号，否则为窄带信号。

2.2.5 连续时间信号和离散时间信号

根据信号的时间函数取值的连续性与离散性，信号可分为连续时间信号（定义域连续）和离散时间信号（定义域离散）。

1. 连续时间信号

在所讨论的时间间隔内，对于任意时间值（除若干个第一类间断点外），都可给出确定的函数值，这类信号称为连续时间信号，其函数值（幅值）可以是连续的（我们称之为模拟信号），也可以是离散的。

所谓第一类间断点，应满足条件：函数在间断点处左极限与右极限存在；左极限与右极限不等，即 $x(t_0^-) \neq x(t_0^+)$；间断点收敛于左极限与右极限函数值的中点。所以，正弦、直流、阶跃、矩形脉冲、截断信号等，都称为连续时间信号。

实际中，连续信号与模拟信号一般不予区别。另一类是虽然时间上连续，但它们的幅度却只限于有限个数值，这一类信号称为离散幅度信号。

2. 离散时间信号

离散时间信号（简称离散信号）又称为时域离散信号，它是在所讨论的时间区间内，只在规定的不连续的瞬时给出函数值，在其他时间没有定义，因此，它是离散时间变量的函数。

离散时间信号又可分为两种：一种是时间离散而函数值（幅值）连续的，称为采样信号；另一种是时间离散而函数值（幅值）量化的，称为数字信号。

一般的，连续信号与离散信号对应，而模拟信号与数字信号对应。连续时间信号和离散时间信号如图2-7所示。

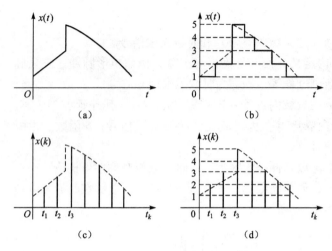

图2-7 连续信号与离散信号
（a）连续信号；（b）量化信号；（c）离散信号；（d）数字信号

2.2.6 物理可实现信号

物理可实现信号又称单边信号，满足条件 $t<0$ 时，$x(t)=0$，即在时刻小于零一侧信号幅值全为零，信号完全由时刻大于零的一侧确定。工程信号都是物理可实现信号。

在实际中出现的信号，大量的是物理可实现信号，因为这种信号反映了物理上的因果关系。在实际中所能测得的信号，许多都是由一个激发脉冲作用于一个物理系统之后所输出的信号。所谓物理系统，具有这样一种性质：当激发脉冲作用于系统之前，系统是不会有响应的；换句话说，在零时刻之前，没有输入脉冲，则输出为零。

2.3 周期信号及其频谱

利用傅里叶级数，一般周期信号可以展开成多个乃至无穷多个不同频率谐波信号的线性叠加。

2.3.1 三角函数形式的傅里叶级数

从数学分析已知，任何周期函数，在满足狄里赫利（Dirichlet）条件（即函数在周期 T 上连续或只有有限个第一类间断点，并且只有有限个极值点且收敛）下，都可以用正弦和余弦函数序列或复指数函数序列之和来表示。

通常有实数形式的傅里叶级数表达式为

$$x(t) = \frac{a_0}{2} + \sum_{n=1}^{+\infty} (a_n \cos n\omega_0 t + b_n \sin n\omega_0 t) \qquad (2-8)$$

$$x(t) = \frac{a_0}{2} + \sum_{n=1}^{+\infty} A_n \cos(n\omega_0 t - \varphi_n) \qquad (2-9)$$

式中 $a_0 = \dfrac{2}{T}\displaystyle\int_{-\frac{T}{2}}^{\frac{T}{2}} x(t)\,\mathrm{d}t$ 为常值分量；

$a_n = \dfrac{2}{T}\displaystyle\int_{-\frac{T}{2}}^{\frac{T}{2}} x(t)\cos n\omega_0 t\,\mathrm{d}t$ 为余弦分量；

$b_n = \dfrac{2}{T}\displaystyle\int_{-\frac{T}{2}}^{\frac{T}{2}} x(t)\sin n\omega_0 t\,\mathrm{d}t$ 为正弦分量；

ω_0 为基频，$n\omega_0$ 称为 n 次谐频；

$A_n = \sqrt{a_n^2 + b_n^2}$ 为各频率分量的幅值；

$\varphi_n = \arctan\dfrac{b_n}{a_n}$ 为各频率分量的相位。

可见，任何周期函数可以分解成若干乃至无穷个正弦、余弦分量，其频率是基频的整数倍。谐波分量的幅值 a_0、a_n、b_n、A_n 以及相角 φ_n 均由周期信号的一个完整周期所决定。

工程上习惯将计算结果用图形方式表示，以 f 或 ω 为横坐标，分别以 a_n 和 b_n 为纵坐标画图，称为实频谱图和虚频谱图；以 f 或 ω 为横坐标，分别以幅值 A_n 和相角 φ_n 为纵坐标画图，则称为幅值谱图和相位谱图。由于 n 是整数序列，各频率成分都是基频 ω_0 的整数倍，相邻频率的间隔 $\Delta\omega = \omega_0 = \dfrac{2\pi}{T}$，因而，谱线是离散的。

2.3.2 复指数形式的傅里叶级数

傅里叶级数也可以表示成复指数形式的展开式。根据欧拉公式：

$$\mathrm{e}^{\pm\mathrm{j}\theta} = \cos\theta \pm \mathrm{j}\sin\theta$$

$$\cos\theta = \frac{\mathrm{e}^{-\mathrm{j}\theta} + \mathrm{e}^{\mathrm{j}\theta}}{2},\ \sin\theta = \frac{\mathrm{e}^{\mathrm{j}\theta} - \mathrm{e}^{-\mathrm{j}\theta}}{2\mathrm{j}} = -\mathrm{j}\frac{\mathrm{e}^{\mathrm{j}\theta} - \mathrm{e}^{-\mathrm{j}\theta}}{2}$$

式（2-8）可转换为

$$\begin{aligned} x(t) &= \frac{a_0}{2} + \sum_{n=1}^{+\infty}\left(a_n\frac{\mathrm{e}^{\mathrm{j}n\omega_0 t} + \mathrm{e}^{-\mathrm{j}n\omega_0 t}}{2} - \mathrm{j}b_n\frac{\mathrm{e}^{\mathrm{j}n\omega_0 t} - \mathrm{e}^{-\mathrm{j}n\omega_0 t}}{2}\right) \\ &= \frac{a_0}{2} + \sum_{n=1}^{+\infty}\left(\frac{a_n - \mathrm{j}b_n}{2}\mathrm{e}^{\mathrm{j}n\omega_0 t} + \frac{a_n + \mathrm{j}b_n}{2}\mathrm{e}^{-\mathrm{j}n\omega_0 t}\right) \end{aligned} \tag{2-10}$$

令

$$C_0 = \frac{1}{2}a_0 = \frac{1}{T}\int_{-\frac{T}{2}}^{\frac{T}{2}} x(t)\,\mathrm{d}t$$

$$C_n = \frac{a_n - \mathrm{j}b_n}{2} = \frac{1}{T}\int_{-\frac{T}{2}}^{\frac{T}{2}} x(t)\mathrm{e}^{-\mathrm{j}n\omega_0 t}\,\mathrm{d}t$$

$$C_{-n} = \frac{a_n + \mathrm{j}b_n}{2} = \frac{1}{T}\int_{-\frac{T}{2}}^{\frac{T}{2}} x(t)\mathrm{e}^{\mathrm{j}n\omega_0 t}\,\mathrm{d}t$$

把 C_{-n}，C_0，C_n 用 C_n 统一表示，即

$$C_n = \frac{1}{T}\int_{-\frac{T}{2}}^{\frac{T}{2}} x(t)\mathrm{e}^{-\mathrm{j}n\omega_0 t}\,\mathrm{d}t \quad (n = 0, \pm1, \pm2, \cdots) \tag{2-11}$$

式（2-11）就是傅里叶级数的系数。此时，式（2-10）可写为

$$x(t) = C_0 + \sum_{n=1}^{+\infty}(C_n e^{jn\omega_0 t} + C_{-n}e^{-jn\omega_0 t}) \qquad (2-12)$$

$$= \sum_{n=-\infty}^{+\infty} C_n e^{jn\omega_0 t}$$

式（2-12）就是复指数形式的傅里叶级数展开式。将式（2-11）代入式（2-12），得

$$x(t) = \frac{1}{T}\sum_{n=-\infty}^{+\infty}\left[\int_{-\frac{T}{2}}^{\frac{T}{2}} x(\tau)e^{-jn\omega_0 \tau}d\tau\right]e^{jn\omega_0 t} \qquad (2-13)$$

一般情况下，C_n 是复数，可以写成

$$C_n = |C_n|e^{j\varphi_n} \qquad (2-14)$$

式中 $|C_n| = \sqrt{[\mathrm{Re}(C_n)]^2 + [\mathrm{Im}(C_n)]^2} = \dfrac{A_n}{2}$ 为复数 C_n 的模；

$\varphi_n = \arctan\dfrac{\mathrm{Im}(C_n)}{\mathrm{Re}(C_n)} = \arctan\dfrac{b_n}{a_n}$ 为复数 C_n 的幅角。

根据 $|C_n|$—ω、φ_n—ω 的函数关系可画出复数形式的傅里叶频谱图。不过它同三角函数形式的傅里叶频谱图在形式上有所不同，这是由于描述谐波分量的数学方法不同而造成的，但没有本质差别。

例 2-1 已知周期矩形脉冲信号在一个周期内的表达式为

$$x(t) = \begin{cases} -A & -T/2 < t < 0 \\ A & 0 \leq t \leq T/2 \end{cases}$$

试将其展开为三角函数形式和复指数形式的傅里叶级数，并画出其幅值谱与相位谱。

解：根据式（2-9），得

$$a_0 = \frac{2}{T}\int_{-\frac{T}{2}}^{\frac{T}{2}} x(t)dt = \frac{2}{T}\left[\int_{-\frac{T}{2}}^{0}(-A)dt + \int_{0}^{\frac{T}{2}}Adt\right] = 0$$

$$a_n = \frac{2}{T}\int_{-\frac{T}{2}}^{\frac{T}{2}} x(t)\cos n\omega_0 t dt = \frac{2}{T}\left[\int_{-\frac{T}{2}}^{0}(-A)\cos n\omega_0 t dt + \int_{0}^{\frac{T}{2}}A\cos n\omega_0 t dt\right] = 0$$

$$b_n = \frac{2}{T}\int_{-\frac{T}{2}}^{\frac{T}{2}} x(t)\sin n\omega_0 t dt$$

$$= \frac{2}{T}\left[\int_{-\frac{T}{2}}^{0}(-A)\sin n\omega_0 t dt + \int_{0}^{\frac{T}{2}}A\sin n\omega_0 t dt\right] = \frac{2A}{n\pi}(1 - \cos n\pi)$$

$$A_n = \sqrt{a_n^2 + b_n^2} = \frac{2A}{n\pi}(1 - \cos n\pi)$$

$$\varphi_n = \arctan\frac{b_n}{a_n} = \frac{\pi}{2}$$

于是，此周期矩形脉冲信号可以展开为

$$x(t) = \frac{a_0}{2} + \sum_{n=1}^{+\infty}(a_n\cos n\omega_0 t + b_n\sin n\omega_0 t)$$

$$= \frac{4A}{\pi}\left(\sin \omega_0 t + \frac{1}{3}\sin 3\omega_0 t + \frac{1}{5}\sin 5\omega_0 t + \frac{1}{7}\sin 7\omega_0 t + \cdots\right)$$

或

$$x(t) = \frac{a_0}{2} + \sum_{n=1}^{+\infty} A_n\cos(n\omega_0 t - \varphi_n)$$

$$= \sum_{n=1}^{+\infty} \frac{2A}{n\pi}(1-\cos n\pi)\cos\left(n\omega_0 t - \frac{\pi}{2}\right)$$

$$= \frac{4A}{\pi}\left(\sin\omega_0 t + \frac{1}{3}\sin 3\omega_0 t + \frac{1}{5}\sin 5\omega_0 t + \frac{1}{7}\sin 7\omega_0 t + \cdots\right)$$

根据式(2-11),有

$$C_n = \frac{1}{T}\int_{-\frac{T}{2}}^{\frac{T}{2}} x(t)\mathrm{e}^{-\mathrm{j}n\omega_0 t}\mathrm{d}t = \frac{1}{T}\left[\int_{-\frac{T}{2}}^{0}(-A)\mathrm{e}^{-\mathrm{j}n\omega_0 t}\mathrm{d}t + \int_{0}^{\frac{T}{2}} A\mathrm{e}^{-\mathrm{j}n\omega_0 t}\mathrm{d}t\right] = \frac{A}{\mathrm{j}n\pi}(1-\cos n\pi)$$

$$|C_n| = \frac{A}{n\pi}(1-\cos n\pi)$$

$$\varphi_n = \arctan\frac{\mathrm{Im}(C_n)}{\mathrm{Re}(C_n)} = -\frac{\pi}{2}$$

由式(2-13),此周期矩形脉冲信号可以展开为

$$x(t) = \sum_{n=-\infty}^{+\infty} C_n \mathrm{e}^{\mathrm{j}n\omega_0 t} = \sum_{n=-\infty}^{+\infty}\frac{A}{\mathrm{j}n\pi}(1-\cos n\pi)\mathrm{e}^{\mathrm{j}n\omega_0 t}$$

时、频域图形如图2-8所示。

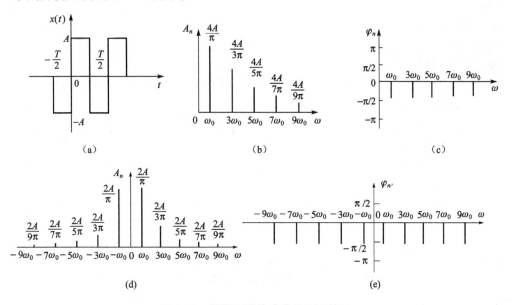

图2-8 周期矩形脉冲信号的频谱图
(a)周期性矩形脉冲信号;(b)幅值谱;(c)相位谱;(d)双边幅值谱;(e)双边相位谱

比较傅里叶级数的三角函数形式和复指数形式,可以看出:

(1)两种形式的频谱是一致的,但$|C_n|$和A_n中的n取值不同,前者在$-\infty \sim +\infty$取值,是"双边谱",而后者在$0 \sim +\infty$取值,是"单边谱"。n的取值可以是正数、负数,这样就产生了负频率,负频率没有实际的物理意义,是由于推导而引入复指数函数的结果。

(2)复指数形式的幅值与三角函数各频率分量的幅值存在关系:$|C_n| = \frac{1}{2}A_n$,若将三角函数形式用$\cos n\omega_0 t$表示,则两种形式相位差相等,若用$\sin n\omega_0 t$表示,则二者相位相差$\pi/2$。

上例揭示出周期方波可以分解为无穷多个谐波。当例2-1中的$A=5$,$\omega_0=5\pi$时,编

写 MATLAB 程序可以比较不同展开阶次时的近似程度。MATLAB 程序如下：

```
A = 5; % 幅值
w0 = 5* pi;
clear all
clf
A = 5;
w0 = 5* pi;
N = 1;% 3, 9  合成阶次
NN = N* 5* 2;
t = -0.5:0.001:0.5;
for i = 1: length(t)
      sumsine(i) = 0;
for n = 1:2:N
sumsine(i) = sumsine(i) + sin(n* w0* t(i))/n* 4* A/pi;
end
end
plot(t, sumsine)
xlabel('t')
ylabel('x(t)')
```

周期矩形脉冲信号的三角函数形式展开后，采用不同阶次谐波叠加的波形如图 2-9 所示。

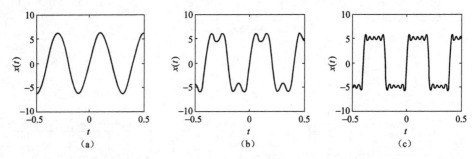

图 2-9　周期矩形脉冲信号不同阶次谐波叠加后的图形
(a) 1 阶谐波的波形；(b) 3 阶谐波叠加的波形；(c) 9 阶谐波叠加的波形

2.3.3　周期信号频谱的特点

由式（2-9）可以看出，周期信号是由无限个不同频率的谐波分量叠加而成。各次谐波的幅值和相位分别由 A_n 和 φ_n 决定，A_n 表示信号所具有的谐波分量的幅值，φ_n 是各次谐波分量在时间原点处所具有的相位。当 $n=1$ 时，$A_1\cos(\omega_0 t + \varphi_1)$ 称为信号的一次谐波（基波）分量。其余各次谐波统称为高次谐波。$n=2$ 称为二次谐波，$n=3$ 称为三次谐波，依此类推。

由于幅值 A_n、相位 φ_n 均为角频率 $\omega = n\omega_0$ 的函数，以角频率为横坐标，幅值 A_n 或初相位 φ_n 为纵坐标所作的图形统称为频谱，A_n—ω 图称为幅值谱，φ_n—ω 图称为相位谱。幅值谱和相位谱结合起来便确定了信号各次谐波的波形。周期信号频谱有以下特点：

1) 离散性

周期信号的频谱是由离散的谱线组成，只在 $n\omega_0$（$n=0$，± 1，± 2，…）离散点上取值,每一条谱线表示一个正弦分量。

2) 谐波性

每条谱线只出现在基波频率的整数倍上,基波频率是诸谐波频率的公约数,相邻谱线间隔均等,为 ω_0。

3) 收敛性

各频率分量的谱线高度与对应谐波的幅值成正比。常见的周期信号幅值总的趋势是随谐波次数的增高而减小。由于这种收敛性,实际测量中在一定误差范围内,可以忽略那些高阶次谐波成分。

2.4 非周期信号及其频谱

非周期信号是指在时域上不按周期重复出现,但仍可用准确的解析数学关系式表达的信号。非周期信号按照定义不能按傅里叶级数分解成许多正(余)弦谐波之和。但为了了解其频域描述,可以将非周期信号当作周期信号处理,只是认为其周期趋于无穷大。

2.4.1 傅里叶积分

当周期信号的周期 T 增大时,其谱线间隔变小;当周期 T 趋于无穷大,则谱线间隔趋于无穷小,这样,周期信号就变成了非周期信号。因而周期信号的离散谱线就变成了非周期信号的连续频谱。所以,非周期信号的频谱是连续的。

把周期信号的傅里叶级数概念推广到非周期信号中去,把非周期信号当作周期为无穷大的周期信号,通过取极限,将傅氏级数求和变为积分运算。连续频谱反映的是频谱密度,是谱密度沿频率轴的分布。

根据式(2-13),对于周期信号 $x(t)$,在 $\left(-\dfrac{T}{2}, \dfrac{T}{2}\right)$ 区间内傅里叶级数展开式为

$$x(t) = \frac{1}{T}\sum_{n=-\infty}^{+\infty}\left[\int_{-\frac{T}{2}}^{\frac{T}{2}} x(\tau) \mathrm{e}^{-jn\omega_0 \tau} \mathrm{d}\tau\right] \mathrm{e}^{jn\omega_0 t}$$

上式可写为

$$x(t) = \frac{1}{2\pi}\sum_{n=-\infty}^{+\infty}\left[\int_{-\frac{T}{2}}^{\frac{T}{2}} x(t) \mathrm{e}^{-jn\omega_0 t} \mathrm{d}t\right] \mathrm{e}^{jn\omega_0 t} \frac{2\pi}{T} \qquad (2-15)$$

式中 n 取整数 $0, \pm 1, \pm 2, \cdots$,因而各谐波频率 $n\omega_0$ 只能取离散值。

可见,相邻谐波谱线间的频率增量为

$$\Delta\omega = (n+1)\omega_0 - n\omega_0 = \omega_0 = \frac{2\pi}{T}$$

于是,式(2-15)可写为

$$x(t) = \frac{1}{2\pi}\sum_{n=-\infty}^{+\infty}\left[\int_{-\frac{T}{2}}^{\frac{T}{2}} x(t) \mathrm{e}^{-jn\omega_0 t} \mathrm{d}t\right] \mathrm{e}^{jn\omega_0 t} \Delta\omega \qquad (2-16)$$

当信号的周期 T 不断增大时,谱线间的频率增量 $\Delta\omega$ 不断减小,即谱线变得愈来愈密。若 $T\to\infty$,则 $\Delta\omega\to 0$,原来只能取离散值的谐波频率 $n\omega_0$ 变为可连续取值的连续变量 ω。不仅如此,而且原来在频谱图上代表谐波幅值的谱线高度的含义也发生了本质的变化。

在数学上，$T \to +\infty$，就意味着上式中 $\sum \to \int$，$\Delta\omega \to d\omega$，$n\omega_0 \to \omega$，$\int_{-\frac{T}{2}}^{\frac{T}{2}} \to \int_{-\infty}^{+\infty}$，式 (2-16) 可写为

$$x(t) = \frac{1}{2\pi}\int_{-\infty}^{+\infty}\left[\int_{-\infty}^{+\infty}x(t)\mathrm{e}^{-\mathrm{j}\omega t}\mathrm{d}t\right]\mathrm{e}^{\mathrm{j}\omega t}\mathrm{d}\omega \tag{2-17}$$

将 $\omega = 2\pi f$ 代入上式得

$$x(t) = \int_{-\infty}^{+\infty}\left[\int_{-\infty}^{+\infty}x(t)\mathrm{e}^{-\mathrm{j}2\pi ft}\mathrm{d}t\right]\mathrm{e}^{\mathrm{j}2\pi ft}\mathrm{d}f \tag{2-18}$$

式 (2-18) 称为傅里叶积分，其存在条件是：
(1) $x(t)$ 在有限区间上满足狄里赫利条件。
(2) 积分 $\int_{-\infty}^{+\infty}|x(t)|\mathrm{d}t$ 收敛，即 $x(t)$ 在无限区间上绝对可积。

周期信号可以通过傅里叶级数分解成为无限多项谐波的代数和。与此类似，非周期信号则可通过傅里叶积分"分解"成"无限多项谐波"的积分和。从所起的作用看，傅里叶积分与傅里叶级数类似。

2.4.2 傅里叶变换与非周期信号的频谱

在式 (2-18) 括号里的积分项，t 是积分变量，因此积分的结果是一个以频率 f 为自变量的函数，记作

$$X(f) = \int_{-\infty}^{+\infty}x(t)\mathrm{e}^{-\mathrm{j}2\pi ft}\mathrm{d}t \tag{2-19}$$

则式 (2-18) 可以写为

$$x(t) = \int_{-\infty}^{+\infty}X(f)\mathrm{e}^{\mathrm{j}2\pi ft}\mathrm{d}f \tag{2-20}$$

式 (2-19) 称为函数 $x(t)$ 的傅里叶变换 (FT)，把时域函数 $x(t)$ 变换为频域函数 $X(f)$。式 (2-20) 称为傅里叶逆变换 (IFT)，它把经过傅里叶变换后得到的频域函数 $X(f)$ 再变成时域函数 $x(t)$。由此可知，傅里叶变换与傅里叶逆变换构成一个傅里叶变换对，即

$$X(f) = F[x(t)] = \int_{-\infty}^{+\infty}x(t)\mathrm{e}^{-\mathrm{j}2\pi ft}\mathrm{d}t \tag{2-21}$$

$$x(t) = F^{-1}[X(f)] = \int_{-\infty}^{+\infty}X(f)\mathrm{e}^{\mathrm{j}2\pi ft}\mathrm{d}f \tag{2-22}$$

式 (2-21) 所表达的 $X(f)$ 称为 $x(t)$ 的傅里叶正变换；式 (2-22) 所表达的 $x(t)$ 称为 $X(f)$ 的傅里叶逆变换。两者互称为傅里叶变换对，可记为

$$x(t) \Leftrightarrow X(f)$$

也可以写为

$$X(\omega) = \int_{-\infty}^{+\infty}x(t)\mathrm{e}^{-\mathrm{j}\omega t}\mathrm{d}t \tag{2-23}$$

$$x(t) = \frac{1}{2\pi}\int_{-\infty}^{+\infty}X(\omega)\mathrm{e}^{\mathrm{j}\omega t}\mathrm{d}\omega \tag{2-24}$$

应当指出的是：傅里叶级数和傅里叶变换虽然都可理解为把一个信号分解为其他简单波形的"叠加"，但两者的叠加有着本质的差异。傅里叶级数是离散的叠加，其谐波中存在着

一个基本频率 ω_0,其余频率是 ω_0 的整数倍,所以叠加的结果是一个周期为 $T(T=2\pi/\omega_0)$ 的信号;而傅里叶变换则是"连续的叠加",虽然叠加的每一项 $X(f)\mathrm{e}^{\mathrm{j}2\pi ft}\mathrm{d}f$ 都可看作周期函数(周期为 $1/f$),但不存在所谓的基本频率,因而叠加的结果必然是非周期信号。更为重要的是 $X(f)\mathrm{e}^{\mathrm{j}2\pi ft}\mathrm{d}f$ 是一个无穷小量,它表示非周期信号 $x(t)$ 在频率等于 f 处的谐波分量的幅值趋近于零,只有在一定的频带内,该谐波分量才具有一定的大小。由此可知,非周期信号 $x(t)$ 的傅里叶变换 $X(f)$ 本身并不能代表谐波分量的幅值,只有在一定频带内对频率 f 积分后才含有幅值意义。从量纲上看,$X(f)\mathrm{d}f$ 具有幅值的量纲,而

$$X(f) = \frac{X(f)\mathrm{d}f}{\mathrm{d}f}$$

可见,$X(f)$ 具有幅值/频率的量纲,或称单位频率上的幅值,即具有分布密度的含义,故称 $X(f)$ 为信号 $x(t)$ 的频谱密度。由此可见,非周期信号的频谱具有两大特点:连续性和密度性。因此,非周期信号的频谱应叫频谱密度,不过习惯上仍称频谱。

例 2-2 已知单个矩形脉冲函数为

$$u(t) = \begin{cases} A & |t| \leqslant \dfrac{\tau}{2} \\ 0 & |t| > \dfrac{\tau}{2} \end{cases}$$

试求该函数的傅里叶变换。

解:设 $u(t)$ 的傅里叶变换为 $U(f)$,由傅里叶变换定义式(2-21),有

$$\begin{aligned} U(f) &= \int_{-\infty}^{+\infty} u(t)\mathrm{e}^{-\mathrm{j}2\pi ft}\mathrm{d}t \\ &= \int_{-\frac{\tau}{2}}^{\frac{\tau}{2}} A\mathrm{e}^{-\mathrm{j}2\pi ft}\mathrm{d}t \\ &= -\frac{A}{\mathrm{j}2\pi f}(\mathrm{e}^{-\mathrm{j}\pi f\tau} - \mathrm{e}^{\mathrm{j}\pi f\tau}) \\ &= A\tau\frac{\sin \pi f\tau}{\pi f\tau} \\ &= A\tau\,\mathrm{sinc}(\pi f\tau) \end{aligned}$$

对于 $A=1$,$\tau=0.5$ s 时的单个单位脉冲函数,编写 MATLAB 程序可以绘制该脉冲函数的傅里叶变换结果,如图 2-10 所示。

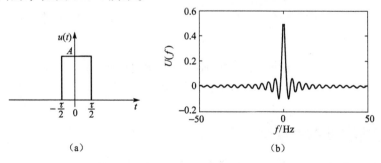

图 2-10 单个脉冲函数及其频谱
(a) 脉冲函数;(b) 频谱

2.5 典型信号及其频谱

2.5.1 δ函数及其频谱

δ函数是一种广义函数，也称为冲击函数，定义为

$$\delta(t)=\begin{cases}+\infty & t=0\\ 0 & t\neq 0\end{cases}\quad（取值定义）\tag{2-25}$$

$$\int_{-\infty}^{+\infty}\delta(t)\mathrm{d}t=1\quad（面积定义）\tag{2-26}$$

上两式构成δ函数的定义。在冲击接触时间很短时，绝对刚体间的冲击力接近δ函数。

将$\delta(t)$函数进行傅里叶变换：

$$\Delta(f)=\int_{-\infty}^{+\infty}\delta(t)\mathrm{e}^{-\mathrm{j}2\pi ft}\mathrm{d}t=\mathrm{e}^{0}=1\tag{2-27}$$

δ函数及其频谱如图2-11所示。可见，δ函数具有无限宽广的频谱，而且在所有的频段上都是等强度的。

对式（2-27）作傅里叶逆变换，得

$$\delta(t)=\int_{-\infty}^{+\infty}\mathrm{e}^{\mathrm{j}2\pi ft}\mathrm{d}f\tag{2-28}$$

图2-11　δ函数及其频谱

当频谱为$\delta(f)$函数时，其时域信号$x(t)$可通过傅里叶逆变换求得，为

$$x(t)=\int_{-\infty}^{+\infty}\delta(f)\mathrm{e}^{\mathrm{j}2\pi ft}\mathrm{d}f=\mathrm{e}^{0}=1$$

可见，直流信号的傅里叶变换是位于$f=0$处的频域冲击函数，如图2-12所示。

图2-12　频域冲击函数及其时域波形

（a）频域冲击函数；（b）时域波形

2.5.2 复指数函数的频谱

对于复指数函数$x(t)=\mathrm{e}^{\mathrm{j}2\pi f_0 t}$，根据傅里叶变换的定义有

$$X(f)=\int_{-\infty}^{+\infty}x(t)\mathrm{e}^{-\mathrm{j}2\pi ft}\mathrm{d}t=\int_{-\infty}^{+\infty}\mathrm{e}^{\mathrm{j}2\pi f_0 t}\mathrm{e}^{-\mathrm{j}2\pi ft}\mathrm{d}t=\int_{-\infty}^{+\infty}\mathrm{e}^{-\mathrm{j}2\pi(f-f_0)}\mathrm{d}t$$

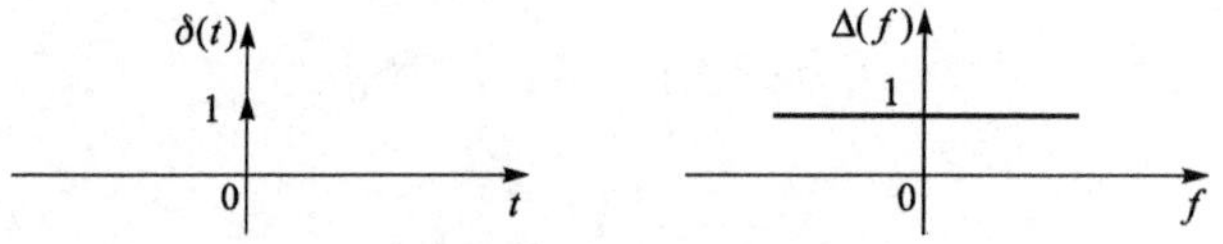

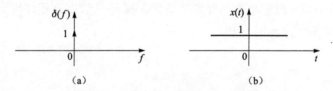

由式（2-28），可将上式变为

$$X(f) = \delta(f - f_0) \tag{2-29}$$

2.5.3 正弦函数及余弦函数的频谱

对于正弦函数，根据欧拉公式有

$$x(t) = \sin 2\pi f_0 t = j\frac{1}{2}(e^{-j2\pi f_0 t} - e^{j2\pi f_0 t})$$

根据式（2-29）得

$$X(f) = j\frac{1}{2}[\delta(f+f_0) - \delta(f-f_0)] \tag{2-30}$$

对于余弦函数，根据欧拉公式有

$$x(t) = \cos 2\pi f_0 t = \frac{1}{2}(e^{-j2\pi f_0 t} + e^{j2\pi f_0 t})$$

同样，根据式（2-29）得

$$X(f) = \frac{1}{2}[\delta(f+f_0) + \delta(f-f_0)] \tag{2-31}$$

可见，正弦函数、余弦函数的傅里叶变换均为 δ 函数（在 $\pm f_0$ 处为无穷大），其频谱如图 2-13 所示。

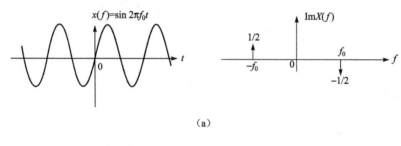

(a)

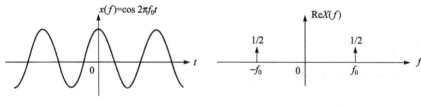

(b)

图 2-13　正弦函数、余弦函数及其频谱
(a) 正弦函数及其频谱；(b) 余弦函数及其频谱

2.5.4 阶跃函数的频谱

阶跃函数 $u(t)$ 可写为

$$u(t) = \frac{1}{2} + \frac{1}{2}\text{sgn}(t)$$

式中 sgn(t)为符号函数，sgn$(t) = \begin{cases} -1 & (t<0) \\ 1 & (t>0) \end{cases}$，其频谱为 SGN$(f) = \dfrac{1}{\mathrm{j}\pi f}$。

根据傅里叶变换，有

$$U(f) = \frac{1}{2}\delta(f) + \frac{1}{\mathrm{j}2\pi f} \tag{2-32}$$

单位阶跃函数 $u(t)$ 及其频谱如图 2-14 所示。

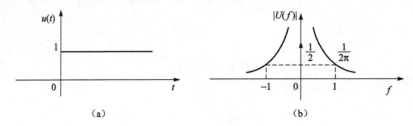

图 2-14　阶跃函数及其频谱
(a) 阶跃函数；(b) 频谱

2.5.5　常数函数 $x(t) = 1$ 的频谱

根据傅里叶变换的定义有

$$X(f) = \int_{-\infty}^{+\infty} x(t)\mathrm{e}^{-\mathrm{j}2\pi ft}\mathrm{d}t = \int_{-\infty}^{+\infty} \mathrm{e}^{-\mathrm{j}2\pi ft}\mathrm{d}t$$

由式（2-28），再根据傅里叶变换的性质，得

$$X(f) = \delta(-f)$$

δ 函数为偶函数，所以有

$$X(f) = \delta(f) \tag{2-33}$$

常数函数及其频谱如图 2-15 所示。

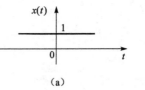 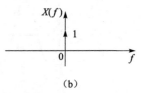

图 2-15　常数函数及其频谱
(a) 常数函数；(b) 频谱

2.5.6　周期单位脉冲序列的频谱

等间隔周期单位脉冲序列 $g(t)$ 可表示为

$$g(t) = \sum_{n=-\infty}^{+\infty} \delta(t - nT_{\mathrm{s}})$$

其周期为 T_{s}，频率为 $f_{\mathrm{s}} = \dfrac{1}{T_{\mathrm{s}}}$。此时，可把它表示为傅里叶级数的复指数函数形式，即

$$g(t) = \sum_{n=-\infty}^{+\infty} C_n \mathrm{e}^{\mathrm{j}2\pi n f_{\mathrm{s}} t}$$

系数 C_n 为

$$C_n = \frac{1}{T_{\mathrm{s}}} \int_{-\frac{T_{\mathrm{s}}}{2}}^{\frac{T_{\mathrm{s}}}{2}} g(t) \mathrm{e}^{-\mathrm{j}2\pi n f_{\mathrm{s}} t}\mathrm{d}t = \frac{1}{T_{\mathrm{s}}} \int_{-\frac{T_{\mathrm{s}}}{2}}^{\frac{T_{\mathrm{s}}}{2}} \delta(t) \mathrm{e}^{-\mathrm{j}2\pi n f_{\mathrm{s}} t}\mathrm{d}t = \frac{1}{T_{\mathrm{s}}}$$

对周期单位脉冲序列 $g(t)$ 进行傅里叶变换，得到频谱为

$$G(f) = \frac{1}{T_s} \sum_{n=-\infty}^{+\infty} \delta(f - nf_s) \tag{2-34}$$

周期单位脉冲序列 $g(t)$ 及其频谱 $G(f)$ 如图 2-16 所示。

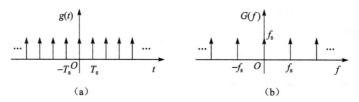

图 2-16 周期脉冲序列及其频谱
(a) 周期脉冲序列；(b) 频谱

可见，时域中周期脉冲序列的间隔（周期）为 T_s，在频域中脉冲序列的间隔为 $\frac{1}{T_s}$，时域中脉冲的幅值为 1，频域中幅值为 $\frac{1}{T_s}$。周期脉冲序列的频谱是离散的，与前述的结论一致。

2.5.7 sinc(t) 函数

sinc(t)（森克）函数也称为闸门函数、滤波函数或内插函数。其定义为

$$\text{sinc}(t) = \frac{\sin t}{t} \quad (-\infty < t < +\infty)$$

或

$$\text{sinc}(t) = \frac{\sin \pi t}{\pi t} \quad (-\infty < t < +\infty)$$

如图 2-17 所示，它以 2π 为周期并随 t 的增加而做衰减振荡。显然，sinc(t) 函数是偶函数，在 $t = \frac{n}{\tau}$ （$n = \pm 1, \pm 2, \pm 3, \cdots$）处其值为零。sinc(x) 函数在傅里叶分析中起着非常重要的作用。

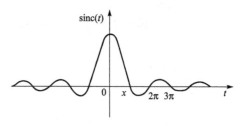

图 2-17 sinc(t) 函数

sinc(t) 之所以称为采样（或闸门）函数，是因为矩形脉冲的频谱为 sinc(t) 函数；之所以称为滤波函数，是因为任意信号与 sinc(t) 函数进行时域卷积时，可实现低通滤波；之所以称为内插函数，是因为采样信号复原时，在时域中由许多 sinc(t) 函数叠加而成，构成非采样点的波形。

2.6 随机信号

随机信号是非确定性信号。它不能用确定的数学关系式来描述，不能预测它未来任何瞬时的精确值，任一次观测值只代表在其变动范围内可能产生的结果之一，但是其值的变动服从统计规律。通过大量的重复试验可以看到随机信号具有统计规律性，描述随机信号必须用概率和统计学的方法。

2.6.1 随机信号的特点

随机信号的特点如下:
(1) 不能用精确的数学关系式来描述时间函数。
(2) 不能预测它未来任何时刻的准确值。
(3) 每次观测这种信号,结果都不同。

2.6.2 随机信号的概念及分类

1. 随机过程

随机过程是指变化过程没有确定的变化形式,没有必然的确定性变化规律,亦即不能用确定的函数加以描述,但具有一定的统计规律。这样的变化过程就叫随机过程。随机过程可分为平稳随机过程和非平稳随机过程。

对随机信号按时间历程所做的各次长时间观测记录称为样本函数,记作 $x(t)$,如图 2-18 所示。在有限时间区间上的样本函数称为样本记录。在同一试验条件下,全部样本函数的集合(总体)称为随机过程。通常随机过程用大写字母如 $X(t)$ 或 $\{x(t)\}$ 来表示,它的样本函数用 $x_1(t)$, $x_2(t)$, …来表示,即

$$\{x(t)\} = \{x_1(t), x_2(t), x_3(t), \cdots, x_N(t)\} \tag{2-35}$$

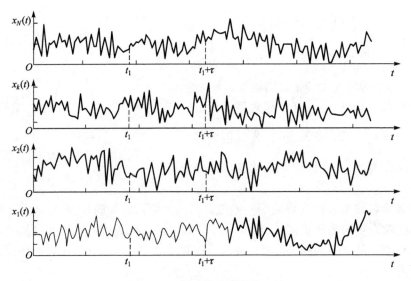

图 2-18 随机过程的样本函数

可以认为,随机过程是由无限个随机变量构成的随机变量系。虽然随机过程不能用确定的数学关系式表示,但它仍包含一些规律性因素,可以采用数理统计的方法来描述。

随机过程的基本特性可以从幅值域、时差域和频率域进行数学描述。主要的统计参数有均值、方差、均方值、概率密度函数、自相关函数、互相关函数、功率谱密度函数和互谱密度函数等。其中有些统计参数用于描述单个随机信号的数据特性,有些统计参数用于描述两个或多个随机信号的联合特性。

随机过程的各种平均值(均值、方差、自相关函数、均方值和均方根值等)是按集合

平均来计算的。在某时刻 t_i（称为"截口"或状态），对集合中的所有样本函数的观测值取平均，称这种平均为随机过程 $X(t)$ 在时刻 t_i 的"集合平均"。需要注意，集合平均的计算不是沿单个样本的时间轴进行的。

有 N 个样本的随机过程 $X(t)$，其在 t_i 时刻集合平均为

$$\mu_X(t_i) = \lim_{N \to +\infty} \frac{1}{N} \sum_{k=1}^{N} x_k(t_i) \qquad (2-36)$$

为了与"集合平均"相区别，把对单个样本沿整个时间轴求平均值的计算称为"时间平均"。随机过程 $X(t)$ 的第 k 个样本的时间平均为

$$\mu_{X_k} = \lim_{T \to \infty} \frac{1}{T} \int_0^T x_k(t) \, dt \qquad (2-37)$$

随机过程在 t_1 和 $t_1 + \tau$ 两个不同时刻的相关性可用相关函数表示，即

$$R_x(t_1, t_1 + \tau) = \lim_{N \to +\infty} \frac{1}{N} \sum_{k=1}^{N} x_k(t_1) x_k(t_1 + \tau) \qquad (2-38)$$

2. 平稳随机过程

设随机过程 $X(t)$ 的均值、方差和自相关函数的集合平均与采样时刻 t_i 的选取无关，或者说在时间轴上各"截口"的均值、方差和自相关函数都相同，亦即与时间轴起点（原点）的选取无关，这样的随机过程称为平稳随机过程。

3. 各态历经随机过程

对于平稳随机过程 $X(t)$，若其每个样本函数按时间平均的数字统计特征（均值、方差和自相关函数等）均相等，且等于所有样本函数在任一"截口"处的集合平均统计特征，这样的平稳随机过程称为各态历经过程，简称遍历过程。显然，各态历经随机过程必定是平稳随机过程，但是平稳随机过程不一定是各态历经的。

各态历经随机过程是随机过程中比较重要的一种，因为根据单个样本函数的时间平均可以描述整个随机过程的统计特性，从而简化了信号的分析和处理。但是要判断随机过程是不是各态历经的随机过程是相当困难的。所以一般的做法是，先假定平稳随机过程是各态历经的，然后再根据测定的特性返回到实际中分析、检验原假定是否合理。由大量事实证明，一般工程上遇到的平稳随机过程大多数是各态历经随机过程。虽然有的不一定是严格的各态历经过程，但在精度许可的范围内，也可以当作各态历经随机过程来处理。事实上，一般的随机过程需要足够多的样本（理论上应为无限多）才能描述它，而要进行大量的观测来获取足够多的样本函数是非常困难或做不到的。实际的测试工作常把随机信号按各态历经过程来处理，以有限长度样本记录观察分析来推断，估计被测对象的整个随机过程。在测试工作中常以一个或几个有限长度的样本记录来推断整个随机过程，以其时间平均来估计集合平均。

描述各态历经随机信号的主要特征参数有：

(1) 均值、方差和均方值。
(2) 概率密度函数。
(3) 自相关函数。
(4) 功率谱密度函数。

思 考 题

2-1 简要说明信号的分类。

2-2 简要说明各类信号如何进行表述。

2-3 信号 $x(t) = e^{-10|t|}$ ($-\infty < t < +\infty$) 是能量信号还是功率信号?并计算其值。

2-4 写出周期信号两种展开式的数学表达式,并说明系数的物理意义。

2-5 三角波函数在一个周期内的表达式如下:

$$x(t) = \begin{cases} 1 - \dfrac{2}{T}t & 0 \leqslant t \leqslant \dfrac{T}{2} \\ 1 + \dfrac{2}{T}t & -\dfrac{T}{2} \leqslant t < 0 \end{cases}$$

试求周期性三角波的幅频谱。

2-6 单个三角波函数的表达式与题 2-5 相同,试求单个三角波的幅频谱。

2-7 求指数衰减振荡信号 $x(t) = e^{-\alpha t} \sin \omega_0 t$ 的频谱函数。

2-8 周期信号和非周期信号的频谱图各有什么特点?它们的物理意义有何异同?

2-9 试述随机信号的特点。

2-10 什么是平稳随机过程和各态历经过程?

第3章 测试系统的基本特性

测试系统是为完成一定的测试任务所用仪器和设备的组合,根据不同的测试目的、要求,测试系统可繁可简。本章主要讨论测试系统的基本要求和组成、测试系统的静动态特性、实现不失真测试的条件以及测试系统动态特性的测定。

3.1 概 述

3.1.1 对测试系统的基本要求

对测试系统的要求,应当从测试对象、测试目的和测试要求出发,综合考虑精度要求、使用环境及被测物理量变化的快慢、测量范围、成本费用及自动化程度等因素。但最基本的要求是测试仪器或系统应该具有单值的、确定的输入—输出关系,其中以输出和输入呈线性关系为最佳。许多实际测量装置无法在较大工作范围内满足线性要求,但可以在有效测量范围内近似满足线性测量关系的要求。

在测量工作中,一般把研究对象和测量装置作为一个系统来看待。问题简化为处理输入量 $x(t)$、系统传输特性 $h(t)$ 和输出 $y(t)$ 三者之间的关系,如图 3-1 所示。

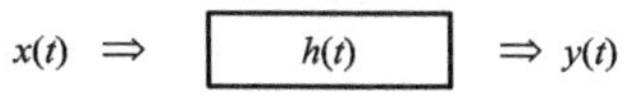

(1) 当输入、输出能够测量时,可以通过它们推断系统的传输特性,这就是仪器或系统的标定过程。

(2) 当系统特性已知,输出可测量,可以通过它们推断该输出的输入量,这就是测量。

$x(t) \Rightarrow \boxed{h(t)} \Rightarrow y(t)$

图 3-1 系统、输入和输出

(3) 如果输入信号和系统特性已知,则可以推断和估计系统的输出量,这就是输出信号的预测。

在静态测试中,希望系统是线性的,但不是必需的,因为在静态测试中,用校正曲线或输出补偿技术作非线性校正较容易实现。在动态测试中,测试系统本身应该力求是线性的,这不仅因为目前在动态测试中作非线性校正还比较困难,而且因为目前只能对线性系统作比较完善的数学处理与分析。实际测试系统不可能在较大的工作范围内保持线性,因此,只能在一定的误差范围内和在一定的工作范围内作线性处理。

3.1.2 线性系统及其主要性质

若系统的输入 $x(t)$ 和输出 $y(t)$ 之间的关系可以用常系数线性微分方程来描述,则称该系统为线性定常系统,表示为

$$a_n \frac{d^n y(t)}{dt^n} + a_{n-1} \frac{d^{n-1} y(t)}{dt^{n-1}} + \cdots + a_1 \frac{dy(t)}{dt} + a_0 y(t)$$

$$= b_m \frac{d^m x(t)}{dt^m} + b_{m-1}\frac{d^{m-1}x(t)}{dt^{m-1}} + \cdots + b_1 \frac{dx(t)}{dt} + b_0 x(t) \tag{3-1}$$

式中 a_0，a_1，$\cdots$，a_n 和 b_0，b_1，$\cdots$，b_n 均为常数，由测试系统或功能组件的物理性质决定。

严格地说，很多物理量是时变的，因为构成物理系统的材料、元件、部件的特性并不是稳定的。例如弹性材料的弹性模量，电子元件的电阻、电容，半导体器件的特性都受温度的影响，而环境温度是随时间而缓慢变化的，它的不稳定会导致微分方程式的系数具有时变性。但在足够的精确度范围内，可以认为在工程中使用的测试系统、设备都是线性定常系统。

线性定常系统有如下重要性质：

1. 叠加特性

几个输入同时作用于系统，其输出是各个输入单独作用于系统所产生的输出的叠加。

如果
$$x_1(t) \to y_1(t)$$
$$x_2(t) \to y_2(t)$$

则
$$[x_1(t) \pm x_2(t)] \to [y_1(t) \pm y_2(t)] \tag{3-2}$$

叠加特性意味着作用于线性系统的各个输入所产生的输出是互不影响的，因而在分析同时加在系统上的众多输入所产生的总效果时，可先分别分析单个输入的效果，然后将这些效果叠加起来表示总的效果。

2. 比例特性

如果
$$x(t) \to y(t)$$

对于任意常数 k，必有
$$kx(t) \to ky(t) \tag{3-3}$$

3. 微分特性

系统对原输入信号的导数等于原输出信号的导数。

如果
$$x(t) \to y(t)$$

则
$$\frac{dx(t)}{dt} \to \frac{dy(t)}{dt} \tag{3-4}$$

4. 积分特性

当系统初始条件为零时，系统对原输入信号的积分等于原输出信号的积分。

如果
$$x(t) \to y(t)$$

则
$$\int_0^t x(t) dt \to \int_0^t y(t) dt \tag{3-5}$$

5. 频率保持性

若系统的输入为某一频率的简谐信号，则系统的稳态输出将为同一频率的简谐信号。

如果
$$x(t) = X_0 e^{j\omega t}$$
则
$$y(t) = Y_0 e^{j(\omega t + \varphi_0)} \tag{3-6}$$

证明：

设 $\quad x(t) \to y(t)$

根据比例特性有 $\quad \omega^2 x(t) \to \omega^2 y(t)$

根据微分特性有 $\quad x''(t) \to y''(t)$

根据叠加性有 $\quad [x''(t) + \omega^2 x(t)] \to [y''(t) + \omega^2 y(t)]$

若 $x(t) = X_0 e^{j\omega t}$，$x''(t) = (j\omega)^2 X_0 e^{j\omega t} = -\omega^2 x(t)$，则
$$x''(t) + \omega^2 x(t) = 0$$

相应的输出为
$$y''(t) + \omega^2 y(t) = 0$$

则其唯一解为
$$y(t) = Y_0 e^{j(\omega t + \varphi_0)}$$

线性系统的这些主要特性，特别是叠加特性和频率保持性，在汽车动态测试工作中具有重要作用。例如，在汽车振动及噪声试验中，响应信号中只有与激励频率相同的成分才是由该激励引起的振动，而其他频率成分皆为干扰噪声，应予以剔除。

3.2 测试系统的特性

测试系统的特性是指系统的输出和输入的关系。测试系统的特性包括静态与动态特性、负载特性、抗干扰性等。测试系统特性决定着能否准确获取被测量的量值及其变化，决定着能否实现准确测量。测试系统的特性是统一的，各种特性之间是相互关联的。

在研究测量系统动态特性时，为对系统动态特性进行清晰描述，往往忽略系统特性中的非线性或参数的时变特性，只从线性系统的角度研究测量系统最基本的动态特性。

3.2.1 测试系统的静态特性指标

在静态测试中，测试系统的输入、输出信号不随时间而变化，因而定常线性系统的输入—输出微分方程式（3-1）就变成
$$a_0 y = b_0 x \tag{3-7}$$

也就是说，理想的定常线性系统，其输出将是输入的单调、线性比例函数。总的说来，测试系统的静态特性就是在静态测试的情况下，实际的测试系统与理想定常线性系统的接近程度的描述。静态特性的指标主要有灵敏度、非线性度和回程误差。为了评定测试系统的静态响应特性，通常采用静态测量的方法求取输入—输出关系曲线，作为该装置的标定曲线。理想线性系统的标定曲线应该是直线，但由于各种原因，实际测试系统的标定曲线（见图3-2）并非如此。

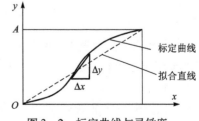

图3-2 标定曲线与灵敏度

1. 灵敏度

灵敏度是用来描述测试系统对被测量变化的反应能力的指标。当测试系统的输入 x 有一增量 Δx，引起输出 y 发生相应的变化 Δy 时，则定义灵敏度（见图3-2）为

$$S = \frac{\Delta y}{\Delta x} \tag{3-8}$$

非线性系统的灵敏度 S 是一个变量，即 x—y 关系曲线的斜率，输入量不同，灵敏度就不同，通常用拟合直线的斜率表示测试系统的平均灵敏度。

对于理想的定常线性系统，有

$$S = \frac{\Delta y}{\Delta x} = \frac{y}{x} = \frac{b_0}{a_0} = 常数 \tag{3-9}$$

灵敏度是输入—输出关系直线的斜率，斜率越大，其灵敏度就越高。灵敏度的量纲由输入和输出的量纲决定。当测试系统的输出和输入为同一量纲时，灵敏度常称为放大倍数。一般来说，系统的灵敏度越高，测试范围往往越窄，越容易受外界干扰的影响，即系统的稳定性越差。

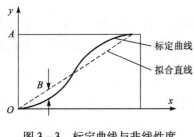

图3-3 标定曲线与非线性度

2. 非线性度

非线性度是指实际的标定曲线与其理论的拟合直线之间的最大偏差。

在静态测试中，通常用试验的方法求取测试系统的输入、输出关系曲线，称其为标定曲线。

若在标称（全量程）输出范围 A 内，标定曲线偏离拟合直线的最大偏差为 B，如图3-3所示，则非线性度的定义为

$$非线性度 = \frac{B}{A} \times 100\% \tag{3-10}$$

拟合直线的确定方法，目前国内外还无统一的标准，较常用的是最小二乘法。

3. 回程误差

回程误差也称为滞后误差或变差，是描述测试系统的输出与输入变化方向有关的特性。理想的测试系统输出与输入有完全单调的一一对应关系，实际测试系统在输入量由小增大和由大减小的测试过程中，对应于同一个输入量往往有不同的输出量。在同样的测试条件下，若在满量程输出范围内，对于同一个输入量所得到的两个数值不同的输出量之间最大差值 h_{max}（见图3-4）和满量程 A 的比值定义回程误差为

$$回程误差 = \frac{h_{max}}{A} \times 100\% \tag{3-11}$$

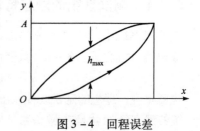

图3-4 回程误差

回程误差一般是由迟滞现象产生的，也可能是由系统存在工作死区所造成的，即由于装置内部的弹性元件、磁性元件的滞后特性以及机械部分的摩擦、间隙、灰尘积塞等原因造成。

4. 精度

该指标与评价测试装置产生的测量误差大小有关，表示在相同测量条件下，重复测量同

一被测量，测量仪器提供相近示值的能力，也表示测试装置的随机误差接近于零的程度。当作为测试装置的性能指标时，常用误差限表示。

5. 分辨力与分辨率

分辨力与分辨率都是用来表示测试装置能够检测出被测量的最小量值指标。分辨率是以满量程的百分数来表示的，是一个无量纲比率的量；分辨力是以最小量程的单位值来表示的，是一个有量纲的量值。分辨力是指测试装置有效地鉴别紧密相邻量值的能力；分辨率是指能引起输出量发生变化时输入量的最小变化量，表明测试装置分辨输入量微小变化的能力。

6. 精确度

精确度是指测量仪器的指示值和被测量真值的符合程度。它通过所宣称的概率界限将仪器输出与被测量的真值关联起来。

为了使测试结果正确，要求测试系统有足够的灵敏度，而线性度和回程误差要尽可能小。若测试系统静态参数不符合测试要求，则应查找根源所在，并设法排除和采取改善措施，以至更换测试环节或测试系统。

3.2.2 测试系统的动态特性

测试系统的动态特性是指输入量随时间变化时，其输出随输入而变化的关系。在输入变化时，输出量不仅受到研究对象动态特性的影响，也受到测试系统动态特性的影响。如用压电式传感器组成的测试系统去测量汽车地板上某一点的振动加速度，所得的测量结果中不仅反映该点的振动加速度变化值，还包含测试系统动态特性的影响。

在对动态物理量（如汽车振动的波形）进行测试时，测试系统的输出变化是否能真实地反映输入变化，取决于测试系统的动态特性。系统的动态特性一般通过描述系统的传递函数、频率响应函数进行研究。

1. 测试系统的传递函数和频率响应函数

1) 传递函数

对微分方程（3-1）式进行拉氏变换建立传递函数的概念，来表示测试系统的动态特性。

对微分方程（3-1）两边取拉普拉斯变换，得

$$Y(s) = H(s)X(s) + G_h(s) \quad (3-12)$$

$$H(s) = \frac{b_m s^m + b_{m-1} s^{m-1} + \cdots + b_1 s + b_0}{a_n s^n + a_{n-1} s^{n-1} + \cdots + a_1 s + a_0} \quad (3-13)$$

式中 s 为复变量，$s = \sigma + j\omega$；$G_h(s)$ 与初始条件有关。

$H(s)$ 被称为系统的传递函数，与系统输入及初始条件无关，只反映系统本身的特性。传递函数以代数式的形式表征了系统的传输、转换特性，包含了系统瞬态、稳态响应和频率响应的全部信息。

式（3-13）中分母 s 的幂次 n 代表系统的微分方程的阶数，如 $n=1$ 或 $n=2$，分别称为一阶系统或二阶系统。

若初始条件为零，即 $G_h(s) = 0$ 有

$$H(s) = \frac{Y(s)}{X(s)} \quad (3-14)$$

传递函数有以下几个特点：

(1) 传递函数描述了系统本身的动态特性，与输入量无关。对具体系统而言，$H(s)$不因输入$x(t)$的变化而不同，对任一具体输入$x(t)$都确定地给出相应的输出$y(t)$。

(2) 传递函数只反映系统的传输特性，而不拘泥于系统的物理结构。不管是热系统、机械系统还是电路系统，只要动态特性相似，就可用同一类型的传递函数$H(s)$来描述。例如，液柱温度计和简单的 RC 低通滤波器同是一阶系统，具有相似的传递函数；动圈式电表、振动子、弹簧－质量－阻尼系统和 LRC 振荡电路都是二阶系统，具有相似的传递函数。

(3) 传递函数与微分方程等价。由于拉普拉斯变换是一一对应变换，不丢失任何信息，故传递函数与微分方程等价。$H(s)$中的分母取决于系统的结构，分子则表示系统和外界的关系，如输入（激励）点的位置、输入方式、被测量以及测点的布置情况。

2）频率响应特性

传递函数是在复数域中描述系统特性的，频率响应函数是在频率域中描述系统特性的，且有明确的物理概念，容易通过试验来建立，已成为试验研究系统的重要工具。

在定常线性系统中，$s = \sigma + j\omega$，令$\sigma = 0$，则有$s = j\omega$，将其代入$H(s)$，得到系统的频率响应函数为

$$H(\omega) = \frac{b_m(j\omega)^m + b_{m-1}(j\omega)^{m-1} + \cdots + b_1(j\omega) + b_0}{a_n(j\omega)^n + a_{n-1}(j\omega)^{n-1} + \cdots + a_1(j\omega) + a_0} \qquad (3-15)$$

在初始条件为零时，有

$$H(\omega) = \frac{Y(\omega)}{X(\omega)} \qquad (3-16)$$

定常线性系统在简谐信号的激励下，其稳态输出信号和输入信号的幅值比定义为该系统的幅频特性，记为$A(\omega)$；稳态输出对输入的相位差定义为该系统的相频特性，记为$\varphi(\omega)$。两者统称为系统的频率特性，也称为系统的频率响应函数，记为

$$H(\omega) = A(\omega)e^{j\varphi(\omega)} \qquad (3-17)$$

如将$H(\omega)$的实部和虚部分开，有$H(\omega) = P(\omega) + jQ(\omega)$，其中，$P(\omega)$和$Q(\omega)$都是$\omega$的实函数，以频率$\omega$为横坐标，以$P(\omega)$和$Q(\omega)$为纵坐标所绘制的图形分别称为系统的实频特性曲线与虚频特性曲线，即

$$A(\omega) = |H(\omega)| = \sqrt{P^2(\omega) + Q^2(\omega)} \qquad (3-18)$$

$$\varphi(\omega) = \angle H(\omega) = \arctan\frac{Q(\omega)}{P(\omega)} \qquad (3-19)$$

$A(\omega)$——ω曲线称为幅频特性曲线；$\varphi(\omega)$——ω曲线称为相频特性曲线。

利用它们可以从频率域形象、直观、定量地表征测试系统的动态特性。用频率响应函数来描述系统的最大优点是它可以通过实验来求得，也可在初始条件全为零的情况下，同时测得输入$x(t)$和$y(t)$输出，由其傅里叶变换$X(\omega)$和$Y(\omega)$求得频率响应函数为

$$H(\omega) = \frac{Y(\omega)}{X(\omega)}$$

需要特别指出，频率响应函数是描述系统的简谐输入和相应的稳态输出的关系，因此在测量系统频率响应函数时，应当在系统响应达到稳态阶段时才进行测量。

尽管频率响应函数是对简谐激励而言的，但如前所述，任何信号都可用傅里叶变换分解成不同频率简谐信号之和，因而在任何复杂信号输入下，系统频率特性也是适用的。这时，幅频、相

频特性分别表征系统对输入信号中各个频率分量幅值的缩放能力和相位角前后移动的能力。

频率响应函数可以用多种不同形式的曲线表示，常用的有：

（1）以 $\omega\tau$ 或 ω/ω_n 为横坐标，以 $A(\omega)$、$\varphi(\omega)$ 为纵坐标的幅频、相频特性曲线。

（2）奈奎斯特（Nyquist）图是将式（3-18）、（3-19）所示的频率特性在复平面上表示出来，用一条曲线表示频率响应函数的幅频和相频的信息，也称幅相特性曲线或极坐标图。

（3）伯德（Bode）图用幅值—频率、相角—频率图分别表示幅频特性和相频特性。这两张图的横轴坐标都是频率，但按频率的对数分度绘制的，所以伯德图又称为对数频率特性图。在对数幅频图上，纵轴表示 $20\lg A(\omega)$，单位为分贝（dB），并采用均匀分度；在对数相频图上，纵轴表示相位角，以度（或弧度）为单位的均匀分度。

频率特性用对数坐标图表示的优点：一是可以将幅值相乘除转化为幅值相加减；二是绘图方便，幂函数在对数图上的图像是直线；三是当动态范围很宽的情况下，采用对数刻度比线性刻度更易于表达特性变化规律。

3）脉冲响应函数

若测试系统的输入为单位脉冲 $\delta(t)$，系统的输出即为脉冲响应函数 $h(t)$，是系统特性的时域描述。此时 $x(t) = \delta(t)$，则 $X(s) = L[x(t)] = L[\delta(t)] = 1$，系统的输出的拉普拉斯变换 $Y(s) = H(s)$，则有 $h(t) = y(t) = L^{-1}[Y(s)] = L^{-1}[H(s)]$，也称 $h(t)$ 为测试系统的权函数。

可见，系统特性的时域、频域和复数域可分别用脉冲响应函数 $h(t)$、频率响应函数 $H(\omega)$ 和传递函数 $H(s)$ 来描述，三者存在着一一对应的关系。脉冲响应函数 $h(t)$ 和传递函数 $H(s)$ 是一对拉普拉斯变换对；脉冲响应函数 $h(t)$ 和频率响应函数 $H(\omega)$ 又是一对傅里叶变换对。

2. 测试环节的串联和并联

测试系统可以简单地由单一环节组成，如液柱温度计，也可由若干个复杂环节组成，如动态电阻应变仪。为了求得整个系统的传递函数，需要研究系统中各环节之间的联系。

两个传递函数各为 $H_1(s)$ 和 $H_2(s)$ 的环节串联时，如图 3-5 所示，它们的阻抗匹配合理，之间没有能量交换，系统在初始条件为零时，其传递函数为

$$H(s) = \frac{Y(s)}{X(s)} = \frac{Z(s)}{X(s)}\frac{Y(s)}{Z(s)} = H_1(s)H_2(s) \quad (3-20)$$

类似地，对 n 个环节串联组成的系统，有

$$H(s) = \prod_{i=1}^{n} H_i(s) \quad (3-21)$$

若两个环节并联，如图 3-6 所示，则因 $Y(s) = Y_1(s) + Y_2(s)$，故有

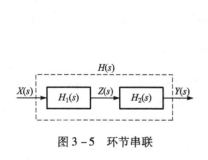

图 3-5 环节串联

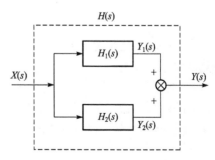

图 3-6 环节并联

$$H(s) = \frac{Y(s)}{X(s)} = \frac{Y_1(s) + Y_2(s)}{X(s)} = H_1(s) + H_2(s) \tag{3-22}$$

对由 n 个环节并联组成的系统，也类似地有

$$H(s) = \sum_{i=1}^{n} H_i(s) \tag{3-23}$$

由传递函数和频率响应函数的关系，可得到 n 个环节串联系统频率响应函数为

$$H(\omega) = \prod_{i=1}^{n} H_i(\omega) \tag{3-24}$$

n 个环节并联系统频率响应函数为

$$H(\omega) = \sum_{i=1}^{n} H_i(\omega) \tag{3-25}$$

例 3-1 某一振动测试系统，如果测量电路灵敏度 $S_1 = 5 \text{ mV} \cdot \text{s}^2/\text{m}$，读数仪表的灵敏度 $S_2 = 2 \text{ mm/mV}$，试求该测试系统总的灵敏度。

解：依题意该测试系统是由串联环节组成，根据式（3-24）可得到该测试系统总的灵敏度为

$$S = S_1 \times S_2 = 5 \times 2 = 10 \text{ mm} \cdot \text{s}^2/\text{m}$$

3. 典型测试系统的动态特性

在工程测试领域中，尽管测试系统的物理结构千差万别，但描述系统的微分方程具有相似的形式，其动态特性也就相似，可理想化为单自由度的零阶、一阶和二阶系统。式（3-1）中的左侧导数高于三次（$n>3$）的高阶系统都可以看成若干个一阶系统和二阶系统的并联或串联。

1）零阶系统

电位器式位移传感器、宽频带电子放大器、延时环节等均可视为零阶测试系统。

对零阶测试系统，式（3-1）可写为

$$a_0 y(t) = b_0 x(t) \tag{3-26}$$

$$y(t) = \frac{b_0}{a_0} x(t) = S x(t) \tag{3-27}$$

式中 $S = \dfrac{b_0}{a_0}$ 称为测试系统的静态灵敏度。

对式（3-27）进行傅里叶变换，可得到零阶测试系统的频率响应函数为

$$Y(\omega) = S X(\omega) \tag{3-28}$$

$$H(\omega) = \frac{Y(\omega)}{X(\omega)} = S \tag{3-29}$$

上式说明输出信号无畸变地复现输入信号及其频谱。可见，理想的零阶测试系统不存在动态测试误差。

2）一阶系统

信号的输入、输出关系用一阶微分方程来描述，液体温度计、热电偶传感器、RC 滤波器、LC 谐振测量电路、弹簧—阻尼机械系统等都是一阶测试系统。

(1) 弹簧—阻尼系统。

如图 3-7 所示为弹簧—阻尼机械系统，$x(t)$ 为激励信号，$y(t)$ 为输出响应信号，由牛顿定律得

$$c\frac{dy(t)}{dt} + ky(t) = x(t) \qquad (3-30)$$

令 $\tau = \dfrac{c}{k}$，$S = \dfrac{1}{k}$ 为一阶系统灵敏度，则一阶系统其运动微分方程为

$$\tau\frac{dy(t)}{dt} + y(t) = Sx(t) \qquad (3-31)$$

(2) RC 电路系统。

如图 3-8 所示为常用的 RC 低通滤波器电路，令 $x(t)$ 为输入电压信号，$y(t)$ 为输出电压信号，由克希霍夫电压定律得

$$RC\frac{dy(t)}{dt} + y(t) = x(t) \qquad (3-32)$$

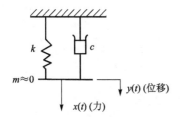

图 3-7 弹簧-阻尼机械系统

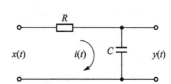

图 3-8 简单低通滤波器

令 $RC = \tau$，一阶系统的运动微分方程为

$$\tau\frac{dy(t)}{dt} + y(t) = x(t) \qquad (3-33)$$

将式（3-33）作拉氏变换，便可得到系统的传递函数为

$$\tau s Y(s) + Y(s) = X(s)$$

$$H(s) = \frac{Y(s)}{X(s)} = \frac{1}{\tau s + 1} \qquad (3-34)$$

令 $s = j\omega$，就可得到一阶系统频率响应特性为

$$H(\omega) = \frac{1}{\tau j\omega + 1} = \frac{1}{1 + (\omega\tau)^2} - j\frac{\tau\omega}{1 + (\omega\tau)^2} \qquad (3-35)$$

其幅频、相频特性分别为

$$A(\omega) = |H(\omega)| = \frac{1}{\sqrt{1 + (\omega\tau)^2}} \qquad (3-36)$$

$$\varphi(\omega) = -\arctan(\omega\tau) \qquad (3-37)$$

幅频、相频特性曲线如图 3-9 所示。

应用 MATLAB 软件中 bode（num，den）和 nyquist（num，den）命令可绘制出一阶系统的伯德图和一阶系统的奈魁斯特图，如图 3-10，图 3-11 所示。

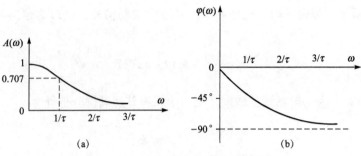

图 3-9 一阶系统的幅频和相频特性

(a) 幅频特性；(b) 相频特性

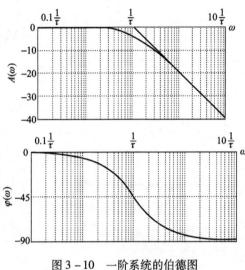

图 3-10 一阶系统的伯德图

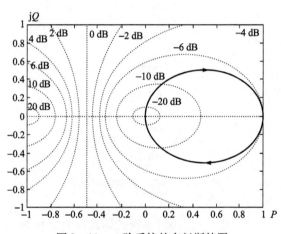

图 3-11 一阶系统的奈奎斯特图

MATLAB 程序如下：

```
num=[0,0,1];
den=[0,0.01,1];
bode(num,den)
nyquist(num,den)
grid
```

例 3-2 已知一阶系统的理想滤波器的时间常数 $\tau = 0.04$，求周期信号 $x(t) = 20\sin(100t - 44°)$ 通过该滤波器所得到的稳态响应。

解： 该理想滤波器为一阶系统，时间常数 $\tau = 0.04$，代入式（3-36）得

$$A(\omega) = \frac{1}{\sqrt{1+(\omega\tau)^2}} = \frac{1}{\sqrt{1+(100\times0.04)^2}} = \frac{Y_0}{X_0} = \frac{Y_0}{20}$$

$$Y_0 = 4.8$$

代入式（3-37）得

$$\varphi(\omega) = -\arctan(\tau\omega) = -\arctan(100\times0.04) = -76°$$

通过该滤波器所得到的稳态响应为
$$y(t) = 4.8\sin(100t - 44° - 76°) = 4.8\sin(100t - 120°)$$

3）二阶系统

（1）弹簧阻尼质量系统。

该系统如图3-12所示，由牛顿定律建立其微分方程为

$$m\frac{d^2y(t)}{dt^2} + c\frac{dy(t)}{dt} + ky(t) = x(t) \qquad (3-38)$$

对上式进行拉氏变换求得其传递函数为

$$H(s) = \frac{Y(s)}{X(s)} = \frac{1}{ms^2 + cs + k}$$

$$= \frac{S\omega_n^2}{s^2 + 2\zeta\omega_n s + \omega_n^2} \qquad (3-39)$$

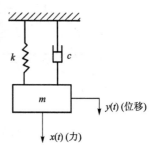

图3-12 弹簧阻尼质量系统

式中　$\omega_n = \sqrt{k/m}$——振动系统的固有频率；

　　　$\zeta = c/(2\sqrt{mk})$——振动系统的阻尼比；

　　　$S = \dfrac{1}{k}$——振动系统的灵敏度。

（2）RLC振荡电路。

该电路如图3-13所示。由克希霍夫定律建立其微分方程为

$$LC\frac{d^2y(t)}{dt^2} + RC\frac{dy(t)}{dt} + y(t) = x(t) \qquad (3-40)$$

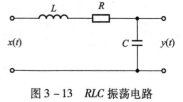

图3-13　RLC振荡电路

将上式进行拉式变换得

$$H(s) = \frac{y(s)}{x(s)} = \frac{1}{LCs^2 + RCs + 1}$$

$$= \frac{\omega_n^2}{s^2 + 2\zeta\omega_n s + \omega_n^2} \qquad (3-41)$$

式中　$\omega_n = \sqrt{1/LC}$——系统的固有频率；

　　　$\zeta = \dfrac{R}{2}\sqrt{\dfrac{C}{L}}$——系统的阻尼比。

将 $s = j\omega$ 代入，得相应的幅频特性和相频特性，分别为

$$A(\omega) = \frac{1}{\sqrt{\left[1 - \left(\dfrac{\omega}{\omega_n}\right)^2\right]^2 + 4\zeta^2\left(\dfrac{\omega}{\omega_n}\right)^2}} \qquad (3-42)$$

$$\varphi(\omega) = -\arctan\frac{2\zeta\left(\dfrac{\omega}{\omega_n}\right)}{1 - \left(\dfrac{\omega}{\omega_n}\right)^2} \qquad (3-43)$$

幅频、相频特性曲线如图3-14所示。图3-15、图3-16为相应的伯德图和奈奎斯特图。

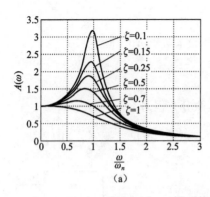
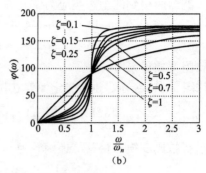

图 3-14 二阶系统幅频、相频特性曲线

(a) 二阶系统幅频特性；(b) 二阶系统相频特性

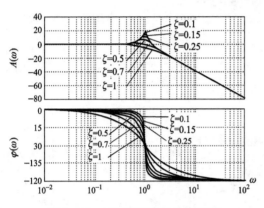
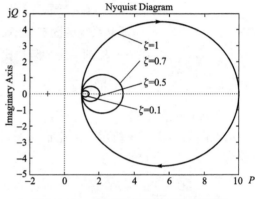

图 3-15 二阶系统特性的伯德图　　　图 3-16 二阶系统特性的奈奎斯特图

4. 一阶和二阶测试系统的可测频率范围

1）一阶系统的可测频率范围

给定一个一阶测试系统，相应的，其时间常数 τ 可以确定，若再规定一个允许的幅值误差 ε，则允许系统测试的最高信号频率 ω_k 也相应确定，规定 $0 \sim \omega_k$ 为可用频率范围，当被测信号频率在此范围内时，如图3-17，幅值测试误差小于允许值。

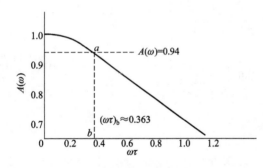

图 3-17 一阶系统可测频率范围的确定

例 3-3 设有一阶系统其时间常数 $\tau = 0.1\text{s}$，输入一简谐信号，输入信号频率 ω 为多少时，其输出信号的幅值误差不大于6%？这时输出信号的滞后角是多少？

解：一阶系统的幅频特性为

$$A(\omega) = \frac{1}{\sqrt{1+(\tau\omega_k)^2}} \geq 1 - \varepsilon = 1 - 6\%$$

将 $\tau = 0.1\text{s}$ 代入，得

$$\frac{1}{\sqrt{1+(0.1\omega_k)^2}} = 94\%$$

$$\omega_k = 3.63 \text{ rad/s}$$

即
$$f = 0 \sim 0.578 \text{ Hz}$$

此时输出信号的滞后角为
$$\varphi(\omega) = -\arctan(\tau\omega) = -\arctan(0.1 \times 3.63) = -19.95°$$

相频特性 $\varphi(\omega)$—ω 是接近于通过零点的直线。

2) 二阶测试系统的可测频率范围和最佳阻尼比 ζ_b

对二阶测试系统有两种情况特别值得重视。

(1) 阻尼比 $\zeta < 0.1$。

若给定测试误差 ε，设 $\eta = \omega/\omega_n$，则只要求解方程
$$1 + \varepsilon \geq 1/\sqrt{(1-\eta^2)^2 + 4\zeta^2\eta^2}$$

即可，因 ζ 为很小，$4\zeta^2\eta^2$ 可以忽略不计，得到
$$1 + \varepsilon = 1/(1-\eta^2),$$
$$1 - \eta^2 = 1/(1+\varepsilon) \approx 1 - \varepsilon$$
$$\eta \approx \sqrt{\varepsilon} \tag{3-44}$$

假设 $\varepsilon = 5\%$ 或 10%，则对应的 $\eta = \omega/\omega_n = 0.22$ 或 $0.316 \approx 0.3$。

小阻尼的二阶测量装置，例如压电式加速度计，仪器使用说明书通常规定其可测频率范围是 $(0 \sim 0.3)\omega_n$，其根据即在于此。

(2) 大阻尼比 ($\zeta > 0.1$) 与最佳阻尼比 ζ_b。

小阻尼比情况，有用频率范围太窄，只占其无阻尼自振频率的 30%（规定 $\varepsilon = 10\%$），要设法将它拓宽，常用办法是增大阻尼比。

例 3-4 设有两个结构相同的二阶测量装置，其无阻尼自振频率 ω_n 相同，而阻尼比不同，一个是 0.1，另一个是 0.65，如果允许的幅值测量误差是 10%，它们的可测频率范围各是多少？

以 $\eta = \dfrac{\omega}{\omega_n}$ 为横坐标，$A(\eta)$ 为纵坐标画出 $\zeta = 0.1$ 和 $\zeta = 0.65$ 两条幅频特性曲线，分别作出 $A(\eta) = 1.1$ 和 $A(\eta) = 0.9$ 两条平行线，前者与 $\zeta = 0.1$ 的幅频特性曲线交于 1、2 两点，后者与 $\zeta = 0.1$ 的幅频特性曲线交于 4 点，而 $\zeta = 0.65$ 的幅频特性曲线只和 $A(\eta) = 0.9$ 的直线有一个交点 3，如图 3-18 所示。

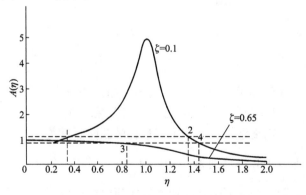

图 3-18 二阶系统可测频率范围的确定

① 求直线 $A(\eta) = 1.1$ 和 $\zeta = 0.1$ 的幅频特性的交点：

$$1.1 = \frac{1}{\sqrt{\left[1 - \left(\frac{\omega}{\omega_n}\right)^2\right]^2 + 4 \times 0.1^2 \times \left(\frac{\omega}{\omega_n}\right)^2}}$$

得到两个正实数根：

$$\left(\frac{\omega}{\omega_n}\right)_1 = 0.304$$

$$\left(\frac{\omega}{\omega_n}\right)_2 = 1.366$$

② 求直线 $A(\eta) = 1.1$ 和 $\zeta = 0.65$ 的幅频特性的交点：

$$1.1 = \frac{1}{\sqrt{\left[1 - \left(\frac{\omega}{\omega_n}\right)^2\right]^2 + 4 \times 0.65^2 \times \left(\frac{\omega}{\omega_n}\right)^2}}$$

此方程无实数解。

③ 求直线 $A(\eta) = 0.9$ 和 $\zeta = 0.1$ 的幅频特性的交点：

$$0.9 = \frac{1}{\sqrt{\left[1 - \left(\frac{\omega}{\omega_n}\right)^2\right]^2 + 4 \times 0.1^2 \times \left(\frac{\omega}{\omega_n}\right)^2}}$$

得到一个正实数根 $\left(\frac{\omega}{\omega_n}\right)_4 = 1.44$。

④ 求直线 $A(\eta) = 0.9$ 和 $\zeta = 0.65$ 的幅频特性的交点：

$$0.9 = = \frac{1}{\sqrt{\left[1 - \left(\frac{\omega}{\omega_n}\right)^2\right]^2 + 4 \times 0.65^2 \times \left(\frac{\omega}{\omega_n}\right)^2}}$$

得到一个正实数根 $\left(\frac{\omega}{\omega_n}\right)_3 = 0.815$。

⑤ 可测频率范围：

对 $\zeta = 0.1$ 的测试装置，$\frac{\omega}{\omega_n} = 0 \sim 0.304$。

对 $\zeta = 0.65$ 的测试装置，$\frac{\omega}{\omega_n} = 0 \sim 0.815$。

由此例题可见，阻尼比 ζ 显著影响二阶测试系统的可测频率范围。当 ζ 由 0.1 增至 0.65 时，其可测频率范围由 $\frac{\omega}{\omega_n} = 0 \sim 0.304$，增至 $\frac{\omega}{\omega_n} = 0 \sim 0.815$，扩大了 1.68 倍。

在小阻尼情况，当 $\omega/\omega_n \leq 0.3$ 时，$\phi(\omega) \approx 0$，因而相位误差不明显；在大阻尼情况当 ζ_b 在 $0.6 \sim 0.7$ 之间时，其相频特性近于通过 $(0, 0)$ 和 $(0, -\pi/2)$ 两点的一条直线，所以相位误差也可不考虑。但要注意，一般大阻尼比的二阶测试装置其实际幅频特性与理论的颇有差距，所以通常取可用频率范围为 $\frac{\omega}{\omega_n} = 0 \sim 0.6$。

因为一、二阶测量装置当其幅值误差小于给定值时，相位误差也不显著。所以一般仪器说明书中往往只给出幅频特性而不给出相频特性。但是要注意幅值误差合适，因相位误差过大而显著影响测量结果的事例也是有的,这种现象常发生在测量通道中存在积分放大器的情况。

3.3 测试系统在典型输入下的动态响应

通过式 (3-14)、(3-16) 求得

$$Y(s) = X(s) \cdot H(s) \tag{3-45}$$

$$Y(\omega) = X(\omega) \cdot H(\omega) \tag{3-46}$$

然后对 $Y(s)$ 求拉氏逆变换,或对 $Y(\omega)$ 求傅氏逆变换,即可得到在任意输入下的时域响应 $y(t)$。

1. 单位脉冲输入系统的响应

若输入为单位脉冲信号,即 $x(t) = \delta(t)$,如图 3-19 (a) 所示,则 $X(s) = L[\delta(t)] = 1$。测试系统相应的输出拉氏变换将是 $Y(s) = H(s) \cdot X(s) = H(s)$,其时域描述可通过对 $Y(s)$ 的拉氏逆变换得到,即

$$y(t) = L^{-1}[Y(s)] = L^{-1}[H(s)] = h(t) \tag{3-47}$$

可见,单位脉冲响应函数为系统传递函数的拉氏逆变换,记为 $h(t)$。

将式 (3-34) 代入式 (3-47) 求得一阶系统的脉冲响应函数为

$$h(t) = \frac{1}{\tau} e^{-t/\tau} \tag{3-48}$$

将式 (3-41) 代入式 (3-47),并进行拉氏逆变换,得二阶系统的脉冲响应函数为

$$h(t) = \frac{\omega_n}{\sqrt{1-\zeta^2}} e^{-\zeta \omega_n t} \sin\left(\sqrt{1-\zeta^2} \omega_n t\right) \quad (\zeta < 1) \tag{3-49}$$

一阶系统、二阶系统在单位脉冲信号输入时的响应如图 3-19 (b)、(c) 所示。

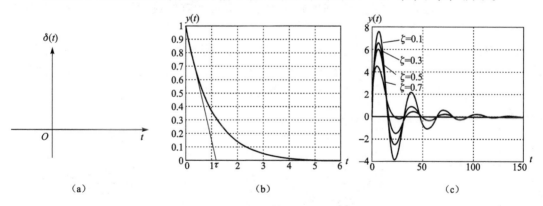

图 3-19 单位脉冲信号输入的系统响应
(a) 单位脉冲输入;(b) 一阶系统响应;(c) 二阶系统响应

利用 MATLAB 中的 impulse 命令可得到系统的响应,程序如下:
```
% 单位脉冲信号输入的一阶系统响应
num = [0,0,1];
den = [0,1,1];
```

```
impulse(num, den)
% 单位脉冲信号输入的二阶系统响应
num=[0,0,50];
den=[25,2,1];
impulse(num, den)
hold on
```

2. 单位阶跃输入系统的响应

对测试系统的突然加载或突然卸载即属于阶跃输入，这种输入方式简单易行，又能充分揭示测试系统的动态特性。若输入为单位阶跃信号，即 $x(t)=u(t)=1$，如图 3-20（a）所示，则 $X(s)=L[u(t)]=\dfrac{1}{s}$，此时有

$$Y(s)=H(s)\cdot X(s)=\dfrac{1}{s}H(s)$$

故

$$y(t)=L^{-1}[Y(s)]=L^{-1}\left[\dfrac{1}{s}H(s)\right] \qquad (3-50)$$

将式（3-34）代入式（3-50），可求得一阶系统的阶跃响应为

$$y(t)=L^{-1}\left[\dfrac{1}{s}\cdot\dfrac{1}{\tau s+1}\right]=1-e^{-t/\tau} \qquad (3-51)$$

系统响应如图 3-20（b）所示，对于任意物理结构的一阶测试系统都是适用的。这一指数曲线在 $t=0$ 那一点的切线斜率等于 $1/\tau$。这是一阶系统单位阶跃响应的一个特点，根据这一点，可以在参数未知的情况下，由一阶系统的单位阶跃响应试验曲线来确定其时间常数 τ。时间常数 τ 越小，$y(t)$ 上升速度越快，达到稳态值所用的时间越短，也就是系统惯性越小；反之 τ 越大，系统对信号的响应越缓慢，系统惯性越大。因此，τ 的大小反映了一阶系统惯性的大小。一般希望系统响应速度越快越好，通过调整构成系统的元件参数，减少 τ 值，可以提高系统的快速响应性。

从响应开始到进入稳态所经过的时间称调整时间。理论上讲，$t\to+\infty$ 时，一阶系统才能结束瞬态过程进入稳态过程，并且输出等于输入，其稳态误差为零。实际工程测试中 $t=3\tau$ 或 $t=4\tau$ 时，其误差在 2%~5%，可以认为已达到稳态。

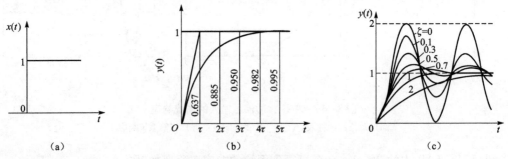

图 3-20 单位阶跃信号输入的系统响应
（a）单位阶跃输入；（b）一阶系统响应；（c）二阶系统响应

例 3-5 一个温度计，其时间常数 $\tau=7\text{ s}$，若将其从 20 ℃ 的空气中突然插入到 80 ℃ 的

热水中,问经过 15 s 后,该温度计指示的温度为多少?

解:温度计是一阶系统,式(3-51)为其阶跃响应,得

$$t = 20 + (80-20)(1-e^{-\frac{t}{\tau}}) = 20 + 60(1-e^{-\frac{15}{7}}) = 73 \ ℃$$

将式(3-41)代入式(3-50)得出二阶系统的阶跃响应为

$$y(t) = L^{-1}\left[\frac{1}{s} \cdot \frac{\omega_n^2}{s^2+2\zeta\omega_n s+\omega_n^2}\right] = 1 - \frac{e^{-\zeta\omega_n t}}{\sqrt{1-\zeta^2}}\sin(\sqrt{1-\zeta^2}\omega_n t + \varphi) \quad (3-52)$$

式中 $\varphi = \arctan\sqrt{1-\zeta^2}/\zeta$。

输出 $y(t)$ 的波形如图 3-20(c)所示。二阶系统在单位阶跃信号输入下的稳态输出误差也为零,但是系统的响应在很大程度上取决于阻尼比 ζ 和固有频率 ω_n。系统固有频率由其主要结构参数决定,ω_n 越高,系统的响应越快。阻尼比 ζ 直接影响超调量和振荡次数。当 $\zeta = 0$ 时,超调量为 100%,且持续不断振荡下去,达不到稳定;$\zeta > 1$,则系统蜕化等同于两个一阶环节的串联,此时虽然不发生振荡(即不发生超调),但也需要较长时间才能达到稳定;如果阻尼比 ζ 在 0.6~0.8 之间,则最大超调量将在 2.5%~10% 之间,其以允许 2%~5% 的误差趋近"稳态"的调整时间也是最短,约为 $(3\sim4)/(\zeta\omega_n)$。很多测试系统阻尼比 ζ 选在 0.6~0.8 之间即在于此。

3.4 测试系统实现不失真测试的条件

1. 不失真测试的条件

信号通过系统产生失真现象的类型有频率失真、幅值失真与相位失真,对于线性系统而言,只存在幅值失真与相位失真。

所谓幅值失真,是指信号通过系统时,系统对信号中各频率分量的幅度产生不同程度的衰减,使各频率分量的幅值相对比例产生变化;而相位失真则是指由于各频率分量产生的相移不与频率呈线性关系,结果各频率分量在时间轴上的相对位置产生变化。幅值失真和相位失真引起了信号的波形畸变。

图 3-21 表示被测信号 $x(t)$ 经过二阶测试系统以后产生波形失真的情况。假定振动源信号 $x(t)$ 包含 ω_1 及 ω_3 两个频率成分,根据系统的频率响应特性,当原信号 $x(t)$ 被测试系统检测和转换以后,相当于一个加权系数 $H(\omega)$,对原信号 $x(t)$ 的谱 $X(\omega)$ 给予加权修正,在幅值上的加权系数为 $|H(\omega)|$,而相位则为 $\varphi(\omega)$。

图 3-21(a)表示幅值失真情况。因为对原信号 $x(t)$ 的频率分量 ω_1 及 ω_3 的幅值加权系数 $|H(\omega_1)|$

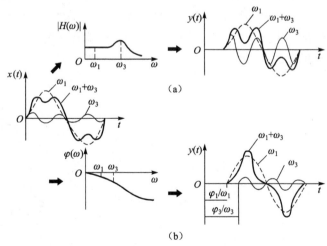

图 3-21 波形产生失真的情况
(a)幅值失真;(b)相位失真

与 $|H(\omega_3)|$ 不等，所以信号 $x(t)$ 通过系统以后，其幅值比例关系被改变，故合成波形发生畸变。

图 3 - 21 (b) 则表示相位失真情况。因为源信号 $x(t)$ 通过系统后，频率分量 ω_1 及 ω_3 的相位角分别为 φ_1 及 φ_3，由于 $\varphi(\omega)$—ω 的非线性关系，使得时间滞后 φ_1/ω_1 不等于 φ_3/ω_3，故合成波形亦发生畸变。

设有一个测试装置，其输出 $y(t)$ 和 $x(t)$ 输入满足下列关系：

$$y(t) = A_0 x(t - \tau_0) \qquad (3-53)$$

式中 A_0 和 τ_0 都是常数。此式表明这个装置输出的波形和输入波形精确地一致，只是幅值放大了 A_0 倍和在时间上滞后了 τ_0，如图 3 - 22 所示，因此可以说输出不失真复现了输入，也就是实现了不失真测试。

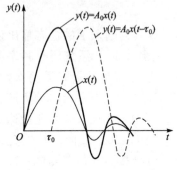

图 3 - 22　波形不失真复现

根据式 (3 - 53) 来考察测试装置实现不失真测试的频率特性。对该式作傅里叶变换，若考虑当 $t < 0$ 时，$x(t) = 0$、$y(t) = 0$，则有

$$H(\omega) = A(\omega) e^{j\varphi(\omega)} = \frac{Y(\omega)}{X(\omega)} = A_0 e^{-j\tau_0 \omega} \qquad (3-54)$$

可见，若要求测试系统的输出波形不失真，则其幅频和相频特性应分别满足：

$$A(\omega) = A_0 = 常数 \qquad (3-55)$$

$$\varphi(\omega) = -\tau_0 \omega \qquad (3-56)$$

应当指出，满足式 (3 - 55) 和式 (3 - 56) 所示的条件后，系统的输出仍然滞后于输入一定时间。如果测试的目的是精确的测试出输入波形，那么上述条件完全满足不失真测试的要求了；如测试结果要用来作为反馈的信号，那么还应当注意到输出对输入的时间滞后有可能破坏系统的稳定性。这时应根据具体要求，力求减小时间滞后。

2. 测试系统不失真测试的频率范围

对实际测试系统，即使在某一频率范围内工作，也难以完全理想地实现不失真测试。

对于单一频率成分的信号，因为通常线性系统具有频率保持性，只要其幅值未进入非线性区，输出信号的频率也是单一的，也就无所谓失真问题。对于含有多种频率成分的，显然有可能既引起幅值失真，又引起相位失真，见图 3 - 23。

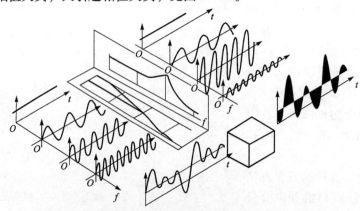

图 3 - 23　信号中不同频率成分通过测试系统后的输出

为此,首先要选用合适的测试系统,在测试频率范围内,其幅、相频特性接近不失真测试条件;其次,对输入信号做必要的前置处理,及时滤去非信号频带内的噪声,尤其要防止混入某些频率位于测试系统共振区的噪声。

从实现测试波形不失真条件和其他工作性能综合来看,对于一阶测试系统而言,时间常数 τ 越小,则系统装置的响应越快,动态误差越小,失真小的频率范围越宽。

对于二阶系统,其特性曲线上有两个频段值得注意。在 $\omega < 0.3\omega_n$ 范围内,$\varphi(\omega)$ 的数值较小,且 $\varphi(\omega)-\omega$ 特性曲线接近直线,$A(\omega)$ 在该频率范围内的变化不超过10%,若用于测量,则波形输出失真很小;在 $\omega > (2.5 \sim 3)\omega_n$ 范围内,$\varphi(\omega)$ 接近180°,且随 ω 变化甚小,此时如在实际测量电路中或数据处理中减去固定相位差或把测量信号反相180°,则其相频特性基本上满足不失真测量条件。但是此时幅频特性 $A(\omega)$ 太小,输出幅值太小。

若二阶系统输入信号的频率 ω 在 $(0.3\omega_n, 2.5\omega_n)$ 区间内,装置的频率特性受 ζ 的影响很大,需要作具体分析。

一般来说,在 $\zeta = 0.6 \sim 0.8$ 时,可以获得较为合适的综合特性。计算表明,对二阶系统当 $\zeta = 0.7$ 时,ω 在 $0 \sim 0.58\omega_n$ 的频率范围内,幅值特性 $A(\omega)$ 的变化不超过5%,同时相频特性 $\varphi(\omega)$ 也接近于直线,因而所产生的相位失真也很小。二阶测试系统的固有频率 ω_n 越高,则工作频带越宽,动态误差与时间滞后越小。若测试系统的固有频率 $\omega_n \geq 10\omega$,动态误差就不会太大了。因此,选定测试装置的固有频率 ω_n 时,要远远大于被测试信号的圆频率 ω,即 $\omega_n \gg \omega$,但也不可能太大,因为 ω_n 越大,灵敏度越低,故要选择适当。

测试系统中,任何一个环节产生的波形失真,必然会引起整个系统最终输出波形失真。虽然各环节失真对最后波形的失真影响程度不一样,但是原则上在信号频带内都应使每个环节基本上满足不失真测量的要求。

3.5 测试系统动态特性的测定

要使测试系统精确可靠,不仅其定度要精确,而且要定期校准,并对测试系统的动态特性参数进行试验测定。

动态特性参数的测定方法,常因测试系统的形式不同而不完全相同,从原理上一般可分为正弦信号响应法、阶跃信号响应法和随机信号响应法等。

1. 频率响应法

测试系统的动态特性可通过不同频率的稳态正弦激励的试验方法求得。对测试系统施以正弦激励,即 $x(t) = x_0 \sin 2\pi ft$ 在输出达到稳态后,测量输出与输入幅值比和相角差,这样可得到在该激励频率下测试装置的传递特性,在较宽的频率范围内用正弦信号发生器以频率接近零频的足够低的频率开始,逐点增加输入信号频率,即可得到幅频 $A(f)$ 和 $\varphi(f)$ 相频曲线,如图 3-24 所示。

1) 求一阶系统动态特性参数 τ

对于一阶系统,主要的动态特性参数是时间常数 τ,可以通过其幅频特性或相频特性,用式(3-36)和式(3-37)直接确定 τ 值。图 3-25 为一阶测试系统幅频特性图。由图可知,转折点处频率 $\omega_b = 1/\tau$,由此可测得时间常数 τ。

2) 求二阶系统动态特性参数 ζ 和 ω_n

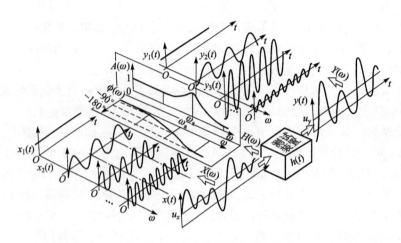

图 3-24 频率响应法测量系统特性

对二阶系统装置的动态特性参数 ζ 和 ω_n，可由频率响应试验求得。图 3-26 是欠阻尼二阶系统（$\zeta<1$）的频率响应试验曲线，其幅频特性 $A(\omega)$ 的峰值在稍偏离 ω_n 的 ω_r 处。从图 3-26 中可以得到三个特征量 $A(0)$、$A(\omega_r)$、ω_r，则图中各参数之间有如下关系：

$$\omega_r = \omega_n \sqrt{1-2\zeta^2} \tag{3-57}$$

或

$$\omega_n = \omega_r / \sqrt{1-2\zeta^2} \tag{3-58}$$

$A(\omega_r)$ 和静态输出 $A(0)$ 之比为

$$\frac{A(\omega_r)}{A(0)} = \frac{1}{2\zeta\sqrt{1-\zeta^2}} \tag{3-59}$$

据式（3-58）和式（3-59）可以计算出阻尼比 ζ 和固有频率 ω_n。

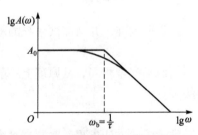

图 3-25 由幅频特性求时间常数 τ

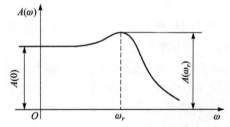

图 3-26 欠阻尼二阶系统的幅频特性

2. 用阶跃响应法求测试系统的动态特性

测定幅频特性时，测量仪器本身的频率特性，在被校验的测量系统的工作频率范围内必须接近于理想的仪器，即接近于零阶仪器。这样，测试仪器本身频率特性的影响才可以忽略。若测试系统不是纯电气系统，而是机械电气或其他物理系统，一般较难获得正弦的输入信号，而获得阶跃输入信号却很方便。在这种情况下，使用阶跃输入信号来测定系统装置的动态特性参数更为方便。

1）求一阶系统动态特性参数 τ

如图 3-27（a）所示，只要给一阶系统输入一单位阶跃信号，记录其输出波形，从中找到输出值达到最终稳态值的63.2%的点,该点所对应的时间就是时间常数τ。但是用此种方法确定的τ值,实际上未涉及阶跃响应的全过程,测量结果仅仅取决于某些个别的瞬时值,特别是取决于是否能精确地确定$t=0$的点,所以测量结果的可靠性不足。为此,改用下述方法确定时间常数τ,可获得较可靠的结果。

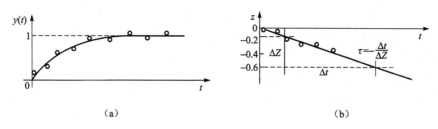

图3-27 一阶系统输入单位阶跃信号求时间常数τ
(a) 一阶系统单位阶跃信号的响应;(b) 代换的变量绘制曲线求时间常数

根据式(3-51),一阶系统的阶跃响应函数为

$$y(t) = 1 - e^{-t/\tau}$$

令$Z = -t/\tau$,上式可改写为

$$1 - y(t) = e^{-t/\tau} = e^{Z} \quad (3-60)$$

两边取对数,就有

$$Z = \ln[1 - y(t)] \quad (3-61)$$

Z和时间t呈线性关系,因此可以根据测得的$y(t)$值做出$\ln[1-y(t)]$—t曲线,并根据其斜率值求得时间常数$\tau = -\dfrac{\Delta t}{\Delta Z}$,如图3-27(b)所示。这种方法既考虑了响应的全过程,又对该系统是否符合一阶系统作出了判断。如果数据Z各点偏离直线很多,则可判定该系统实际并非一阶测试系统。

2)求二阶系统动态特性参数ζ和ω_n

描述二阶测试系统的动态特性参数有阻尼比ζ和固有频率ω_n。对于一个欠阻尼($\zeta<1$)的二阶测试系统的动态参数,也可用最大超调量M、上升时间t_r(响应曲线从原始工作状态出发,第一次达到输出稳态值所需要的时间)、峰值时间t_p(峰值时间是响应曲线到达超调量第一个峰值所需要的时间)以及振荡周期T_d来表示,如图3-28。典型的欠阻尼二阶系统装置的阶跃响应如式(3-52)。它的瞬态响应是以$\omega_d = \omega_n \sqrt{1-\zeta^2}$为圆频率的衰减振荡。此圆频率称为有阻尼的固有频率$\omega_d$。其峰值时间为

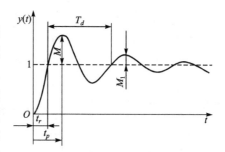

图3-28 其欠阻尼二阶系统装置的阶跃响应

$$t_p = \frac{T_d}{2} = \frac{\pi}{\omega_d} = \frac{\pi}{\omega_n \sqrt{1-\zeta^2}} \quad (3-62)$$

按照求极值的通用方法,可以求得各振荡峰值所对应的时间$t = 0$、π/ω_d、$\dfrac{2\pi}{\omega_d}$、$\cdots$

将 $t = \pi/\omega_d$ 代入式（3-52），并求极大值，就可求得最大超调量 M 和阻尼比 ζ 的关系式，如图 3-28 所示，即

$$M = e^{-(\zeta\pi/\sqrt{1-\zeta^2})} \tag{3-63}$$

$$\zeta = \sqrt{\frac{1}{(\pi/\ln M)^2 + 1}} \tag{3-64}$$

因此，测得 M 之后，便可按式（3-63）和式（3-64），或作出 M—ζ 图（如图 3-29 所示），求取阻尼比 ζ。

如果测得的是阶跃响应的较长的瞬变过程，则可利用任意两个超调量 M_i 和 M_{i+n} 来求取其阻尼比（其中 n 是该两峰值相隔的整周期数）。设 M_i 和 M_{i+n} 所对应的时间分别为 t_i 和 t_{i+n}，则

$$t_{i+n} = t_i + \frac{2\pi n}{\omega_n \sqrt{1-\zeta^2}} \tag{3-65}$$

将上式代入二阶系统阶跃响应的表达式 $y(t)$ 中，可得

$$\delta_n = \ln \frac{M_i}{M_{i+n}} = \ln\left[\frac{e^{-\zeta\omega_n t_i}}{e^{-\zeta\omega_n(t_i + 2\pi n/\omega_n\sqrt{1-\zeta^2})}}\right] = \frac{2\pi n \zeta}{\sqrt{1-\zeta^2}} \tag{3-66}$$

整理后可得

$$\zeta = \sqrt{\frac{\delta_n^2}{\delta_n^2 + 4\pi^2 n^2}} \tag{3-67}$$

根据式（3-66）和式（3-67）式即可按实际测得的 M_i 和 M_{i+n} 经 δ_n 而求取 ζ。考虑到 $\zeta < 0.3$ 时，以 1 替代 $\sqrt{1-\zeta^2}$ 进行近似计算，不会产生过大的误差，则由式（3-67）可得

$$\zeta \approx \frac{1}{2\pi n} \ln \frac{M_i}{M_{i+n}} \tag{3-68}$$

这样，计算 ζ 就更方便了。

若系统装置是精确的二阶系统装置时，n 值采用任意正整数所得的 ζ 值不会有差别；反之，若 n 取不同值，获得不同的 ζ 值，则表明该系统装置不是线性二阶系统。

欠阻尼振动系统响应的振动圆频率为

$$\omega_d = \omega_n \sqrt{1-\zeta^2}$$

振动周期 $T_d = 2\pi/\omega_d$，则可求得系统的固有频率为

$$\omega_n = \frac{2\pi}{T_d \sqrt{1-\zeta^2}} \tag{3-69}$$

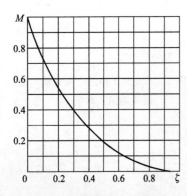

图 3-29 欠阻尼二阶系统装置的 M—ζ 图

由上述可知，对某一欠阻尼测试系统，若保持阻尼比 ζ 不变，则超调量 M 不变。这时 ω_n 增加则到峰值时间 t_p 或振荡周期 T_d 均减小，也就是响应速度快；若 ω_n 不变，ζ 增大，则超调量 M 下降，而峰值时间增加，响应速度减慢。因此，二阶测试系统的响应速度取决于系统的阻尼比 ζ 和固有圆频率 ω_n，所以减少测试系统动态误差的措施是选择合适的系统阻尼比，通常选取 $\zeta = 0.6 \sim 0.8$，系统的固有频率 ω_n 应尽可能地高。

思 考 题

3-1 何为测试系统的灵敏度?该值越高越好吗?

3-2 一压电式压力传感器灵敏度为 $S_p = 5$ pC/Pa,将它与一只灵敏度 $S_V = 0.005$ V/pC 的电荷放大器连接,然后接到灵敏度为 $S_x = 20$ mm/V 的光线示波器上记录,试问:

(1) 该测试系统的总灵敏度是多少?

(2) 用该测试系统测 60 Pa 的压力变化时,光线示波器上的光点的移动距离是多少?

3-3 一阶系统测量 100 Hz 的正弦信号,要求振幅误差在 5% 以内,求该系统的时间常数的取值范围。

3-4 用一个时间常数为 0.35 s 的一阶装置去测量周期分别为 1 s、2 s 和 5 s 的正弦信号,问幅值误差分别为多少?

3-5 用一个时间常数 $\tau = 0.004$ s 的一阶装置作正弦信号的测量,要求限制振幅误差在 5% 以内,试问:

(1) 该装置所能测量的正弦信号的最高频率 f 为何值?

(2) 利用该装置测量周期为 0.008 s 的正弦信号,其幅值误差将为多少?

3-6 求周期信号 $x(t) = 0.5\cos 10t + 0.2\cos(100t - 45°)$ 通过传递函数 $H(s) = \dfrac{1}{0.005s + 1}$ 的装置后所得到的稳态响应。

3-7 已知一理想滤波器,其 $|H(\omega)| = 1$,$\varphi(\omega) = -0.04\omega$,如果在输入端加一个 20 V 的阶跃信号作为激励,求滤波器输出信号上升到 18 V 时所需要的时间。

3-8 以热电偶测量电炉温度,设炉温是 500 ℃,热电偶的时间常数是 0.5 min,室温是 20 ℃,问经过 90 s 后热电偶的指示值是多少?

3-9 说明二阶系统的阻尼比 ζ 常取在 0.6~0.7 的原因。

3-10 已知二阶系统的力传感器固有频率为 800 Hz,阻尼比为 0.14,用此传感器来测量 400 Hz 的正弦变化力时,求:

(1) $A(\omega)$ 和 $\varphi(\omega)$。

(2) 若该装置的阻尼比为 0.7,求此时的 $A(\omega)$ 和 $\varphi(\omega)$。

3-11 试求传递函数分别为 $\dfrac{1.5}{3.5s + 0.5}$ 和 $\dfrac{41\omega_n^2}{s^2 + 1.4\omega_n s + \omega_n^2}$ 的两个环节串联后组成的系统总灵敏度(不考虑负载效应)。

3-12 有一测力仪,其动态特性可用二阶微分方程来描述,原来它的阻尼比 $\zeta = 0.002$,采用某些措施增大其阻尼比以后,$\zeta = 0.2$。试证明:虽然阻尼比增大了 100 倍,但对于扩大测力仪的工作频率范围意义不大(测力仪允许的幅值误差小于 10%)。

第4章 常用的传感器

传感器是一种转换装置，是以一定精度将被测的物理量转换为与之相对应的，容易检测、传输或处理的信号的装置。它是实现测试与自动控制系统的首要环节。如果没有传感器对原始参数进行精确可靠的测量，那么，无论是信号转换或信息处理，或者最佳数据的显示和控制都将无法实现。

传感器技术是现代信息技术的主要内容之一。信息技术包括计算机技术、通信技术和传感器技术。计算机和通信技术发展极快，相当成熟，从事这方面工作的工程技术人员也非常多。深入研究传感器的类型、原理和应用，研究开发新型传感器对于科学技术、生产过程中的自动控制和智能化发展，以及不断提高人类认识自然都具有重要的现实意义。为了适应现代科学技术的发展，世界许多国家都把传感器技术列为现代的关键技术之一。

国际电工委员会（International Electrotechnical Committee，IEC）的定义为："传感器是测量系统中的一种前置部件，它将输入变量转换成可供测量的信号。"目前，一般对传感器的理解往往是指非电量与电量的转换，即传感器是将被测的非电量（如压力、力矩、应变、位移、速度、加速度、温度、流量、转速等）转换成与之对应的、易于处理和传输的电量（如电流、电压）或电参量（如电阻、电感、电容、电荷等）。传感器一般由敏感元件、转换元件和基本转换电路组成。敏感元件是传感器的核心，直接感受被测物理量，并输出与被测量成确定关系的某一物理量的元件，转换元件则把敏感元件的输出转换成电路参量，基本转换电路把转换元件的输出转换成电量输出。

传感器的输出电量必须与被测量有单值函数关系，并尽可能为线性关系。不仅要求传感器具有较高的精度和灵敏度，理想化的稳定性和动态特性，而且要求结构简单、经久耐用及密封防潮，具有一定的抗振性能和对环境有较强的适应性。传感器处于测试系统的输入端，其性能直接影响着整个测试系统的性能。

现代高级轿车的电子控制系统的关键就在于采用传感器的数量和水平。目前一辆普通家用轿车上大约安装几十到近百只传感器，而豪华轿车上的传感器数量可多达200余只，种类达到30余种，多则达到上百种。本章主要介绍汽车上常用的传感器工作原理、特性和应用情况。

4.1 传感器的分类

汽车上使用的传感器种类较多，分类方法也不完全相同，一种物理量可用多种类型传感器来测量，而同一种传感器也可以测量多种物理量。为了对传感器有一个概括认识，进行适当分类是十分必要的。

传感器的分类方法主要有以下几种。

1. 根据被测物理量分类

根据被测物理量，传感器可分为位移传感器、角位移传感器、速度传感器、角速度传感器、压力传感器、力传感器、力矩传感器、振动传感器、电流传感器、温度传感器、流量传感器、磁敏传感器、气敏传感器及浓度传感器等。

2. 根据工作原理分类

根据工作原理，传感器可分为电阻式传感器、电容式传感器、电感式传感器、压电式传感器、光电式传感器、热电式传感器、光纤传感器、超声波传感器及激光传感器等。

3. 根据输出信号的性质分类

根据输出信号的性质，传感器可分为模拟式传感器和数字式传感器，模拟式传感器将被测量的非电学量转换成模拟电信号，数字式传感器将被测量的非电量转换成数字输出信号（包括直接和间接转换）。

4. 根据能量转换原理分类

根据能量转换原理，传感器可分为有源传感器和无源传感器。有源传感器将非电量转换为电能量，如压电式传感器、电磁式传感器、电荷式传感器等，不需要外电源；无源传感器不起能量转换作用，只是将被测非电量转换为电参量的变化，如电阻应变片式传感器、电感式传感器及电容式传感器等，需要外电源。

有时人们常把被测参数和变换原理结合起来称为传感器，如电阻式压力传感器、电容式液位传感器、压电式加速度传感器等。

本章即将介绍的传感器见表4－1。

表4－1 传感器转换原理及应用

传感器分类		工作原理	传感器名称	应　　用
转换形式	中间参量			
电参量	电阻	电阻的应变效应	电阻丝应变传感器	微应变、力、负荷
		半导体的压阻效应	半导体应变片	
		热阻效应	热电阻传感器	温度
		半导体材料的光导效应	光敏电阻传感器	温度、光强
	电感	改变磁路几何尺寸、导磁体位置	电感传感器	位移
		涡电流效应	电涡流式传感器	位移、厚度、硬度
	电容	电容量变化	电容式传感器	力、压力、负荷、位移、液位、厚度、湿度
电能量	电荷	压电效应	压电传感器	动态力、加速度
	电动势	电磁感应	磁电式传感器	速度、加速度
		霍尔效应	霍尔传感器	磁通、电流
		光电效应	光电式传感器	光强
		热电效应	热电偶传感器	温度、热流
		温度引起结电压降变化	半导体PN结	温度
		光的全反射原理	光纤传感器	温度、距离
		波在介质中的传播特性	超声波传感器	距离

汽车上使用的各种传感器按其功能可分为两类，一类是使驾驶员了解汽车各部分状态的传感器，另一类是用于控制汽车运行状态的传感器。汽车上使用的传感器种类见表4-2。

表4-2 汽车用传感器种类

种　类	被测量或被测对象
位移、方位传感器	节气门开度、废气再循环阀开度、车辆高度（悬架、位移）、行驶距离、行驶方位
速度、加速度传感器	车速（绝对值）、加速度
转角、转速传感器	曲轴转角、曲轴转速、转向盘转角、车轮速度
压力传感器	进气歧管压力、大气压力、燃烧压力、发动机机油压力、自动变速器油压、制动压力、各种泵压、轮胎压力
温度传感器	冷却液、排出气体（催化剂）、吸入空气、发动机机油、自动变速器油、车内空气、车外空气
流量传感器	吸入空气量、燃料流量、废气再循环量、二次空气量、制冷剂流量
液量传感器	燃油、冷却液、电解液、机油、制动液
气体浓度传感器	氧气、二氧化碳、NO_x、HC
其他传感器	转矩、爆燃、湿度、玻璃结霜、睡眠状态、蓄电池电压、蓄电池容量、日照、光照等

传感器把被测量参数的信息作为输入参数（如温度、力、位移）转换成电信号输出，一般称为一次变换，有的也称传感器为一次仪表。

传感器输出的电信号有电阻、电容、电感、电压、电流、频率的变化。除频率外，其他都是模拟量，输出的电信号较微弱，如电压信号为mV级，电流信号为μA、mA级。

传感器输出的微弱信号常与噪声混合在一起，需要通过专门的电子电路对其进行"加工处理"，如将微弱的信号给予放大，用滤波器将无用的干扰信号滤掉，将非线性的特性曲线线性化。这种信号变换，一般称为二次变换，完成二次变换的电路，称为测量电路，也称为调理电路。完成这些电路功能的仪表，称为测量仪表或二次仪表。这些将在以后的章节中介绍。

4.2　电阻应变片式传感器

电阻应变片式传感器简称电阻片或应变片。它是一种将应变转换成电阻变化的元件，进而通过电路转变成电压或电流信号输出的一类传感器。应变片可以测量能转换为应变的相应变化的任何物理量，如力、转矩、加速度等。它结构简单，性能稳定，成本低廉，所以在测试中应用非常广泛。

1. 金属应变片工作原理

电阻应变片的敏感元件是电阻丝，其结构如图4-1所示。栅状的电阻丝粘贴在很薄的弹性绝缘基底和覆盖层之间，在线栅的两端焊上外接引出线，由引出线接后续电路。

应变片敏感元件（线栅）的材料主要有铜镍合金、镍铬合金、铁铬铝合金、康铜等。康铜的灵敏度系数比较稳定，电阻系数高，电阻温度系数较低，易于加工，价格也较低廉，因而获得广泛应用。

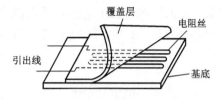

图 4-1 电阻丝应变片结构

基底的作用是保持金属线栅的几何形状，并保证线栅与被测试件之间的电绝缘。基底材料有薄纸和有机聚合物两种，并相应地被称为纸基和胶基应变片。纸基应变片制造简单，价格便宜，易于粘贴，固化快，但耐热性和耐潮性不好，一般多在室内短期试验中使用，适用温度在 70 ℃以下。胶基应变片使用温度可提高，绝缘性好，耐潮性好，蠕变和滞后都很小。

引出线的作用是把应变片的线栅连接到测量电路，一般多用直径为 0.15～0.30 mm 的镀锡软铜线。

导体在外力作用下产生机械变形时，它的电阻值也相应地发生变化，这一物理现象称为电阻应变效应。

使用时，将应变片用黏结剂粘贴在被测试件表面，在载荷或在外界因素作用下试件发生变形时，电阻丝随试件一起变形，电阻值发生变化，由此将被测量转换为电阻值的变化，所以可通过应变片电阻的大小来检测载荷的大小。

由欧姆定律，电阻丝的电阻为

$$R = \frac{\rho l}{A} = \frac{\rho l}{\pi r^2}$$

式中　ρ——电阻率，$\Omega \cdot \text{mm}^2/\text{m}$；

l——电阻丝长度，m；

A——电阻丝横截面积（导体截面积为圆形时，$A = \pi r^2$），mm^2；

r——电阻丝的半径，mm。

当电阻丝发生变形时，其长度 l、截面积 A 都发生变化，电阻率 ρ 也会由于晶格的变化而有所改变。电阻 R 的增量为

$$dR = \frac{\partial R}{\partial l}dl + \frac{\partial R}{\partial r}dr + \frac{\partial R}{\partial \rho}d\rho = \frac{\rho}{\pi r^2}dl - \frac{2\rho l}{\pi r^3}dr + \frac{l}{\pi r^2}d\rho = R\left(\frac{dl}{l} - 2\frac{dr}{r} + \frac{d\rho}{\rho}\right) \quad (4-1)$$

电阻的相对变化为

$$\frac{dR}{R} = \frac{dl}{l} - 2\frac{dr}{r} + \frac{d\rho}{\rho} \quad (4-2)$$

式中　$dl/l = \varepsilon$——电阻丝纵向应变，或称轴向相对变形；

dr/r——电阻丝的横向应变，或称径向相对变形（$dr/r = \varepsilon'$，根据材料力学可知，ε 和 ε' 之间的关系为 $dr/r = -\mu dl/l$，μ 为电阻丝材料的泊松比）；

$d\rho/\rho$——电阻率的相对变化，与电阻丝轴向所受正应力有关（$d\rho/\rho = \lambda\sigma = \lambda E\varepsilon$，其中，$\lambda$ 为与材料有关的压阻系数，E 为电阻丝材料的弹性模量）。

将以上关系式代入式（4-2）得

$$\frac{dR}{R} = \varepsilon + 2\mu\varepsilon + \lambda E\varepsilon = (1 + 2\mu + \lambda E)\varepsilon \quad (4-3)$$

上式中，$(1 + 2\mu)\varepsilon$ 项是由电阻丝几何尺寸改变所引起的，对于同一种材料，$(1 + 2\mu)$

是常数;$\lambda E\varepsilon$ 项是由于电阻丝的电阻率随应变的变化引起的,对于金属丝来讲,λE 很小,可以忽略不计。这样,式 (4-3) 可简化为

$$\frac{dR}{R} \approx (1+2\mu)\varepsilon \tag{4-4}$$

上式表明,电阻丝电阻的相对变化率与其应变成正比,且呈线性关系,用无量纲因子表征其特性为

$$S = \frac{\frac{dR}{R}}{\frac{dl}{l}} = \frac{(1+2\mu)\varepsilon}{\varepsilon} = 1+2\mu \tag{4-5}$$

一般的,S 也称之为电阻应变片灵敏度系数。用于制造电阻应变片的电阻丝的灵敏度系数多在 1.7~3.6 之间。

相应的,式 (4-4) 可以改写为

$$\frac{dR}{R} \approx S\varepsilon \tag{4-6}$$

敏感元件为半导体的应变片称为半导体应变片。半导体应变片由于电阻率变化引起的 $\lambda E\varepsilon$ 远远大于几何尺寸变化引起的 $(1+2\mu)\varepsilon$ 项,故 (4-3) 可简化为

$$\frac{dR}{R} \approx \frac{d\rho}{\rho} = \lambda E\varepsilon \tag{4-7}$$

半导体应变片的灵敏度为

$$S \approx \lambda E$$

半导体应变片一般比金属丝电阻应变片的灵敏度大 50~70 倍。

以上分析表明,金属丝电阻应变片利用导体形变引起电阻的变化,而半导体应变片则利用半导体电阻率变化引起电阻的变化。

例 4-1 有一电阻应变片如题图,其灵敏度 $S=2$,$R=120\ \Omega$,设工作时其应变为 $1\ 000\mu\varepsilon$($\mu\varepsilon$ 为微应变,10^{-6}),试求 $\Delta R=?$ 若接成如题图所示的电路,试分析这个电阻的变动量能否从表中读出。

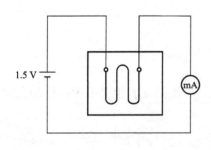

例 4-1 题图

解:因为 $\frac{\Delta R}{R} = S\varepsilon$

所以 $\Delta R = R \times S \times \varepsilon = 120 \times 2 \times 1\ 000 \times 10^{-6} = 0.24\ (\Omega)$

无应变时电流为 $I_1 = \frac{1.5}{120} = 0.012\ 5\ (A)$;

有应变时电流为 $I_2 = \frac{1.5}{120+0.24} = 0.012\ 475\ (A)$。

由于产生的应变,电流的变化为 $\Delta I = 0.000\ 025\ A = 0.025\ mA$

这个电流的变化,小于电流表的分辨率,因此不能读出这个变量。

2. 应变片的主要参数

(1) 几何参数:基长 l 和丝栅宽度 b,制造厂常用 $b \times l$ 表示,如图 4-2 (a) 所示。

(2) 电阻值：应变片的原始电阻值。
(3) 灵敏度系数：表示应变片变换性能的重要参数。
(4) 其他表示应变片性能的参数：工作温度、滞后、蠕变、零漂、疲劳寿命以及横向灵敏度等。

3. 应变片的种类和结构

应变片主要分为金属电阻应变片和半导体应变片两类。常用的金属电阻应变片有丝式、箔式和薄膜式三种，下面介绍几种常见的应变片。

1) 金属丝式应变片

金属丝式电阻应变片分为圆角线栅式和直角线栅式两种。图 4-2 (a) 所示为圆角线栅式电阻应变片，是最常见的形式，它制造容易、成本低，但横向效应较直角线栅式电阻应变片大，见图 4-2 (b)。

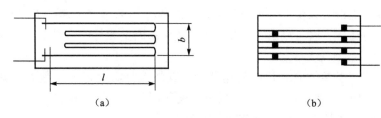

图 4-2 金属丝式应变片
(a) 圆角线栅式；(b) 直角线栅式

2) 金属箔式应变片

金属箔式应变片的工作原理与金属丝式应变片相同。它的敏感元件不是金属丝栅，而是将厚度为 0.001~0.010 mm 的康铜箔或镍铬箔，利用现代照相制版、光刻腐蚀技术，在绝缘基底上制成很薄的金属箔栅。箔式应变片的结构如图 4-3 所示。图 4-3 (a) 是普通的箔式应变片；图 4-3 (b) 是用来测量剪应变或转矩的箔式应变片；图 4-3 (c) 是用来测量流体压力的液压传感器膜片上的特种箔式应变片，其线栅形状与膜片上的应力分布特点相适应。金属箔应变片由于它的表面积大，散热性好，允许通过较大电流，横向灵敏度小，阻值一致性好，并可制成基长很短或任意形状，便于大量生产，因此目前使用的多为金属箔式应变片。

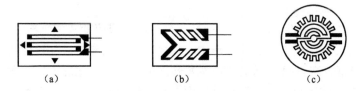

图 4-3 箔式电阻应变片的结构
(a) 普通应变片；(b) 测量剪应变或转矩应变片；(c) 测量流体压力应变片

3) 半导体应变片

半导体应变片是指用半导体作为敏感栅材料的应变片。半导体应变片的工作原理是基于半导体材料的压阻效应。所谓压阻效应是指单晶半导体材料在沿某一轴向受到外力作用时，其电阻率 ρ 发生变化的现象。

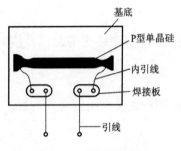

图 4-4 半导体应变片

半导体应变片最简单的典型结构如图 4-4 所示。半导体应变片的使用方法与金属电阻应变片相同，即粘贴在弹性元件或被测物体上，其电阻随被测试件产生应变而发生相应变化。

根据半导体物理知识，半导体在压力、温度及光辐射作用下，能使其电阻率发生很大变化，可以使半导体应变片的灵敏度很大。

最常用的半导体电阻材料有硅和锗，掺入杂质可形成 P 型或 N 型半导体。由于半导体（如单晶硅）是各向异性材料，因此它的压阻效应不仅与掺杂浓度、温度和材料类型有关，还与晶向有关（即对晶体的不同方向上施加力时，其电阻的变化方式不同）。

半导体应变片的最突出优点是灵敏度高，有时传感器的输出不需放大可直接用于测量；分辨力高，例如测量压力时可测出 10~20 Pa 的微压；测量元件的有效面积可做得很小，故频率响应高。

上述优点扩大了半导体应变片的使用范围。其缺点是温度稳定性能差、灵敏度散度大（由于晶向、杂质等因素的影响）以及在较大应变作用下，非线性误差大等，需温度补偿或恒温条件下使用。这些缺点也给使用带来一定困难。

4）薄膜应变片

这种传感器是利用现代薄膜技术，采用真空沉积或蒸发等方法在电阻材料基底上制成的一种新型应变片。其灵敏度高，尺寸小，质量稳定，但制造工艺要求高。

4. 电阻应变片式传感器的测量电路

电阻应变片式传感器的测量电路一般采用电桥电路，将在下一章详细介绍。

5. 电阻应变片式传感器应用

电阻应变片式传感器的应用可概括为两个方面：

1）将应变片粘贴于被测构件上，直接用来测定构件的应力或应变

根据构件的受力和变形情况，利用不同形状的应变片，粘贴在构件的预定部位，测得构件的应力、转矩、弯矩等，为结构设计、应力校核或性能预测等提供可靠的实验数据。图 4-5（a）、(b)、(c) 分别用电阻应变片来测量柱式弹性元件、环形弹性元件和梁式弹性元件的受力情况。

2）将应变片粘贴于弹性元件上，与弹性元件一起构成应变式传感器

这种传感器常用来测量力、位移、压力、加速度等物理参数。在这种情况下，弹性元件将得到与被测量成正比的应变，再通过应变片转换成电阻的变化后输出。图 4-5（d）所示的结构，当气体或液体压力作用在薄板承压面上时，薄板变形，粘贴在另一面的电阻应变片随之变形，并改变阻值，这时测量电路中电桥平衡被破坏，产生输出电压；图 4-5（e）所示的结构，在测量时，根据所测振动体加速度的方向，把传感器固定在被测部位，当被测点的加速度沿图中箭头所示方向时，悬臂梁自由端受惯性力与加速度方向相反，并使梁发生弯曲变形，应变片电阻也发生变化，产生输出信号，输出信号大小与加速度成正比；图 4-5（f）所示的结构用来测量旋转轴的转矩，由于传动轴是转动的，因而不能直接从应变片引出信号，可采用电刷式集流环将应变信号由旋转轴引到静止的导线和仪器上。

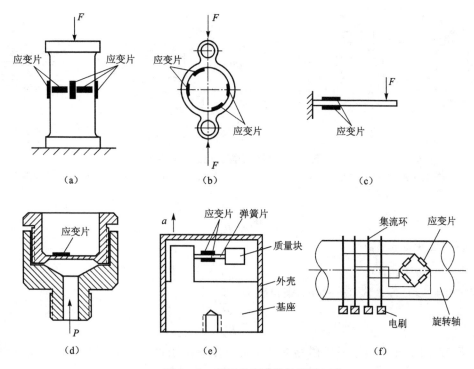

图 4-5 应变式传感器的应用
(a) 柱式弹性元件；(b) 环形弹性元件；(c) 梁式弹性元件
(d) 应变式压力传感器；(e) 应变式加速度传感器；(f) 应变式扭矩传感器

4.3 电感式传感器

电感式传感器是把被测量，如力、位移等的变化，转换为电感的变化来实现测量的。其变换是基于电磁感应原理。按照变换方式的不同，电感式传感器可分为自感型（包括可变磁阻式与涡流式）与互感型（差动变压器式）。由于可变磁阻式传感器是接触式测量，一般只适合用于低频测量。

4.3.1 可变磁阻式传感器

1. 工作原理

可变磁阻式传感器的结构原理如图 4-6（a）所示。该传感器由线圈、铁芯和衔铁组成，在铁芯与衔铁之间有厚度为 δ 的气隙。传感器的运动部分与衔铁相连，当传感器测量位移时，衔铁运动部分产生位移引起气隙厚度 δ 变化，从而使线圈的自感系数发生变化。

当线圈中通以电流 i 时，产生磁通 ϕ_m，其大小与电流成正比，即

$$N\phi_m = Li \tag{4-8}$$

式中 N——线圈匝数；

L——线圈自感，H。

根据磁路欧姆定律，有

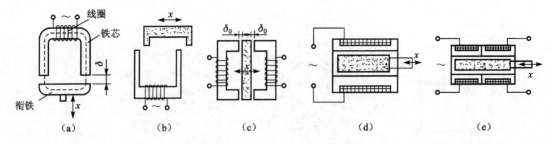

图 4-6 可变磁阻式电感传感器

(a) 改变气隙厚度式；(b) 改变气隙导磁面积式；(c) 差动式；(d) 单螺管线圈式；(e) 双螺管线圈差动式

$$\phi_m = \frac{Ni}{R_m} \tag{4-9}$$

式中　Ni——磁动势，A；
　　　R_m——磁阻，H^{-1}。

将式（4-9）代入式（4-8），则自感为

$$L = \frac{N^2}{R_m} \tag{4-10}$$

如果气隙 δ 较小，且不考虑磁路的铁损时，则总磁阻可以写成（4-11），此式的第一项是铁芯磁阻，第二项是气隙的磁阻，即

$$R_m = \frac{l}{\mu A} + \frac{2\delta}{\mu_0 A_0} \tag{4-11}$$

式中　l——铁芯导磁长度，m；
　　　μ——铁芯磁导率，H/m；
　　　μ_0——空气磁导率，$\mu_0 = 4\pi \times 10^{-7}$ H/m；
　　　A——铁芯导磁截面积，m^2；
　　　A_0——气隙导磁截面积，m^2。
　　　δ——气隙，m。

由于铁芯磁阻与气隙的磁阻相比很小，计算时可忽略不计，式（4-11）可写为

$$R_m \approx \frac{2\delta}{\mu_0 A_0} \tag{4-12}$$

将式（4-12）代入式（4-10），则有

$$L = \frac{N^2 \mu_0 A_0}{2\delta} \tag{4-13}$$

1) 可变气隙厚度式

这种形式是通过被测量改变空气隙来改变电感的，如图 4-6（a）所示。式（4-13）中，自感 L 与空气隙 δ 成反比，而与气隙导磁截面积 A_0 成正比。当固定 A_0，改变 δ 时，L 与 δ 成非线性关系，此时传感器的灵敏度为

$$S = -\frac{N^2 \mu_0 A_0}{2\delta^2} \tag{4-14}$$

可见，灵敏度 S 与气隙长度的平方成反比，δ 越小，灵敏度越高。

对式 (4-14) 在 δ_0 处,作泰勒级数展开,得

$$S = -\frac{N^2\mu_0 A_0}{2\delta^2} \approx -\frac{N^2\mu_0 A_0}{2\delta_0^2}\left(1 - 2\frac{\Delta\delta}{\delta_0}\right) \quad (4-15)$$

对于上式,当 $\Delta\delta \ll \delta_0$ 时,$1 - 2\frac{\Delta\delta}{\delta_0} \approx 1$,灵敏度 S 趋于定值,即输出与输入近似成线性关系。一般在实际应用中,取 $\Delta\delta/\delta_0 \leq 0.1$,故这种传感器适用于较小的位移测量,一般约为 0.001~1 mm。

2) 可变气隙导磁面积式

这种形式是通过被测量改变导磁面积来改变电感的,气隙的厚度 δ 保持不变,如图 4-6 (b) 所示。式 (4-13) 中,自感 L 与 A_0 呈线性关系,此时,传感器的灵敏度为

$$S = \frac{N^2\mu_0}{2\delta} \quad (4-16)$$

由于上式中各个参数的数值较小,所以,这种传感器的灵敏度较低。

3) 差动式

这种结构如图 4-6 (c) 所示,有两个完全相同的线圈和一个公共衔铁。衔铁移动时,可以使两个线圈的间隙按 $\delta_0 + \Delta\delta$、$\delta_0 - \Delta\delta$ 变化,一个线圈的自感增加,另一个线圈的自感减小。将两线圈接于电桥的相邻桥臂时,其灵敏度可提高一倍,而且大大减少了环境温度变化、电源电压波动和非线性等引起的误差。

4) 单螺管线圈式

这种结构如图 4-6 (d) 所示,当铁芯在线圈中运动时,将改变磁阻,使线圈自感发生变化。这种传感器结构简单,制造容易,但灵敏度低,适用于较大位移(数毫米)测量,线性度较差。

5) 双螺管线圈差动式

这种结构如图 4-6 (e) 所示,较之单螺管线圈式有较高的灵敏度和线性,被用于电感测微计上,常用测量范围为 ±2 mm,最高分辨力为 0.5 μm。将这种传感器的线圈接于电桥上,构成两个桥臂时,线圈电感 L_1、L_2 随铁芯位移而变化,其电桥电路及输出特性如图 4-7 所示。这种差动形式在传感器中使用较多,可以提高灵敏度及线性度,减小测量误差。

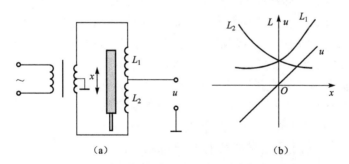

图 4-7 双螺管线圈差动式电桥电路及输出特性
(a) 电桥电路;(b) 输出特性

2. 测量电路

交流电桥是电感式传感器的主要测量电路。它的作用是将线圈电感的变化转换成电桥电

路的电压或电流输出。通常将电感传感器作为电桥的两个工作臂，电桥的平衡臂可以是纯电阻，也可以是变压器的二次侧绕组或紧耦合电感线圈，具体结构在下一章介绍。

3. 可变磁阻式传感器的特点与应用

1) 可变磁阻式传感器的特点

可变磁阻式传感器的优点在于：结构简单、可靠，需要的测量力小；分辨率高，可测机械位移为 0.1 μm，甚至更小，角位移为 0.1″。输出信号强，电压灵敏度可达数百毫伏每毫米；重复性好，线性度优良，在几十微米到数百毫米的位移范围内，输出特性的线性度较好，且比较稳定；采用适当结构的可变磁阻式传感器工作温度可以超过 300 ℃，使其在高温环境下得到广泛使用，如在喷气发动机中检测涡轮的转速。

这种传感器的缺点是需要附加信号处理电路，会引起价格上升，同时，输出信号的大小正比于磁通变化率，对于磁通变化率较小的场合（如所测量转速接近于零时）测量，使得信号处理电路设计很困难。

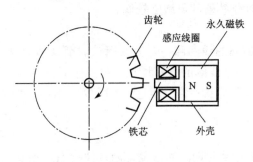

图 4-8 可变磁阻式传感器测速

2) 可变磁阻式传感器的应用

可变磁阻式传感器主要用于测量微小位移，凡是能转换成位移量变化的参数，如位移、力、压力、压差、转速、加速度、振动、应变、流量、厚度、液位等都可以用这种传感器进行测量。传感器的磁场可以采用永久磁铁，也可以采用电磁铁。图 4-8 为可变磁阻式传感器测速的示意图。实际上，这种传感器与后面将要介绍的磁电式传感器中的磁阻式传感器是一样的。

其中传感器线圈、磁铁和外壳均固定不动，齿轮安装在被测的旋转体上。当齿轮与被测的车轮轴一起转动时，齿轮与铁芯之间的气隙随之变化，从而导致气隙磁阻和穿过气隙的主磁通发生变化。

4.3.2 电涡流式传感器

1. 工作原理

电涡流传感器的变换原理是利用金属导体在交流磁场中的涡电流效应，有高频反射式和低频透射式两种。图 4-9 所示高频反射式涡流传感器原理，一块金属板放置在一只线圈附近，相互间距为 δ，当线圈中通过高频交流电 i 时，便产生磁通 Φ。此交变磁通通过邻近的金属板，金属板表层上便产生感应电流。这种电流在金属体内是闭合的，称之为"涡电流"或"涡流"。这种涡电流也将产生交变磁通 Φ_1。根据楞次定律，涡电流的交变磁场与线圈的磁场变化方向相反，Φ_1 总是抵抗 Φ 的变化。由于涡流磁场的作用（对导磁材料还有气隙对磁路的影响）使原线圈的等效阻抗 Z 发生变化。该变化程度受线圈与金属导体之间的间距 δ、金属导体的磁导率 μ、电阻率 ρ、线圈电流的激励圆频率 ω 等参数的影响。当改变其中某一参数时，即可达到不同的变换目的，从而获得有关物

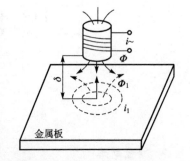

图 4-9 电涡流式传感器原理

理量变化的信息。例如，改变 δ，可作为位移、振动测量；改变 ρ 或 μ，可作为材质鉴别或探伤等。图 4-10 是用于位移测量的电涡流式位移传感器的结构简图。

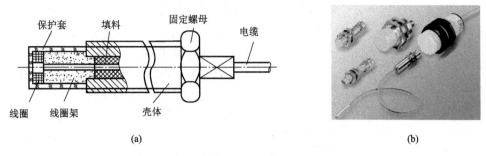

图 4-10 电涡流式位移传感器结构简图
(a) 结构简图；(b) 外形

低频透射式涡流传感器是利用互感原理工作的。它多用于测量材料的厚度，其工作原理如图 4-11 所示。发射线圈 W_1 和接收线圈 W_2 分别置于被测材料的两边。当低频（1 000 Hz 左右）电压加到线圈 W_1 的两端后，线圈 W_1 产生一交变磁场，并在金属板中产生涡流，这个涡流损耗了部分磁场能量，使得贯穿 W_2 的磁力线减少，从而使 W_2 产生的感应电势 e_2 减少。金属板的厚度 h 越大，涡流损耗的磁场能量也越大，e_2 就越小。因此 e_2 的大小就反映了金属板的厚度 h 的大小。

2. 测量电路

涡流式传感器的测量电路一般有阻抗分压式调幅电路及调频电路。

图 4-12 所示是用于涡流测振仪上的分压式调幅电路原理。传感器线圈 L 与电容 C 并联构成谐振器，其谐振频率为 $f = \dfrac{1}{2\pi \sqrt{LC}}$

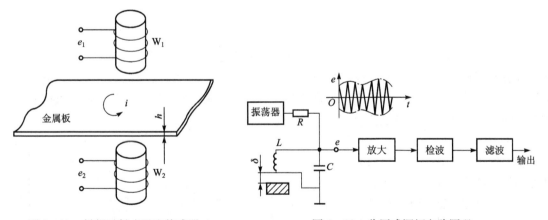

图 4-11 低频透射式涡流传感器　　　图 4-12 分压式调幅电路原理

振荡器提供稳定的高频信号电源，当谐振频率与该电源频率相同时，输出电压 e 最大。测量时，传感器线圈阻抗随间隙 δ 而改变，LC 回路失谐，输出电压 e 的频率虽然仍为振荡器的工作频率 f，但幅值随 δ 而变化，图 4-13 是其谐振曲线和输出特性。它相当于一个被 δ 调制的调幅波，再经放大、检波、滤波后，即可以得到间隙 δ 动态变化的信息。

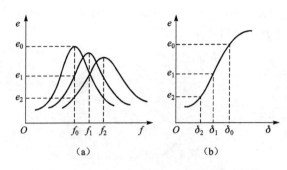

图 4-13　分压式调幅电路原理及输出特性
(a) 谐振曲线；(b) 输出特性

调频电路如图 4-14 所示。这种传感器把电感线圈接入 LC 振荡回路，与调幅法不同之处在于把回路的谐振频率作为输出量。当被测试件（金属导体）与传感器之间的距离 δ 发生变化时，线圈的自感 L 发生变化，导致 LC 振荡频率变化。鉴频器可以将频率的变化转换为电压的变化，这样，将引起线圈电感的变化转变为振荡器的振荡频率 f 的变化，再通过鉴频器进行频率—电压转换，可得到与 δ 成比例的输出电压。

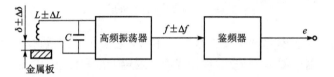

图 4-14　调频电路工作原理

3. 电涡流式传感器的特点及应用

1）电涡流式传感器的特点

电涡流式传感器线圈厚度小，灵敏度高；增大外径时，测量范围也将增大，但灵敏度低；被测对象的材质对灵敏度有影响，电导率高的材料，测量的灵敏度高，磁导率高的材料，测量的灵敏度小，因而必须先进行消磁处理；被测体形状对灵敏度有影响，要求被测体的表面积应大于线圈的表面积，否则灵敏度下降。

对于不同的材料，由于磁导率、电导率不同，会导致灵敏度不同，因此，在使用前应对传感器进行标定。

2）电涡流式传感器的应用

电涡流式传感器可以实现非接触地测量物体表面为金属导体的多种物理量，如位移、振动、厚度、转速、应力、表面裂纹、材料分选、表面不平度、硬度等参数。电涡流式传感器结构简单、频率响应宽、灵敏度高、测量范围大、抗干扰能力强，特别是具有非接触测量的优点，因此在工业生产和科学技术的各个领域中得到了广泛的应用。

图 4-15 所示为电涡流式转速传感器工作原理图。在软磁材料制成的输入轴上加工一键槽，在距输入表面 d 处设置电涡流传感器，输入轴与被测旋转轴相连。当旋转轴转动时，输出轴与传感器之间的距离变化 $d+\Delta d$，由于电涡流效应，导致振荡回路的品质因数变化，使传感器线圈电感随 Δd 的变化而变化，直接影响振荡器的电压幅值和振荡频率。这样，随着输入轴的旋转，从振荡器输出的信号中包含有与转数成正比的脉冲频率信号。该信号由检波器检出电压幅值的变化量，然后经整形电路输出脉冲信号，经电路处理便可得到被测转

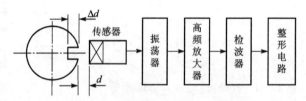

图 4-15　电涡流式转速传感器工作原理图

速。这种转速传感器可实现非接触式测量,抗污染能力强,可安装在旋转轴附近长期对被测转速进行监测。最高测量转速可达 60 万 r/min。

4.3.3 差动变压器式

1. 工作原理

这种传感器利用了电磁感应中的互感现象,将被测量转换成线圈互感的变化。由于常采用两个次级线圈组成差动式,故又称差动变压器式传感器。实际上,这种传感器就是一个变压器,结构如图 4-16(a)所示。它由初级线圈 W 和两个参数完全相同的次级线圈 W_1、W_2 组成,线圈中心插入圆柱形铁芯 P,次级线圈 W_1 和 W_2 反极性串联。

当初级线圈 W 输入交流电流 i 时,线圈 W_1 和 W_2 产生的感应电势分别为 e_1 和 e_2,输出电压

$$e_0 = e_1 - e_2 = -M\frac{di}{dt} \tag{4-17}$$

式中 M——互感系数,H,其大小与初级、次级线圈的相对位置及周围介质的导磁能力等因素有关,它表明两线圈的耦合程度。

当铁芯在中心位置时,$e_1 = e_2$,输出电压 $e_0 = 0$;铁芯向上运动时,$e_1 > e_2$;铁芯向下运动时,$e_1 < e_2$。随着铁芯偏离中心位置,e_0 逐渐增大,其输出特性如图 4-16(b)所示。

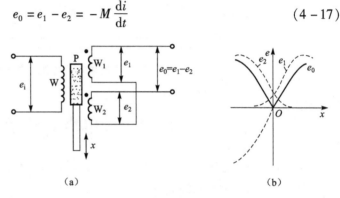

图 4-16 差动变压器式传感器工作原理及输出特性
(a)工作原理;(b)输出特性

2. 测量电路

差动变压器的输出电压 e_0 是交流量,其幅值与铁芯位移成正比,但输出值只能反映铁芯位移的大小,不能反映移动的极性。其次,交流电压输出存在一定的零点残余电压。零点残余电压是由于两个次级线圈结构不对称,以及初级线圈铜损的电阻、铁磁材质不均匀、线圈间分布电容等形成。所以,即使铁芯处于中间位置时,输出也不为零。为此,差动变压器式传感器的后接电路,需要采用既能反映铁芯位移极性,又能补偿零点残余电压的差动直流输出电路。

图 4-17 是一种利用小位移测量的差动相敏检波电路。在没有输入信号时,铁芯处于中间位置,调节电阻 R,使零点残余电压减小;当有输入信号时,铁芯上移或下移,其输出电压经交流放大、相敏检波、滤波后得到直流输出,由表头指示输入位移大小和方向。

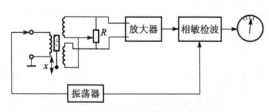

图 4-17 差动相敏检波电路原理

3. 差动变压器式传感器的特点及应用

由差动变压器式电感传感器构成的位移测量仪,最高分辨率可达 0.1 μm,测量范围可扩展到 ±100 mm,其结构简单,使用方便,稳定性好,被广泛用于直线位移,或可转换为位移变化的压力、重量等参数的测量。

汽车车轮侧滑检验台是用来测量车轮侧向滑移量的大小和方向的装置。当汽车在滑动板上驶过时，采用差动变压器式传感器可以测量滑动板的左右移动量，如图4-18所示。该装置由滑动板带动双摇臂杠杆机构，并使差动变压器式位移传感器的拨杆产生位移，传感器输出与位移量成正比的电压量，并传递给指示装置，采用与图4-17相同的测量电路。

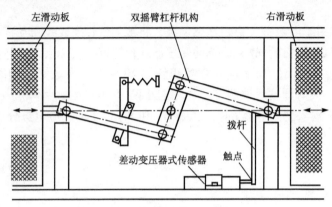

图4-18 双板联动式侧滑试验台测量装置

4.4 电容式传感器

电容式传感器是将被测量（如尺寸、压力等）的变化转换为电容量变化的一种传感器。实质上，它是一个可变参数的电容器。电容传感器的输出是电容的变化量。

1. 工作原理及类型

电容传感器的转换原理可用平板电容器来说明。由物理学可知，在忽略边缘效应的情况下，平板电容器的电容量为

$$C = \frac{\varepsilon_0 \varepsilon A}{\delta} \tag{4-18}$$

式中 ε_0——真空的介电常数，$\varepsilon_0 = 8.854 \times 10^{-12}$ F/m；

ε——极板间介质的相对介电系数，在空气中，$\varepsilon = 1$；

A——极板相互覆盖的面积，m^2；

δ——极板间距离，m。

上式表明，当被测量使δ、A或ε发生变化时，都会引起电容的变化。如果保持其中的两个参数不变，而仅改变另一个参数，就可把该参数的变化变换为单一电容量的变化，再通过测量电路，将电容的变化转换为电信号输出。根据电容器参数变化的特性，电容式传感器可分为极板间距变化式、面积变化式和介质变化式三种。在实际中，极距变化式和面积变化式应用较广。

1）极板间距变化式

极板间距变化式电容传感器的两极板间相互覆盖的面积A和极间介质ε不变，只改变两极板之间的间距δ，从而引起电容量变化，达到将被测参数转换成电容量变化的目的。由式（4-18）可知，传感器的电容与极板间距是双曲线关系。

如图 4-19 所示，初始间隙为 δ_0，电容为 C_0，当动极板向左运动 $\Delta\delta$ 时，极板间的距离 $\delta = \delta_0 - \Delta\delta$，根据式（4-18）电容的增量为

$$\Delta C = \frac{\varepsilon_0 \varepsilon A}{\delta_0 - \Delta\delta} - \frac{\varepsilon_0 \varepsilon A}{\delta_0} = C_0 \frac{\Delta\delta/\delta_0}{1 - \Delta\delta/\delta_0}$$

将上式按泰勒级数展开为

$$\Delta C = C_0 \frac{\Delta\delta/\delta_0}{1 - \Delta\delta/\delta_0} = C_0 \frac{\Delta\delta}{\delta_0} \left[1 + \frac{\Delta\delta}{\delta_0} + \left(\frac{\Delta\delta}{\delta_0}\right)^2 + \cdots \right]$$

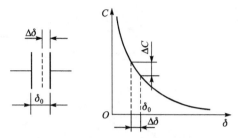

图 4-19 极板间距变化式电容传感器及输出特性

可见，电容量的变化与极板间距呈非线性关系。当 $\Delta\delta \ll \delta_0$ 时，略去展开式的非线性项（高次项），则电容的变化量 ΔC 与被测位移 $\Delta\delta$ 近似成正比关系，即

$$\Delta C \approx C_0 \frac{\Delta\delta}{\delta_0} \tag{4-19}$$

其灵敏度为

$$S = \frac{\Delta C}{\Delta\delta} = \frac{C_0}{\delta_0} = -\varepsilon\varepsilon_0 A \frac{1}{\delta_0^2} \tag{4-20}$$

可以看出，灵敏度 S 与极板间距平方成反比，极板间距越小，灵敏度越高。显然，由于灵敏度随极板间距而变化，这将引起非线性误差。为减小这一误差，通常规定在较小的间隙变化范围内工作，以便获得近似线性关系。一般取极距变化范围约为 $\Delta\delta/\delta_0 \approx 0.1$。

在实际应用中，为提高传感器的灵敏度、线性度以及克服某些外界条件（如电源电压、环境温度等）的变化对测量精度的影响，常采用能有效地减少非线性误差的差动式电容式传感器。

极板间距变化式电容式传感器的优点是可进行动态非接触式测量，对被测系统的影响小；灵敏度高，适用于小位移（0.01~100 μm）的测量。但这种传感器有非线性特性，传感器的杂散电容也对灵敏度和测量精度有影响，与传感器配合使用的电子线路也比较复杂。由于这些缺点，其使用范围受到一定限制。

2）面积变化式

面积变化式电容式传感器，按其极板相互遮盖的方式不同一般常用的有角位移式和线位移式两种。其工作原理是在被测量的作用下来改变极板的相互覆盖面积。

对于角位移式电容式传感器，如图 4-20（a）所示。当动板转动某一角度时，与定板之间相互覆盖面积就发生变化，因而导致电容变化，此时有

$$C = \frac{\varepsilon_0 \varepsilon \theta r^2}{2\delta} \tag{4-21}$$

式中　θ——覆盖角，rad；

　　　r——极板半径，m。

当动极板有一角位移 $\Delta\theta$ 时，则电容量发生变化，电容变化量为

$$\Delta C = \frac{\varepsilon_0 \varepsilon r^2 (\theta + \Delta\theta)}{2\delta} - \frac{\varepsilon_0 \varepsilon r^2 \theta}{2\delta} = \frac{\varepsilon_0 \varepsilon r^2 \Delta\theta}{2\delta} \tag{4-22}$$

其灵敏度为

$$S = \frac{\Delta C}{\Delta \theta} = \frac{\varepsilon \varepsilon_0 r^2}{2\delta} = 常数 \qquad (4-23)$$

可见,输出(电容量的变化 ΔC)与输入(被测量引起的电容极板的角位移 $\Delta \theta$)呈线性关系。

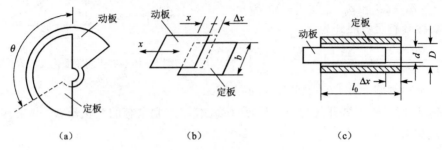

图 4-20 面积变化式电容传感器
(a) 角位移式;(b) 平面线位移式;(c) 圆柱体线位移式

对于平面线位移式电容式传感器,如图 4-20(b)所示。当动板沿 x 方向移动时,与定板之间相互覆盖面积就发生变化,因而导致电容变化。此时初始电容量为

$$C = \frac{\varepsilon_0 \varepsilon b x}{\delta} \qquad (4-24)$$

当动极板移动 Δx 后,覆盖面积发生变化,由此产生的电容变化量为

$$\Delta C = \frac{\varepsilon_0 \varepsilon b (x + \Delta x)}{\delta} - \frac{\varepsilon_0 \varepsilon b x}{\delta} = \frac{\varepsilon_0 \varepsilon b \Delta x}{\delta} \qquad (4-25)$$

式中 b——极板宽度,m。

其灵敏度为

$$S = \frac{\Delta C}{\Delta x} = \frac{\varepsilon \varepsilon_0 b}{\delta} = 常数$$

对于圆柱体线位移式电容式传感器,如图 4-20(c)所示,由两个同心圆筒构成。动板(圆柱)与定板(圆筒)之间相互覆盖,当覆盖长度 l_0 变化时,电容发生变化。初始电容量为

$$C = \frac{2\pi \varepsilon_0 \varepsilon l_0}{\ln (D/d)} \qquad (4-26)$$

式中 D——圆筒孔径,m;
　　　d——圆柱外径,m。

当覆盖长度变化 Δx 时,电容的变化量为

$$\Delta C = \frac{2\pi \varepsilon_0 \varepsilon (l_0 + \Delta x)}{\ln (D/d)} - \frac{2\pi \varepsilon_0 \varepsilon l_0}{\ln (D/d)} = \frac{2\pi \varepsilon_0 \varepsilon \Delta x}{\ln (D/d)}$$

其灵敏度为

$$S = \frac{\Delta C}{\Delta x} = \frac{2\pi \varepsilon \varepsilon_0}{\ln (D/d)} = 常数$$

面积变化式电容式传感器的优点是输出与输入呈线性关系,但与极板间距变化式相比,灵敏度较低,适于较大直线位移及角位移测量。

3）介质变化式

该传感器是利用被测量使介质介电常数发生变化，并转换为电量的一种传感器，如图 4-21 所示。这种传感器大多用来测量电介质的厚度［图 4-21（a）］、位移［图 4-21（b）］、液位［图 4-21（c）］，也可根据极板间介质的介电常数随温度、湿度、容量改变来测量温度、湿度和容量等。

图 4-21（a）、(b)、(c) 所示传感器的电容量与被测量的关系分别为

$$C = \frac{lb}{\dfrac{\delta - \delta_x}{\varepsilon_0} + \dfrac{\delta_x}{\varepsilon}} \tag{4-27}$$

$$C = \frac{ba_x}{\dfrac{\delta - \delta_x}{\varepsilon_0} + \dfrac{\delta_x}{\varepsilon}} + \frac{b(l - a_x)}{\dfrac{\delta}{\varepsilon_0}} \tag{4-28}$$

$$C = \frac{2\pi\varepsilon_0 h}{\ln(D/d)} + \frac{2\pi(\varepsilon - \varepsilon_0)h_x}{\ln(D/d)} \tag{4-29}$$

式中　ε_0、ε——极板间隙内空气的介电常数和被测物体的介电常数；
　　　δ、l、b——两固定极板间的距离和极板的长度、宽度；
　　　D、d、h——外极筒的内径、内极筒的外径和极筒的高度；
　　　δ_x、h_x、a_x——被测物的厚度、被测液面高度和被测物进入两极板间的长度。

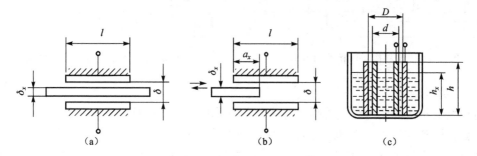

图 4-21　变介电常数式电容传感器
(a) 测量电介质厚度；(b) 测量电介质位置；(c) 测量电介质液位

例 4-2　电容测微仪，其传感器的初始电容值 $C_0 = 15 \text{ pF}$，工作初始间隙 $d_0 = 0.03 \text{ mm}$，问：

（1）工作时，如果传感器与工件的间隙变化量时 $\Delta d = \pm 1 \text{ μm}$，电容变化量是多少？

（2）如果测量电路灵敏度 $S_1 = 100 \text{ mV/pF}$，读数仪表的灵敏度 $S_2 = 5 \text{ 格/mV}$，在 $\Delta d = \pm 1 \text{ μm}$ 时，读数仪表的指示值变化多少格？

解：（1）由式（4-19），$\dfrac{\Delta C}{C_0} = \dfrac{\Delta d}{d_0}$，

所以 $\Delta C = \dfrac{(\pm 1) \times 10^{-6} \times 15 \times 10^{-12}}{0.03 \times 10^{-3}} = \pm 0.5 \text{ pF}$

（2）读数仪表的指示值变化为：

$\Delta C \times S_1 \times S_2 = \pm 0.5 \times 100 \times 5 = \pm 250$ 格（正负号对应仪表偏转的两个方向）

2. 测量电路

利用上述三种传感器将被测物理量转换为电容量后,还不能直接推动仪表记录或显示,需要由测量电路转换为电压、电流或频率信号,以便做进一步处理。测量电路种类很多,下面仅介绍电桥型电路(调幅电路)、直流极化电路、谐振电路、调频电路和运算放大器电路。

1)电桥型电路

将电容式传感器作为电桥的一部分,由电容变化转换为电桥电压输出,通常采用电阻与电容,或电感与电容组成的交流电桥。图 4-22 是一种电感与电容组成的电桥,C_1 和 C_2 是差动电容式传感器的两个电容,作为交流电桥的两个相邻的桥臂。测量时,被测物理量变化引起传感器 C_1 和 C_2 的电容量变化被转变为电桥的输出。输出的电压信号经放大、相敏检波、解调和滤波后,再推动显示仪表。图 4-23 是一种电阻与电容组成的电桥,其中电桥部分 C_1 和 C_2 是差动电容式传感器的两个电容,也可以接入单个电容式传感器 C_1,此时 C_2 应配以一固定电容,电桥另两个桥臂接入相同的固定电阻 R_0。

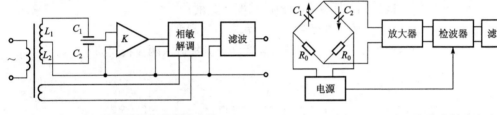

图 4-22 电感电容电桥式电路　　　　图 4-23 电阻电容电桥式电路

2)直流极化电路

此电路又称为静压电容式传感器电路,多用于电容传声器或压力传感器中。如图 4-24 所示,弹性膜片在外力(气压、液压)作用下发生位移,使电容量发生变化。电容器接于具有直流极化电压 E_0 的电路中,电容的变化由高阻值电阻 R 转换为电压变化。由图可知,电压输出为

$$e_0 = RE_0 \frac{dC}{dt} = -RE_0 \frac{\varepsilon_0 \varepsilon A}{\delta^2} \frac{d\delta}{dt}$$

可见,输出电压与膜片位移速度成正比,因此这种传感器可以测量气流(或液流)的压力振动速度。

3)谐振电路

图 4-25 为谐振电路原理及其工作特性。电容式传感器的电容 C_x 与 C_2、L_2 组成谐振回路,从高频振荡器通过电感耦合获得振荡电压。当传感器电容量 C_x 发生变化时,谐振回路的阻抗发生相应变化,这个变化被转换为电压或电流,经放大、检波,即可得到相应的输出。为了获得较好的线性关系,一般谐振电路的工作点选在谐振曲线的线性区域内最大振幅 70% 附近的区域。这种电路比较灵敏,但缺点是工作点不容易选好,变化范围也较窄,传感器连接电缆的杂散电容影响也较大,同时为了提高测量精度,要求振荡器的频率具有很高的稳定性。

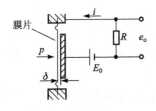
图4-24 直流极化电路

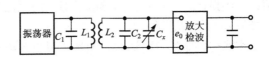
图4-25 谐振电路原理

4) 调频电路

调频电路如图4-26所示,电容式传感器是振荡器谐振回路的一部分。当被测物体使传感器电容量发生变化时,振荡器的振荡频率发生变化。频率的变化经鉴频器变为电压变化,再经放大后可输入记录或显示装置。这种测量电路具有抗干扰性强、灵敏度较高等优点,可测 0.01 μm 的位移变化量。但其振动频率容易受温度和电缆分布电容的影响,测试精度不很稳定。

5) 运算放大器电路

极板间距变化式电容式传感器的极板间距变化与电容变化量呈非线性关系,这一缺点使电容式传感器的应用受到一定限制。若采用图4-27所示的比例运算放大器电路,就可以用来改善原有的非线性关系。输入阻抗采用固定电容 C_0,用来测量被测量的电容式传感器 C_x 为运算放大器的反馈元件。由于放大器的高输入阻抗和高增益特性,当激励电压为 e_i 时,比例器的运算关系为

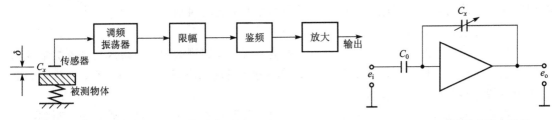

图4-26 调频电路原理   图4-27 运算放大器电路图

$$e_o = -e_i \frac{C_0}{C_x} = -e_i \frac{C_0 \delta}{\varepsilon_0 \varepsilon A}$$

可见,输出电压与电容式传感器极板间距 δ 呈线性关系,这种电路一般用于位移测量。

3. 电容式传感器特点与应用

1) 电容式传感器特点

(1) 输入能量小而灵敏度高。

极板间距变化式电容压力传感器只需很小的能量就能改变电容极板的位置,因此电容式传感器可以测量很小的力、振动加速度,而且很灵敏。

(2) 电参量相对变化大。

电容式压力传感器的电容相对变化 $\Delta C/C \geq 100\%$,有的甚至可达 200%,说明传感器的信噪比大,稳定性好。

(3) 动态特性好。

电容式传感器的活动零件少,而且质量小,本身具有很高的自振频率,加之供应电源的载波频率很高,从而保证了传感器具有良好的动态性能。因此,电容式传感器适于动态参数的测量。

(4) 能量损耗小。

电容式传感器工作是变化极板的间距或面积，而电容的变化并不产生热量；但是应变式传感器有热损耗，电感式传感器因迟滞、涡流也有热损耗，都会因发热而引起零点漂移。

(5) 结构简单，适应性好。

电容式传感器的主要结构是两块金属板和绝缘层，或在非金属材料如玻璃、石英和陶瓷上面镀上金属作为极板。它可以在恶劣环境中，如各种辐射作用、比较大的温度变化，甚至在某些液体中也能可靠工作。

(6) 非线性大。

如前所述，极板间距变化式电容式传感器 ΔC 与 $\Delta \delta$ 之间是非线性的，因此，输出与输入之间也存在非线性。虽然采用差动结构和电路可适当改善其非线性，但不能完全消除。

(7) 电缆分布电容影响大。

传感器两极板之间的电容很小，仅几十个皮法，小的甚至只有几个皮法。而传感器与电子仪器之间的连接电缆却具有很大的电容，如屏蔽线的电容最小的 1 m 也有几个皮法，最大的可达上百个皮法。这不仅使传感器的电容相对变化大大降低，灵敏度也降低，更严重的是电缆本身放置的位置和形状不同，或因振动等原因，都会引起电缆本身电容的较大变化，使输出不真实，给测量带来误差。解决的办法有两种：一种方法是利用小型集成电路，把它放在传感器内部，即传感器与测量电路一体化，这样传输导线输出的是直流电压信号，不受分布电容的影响；另一种方法是采用双屏蔽传输电缆，适当降低分布电容的影响。由于电缆分布电容对传感器的影响，使电容式传感器的应用受到一定的限制。

2) 电容式传感器的应用

电容式传感器广泛应用在位移、压力、流量、液位等的测试中。电容式传感器的精度和稳定性也日益提高，精度高达 0.01% 电容式传感器已有商品出现，如一种 250 mm 量程的电容式位移传感器，精度可达 5 μm。

油箱油量的测量系统如图 4-28 所示。它利用电容式传感器来测量介质的变化引起的电容变化，从而得到油量变化的信息。将测量极板放入油箱中，由于液位的升降而改变了电容器 C_x 的介电常数，导致电容量改变，电桥有相应的电压信号输出。电压信号经放大后驱动执行机构，使仪表指针显示出油箱中油量的变化。

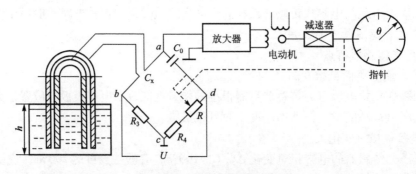

图 4-28 油箱油量测量系统

大多数麦克风都使用了一个作为初级传感器的膜片。该膜片被作用在它上面的空气所驱动，用传感器将上述膜片运动转换为电信号输出。尽管有多种传感器可以实现上述转换，但电容器麦克风是最受欢迎的,而且广泛地用作声音测量的传感器。其结构如图 4-29 所示,膜片作为以空气为介质的电容器的一个极板,由声压冲击导致的膜片运动,引起电容变化,经过测量电路产生一个输出电压。实际上,就是由电容式传感器进行测量,采用直流极化测量电路的结构。

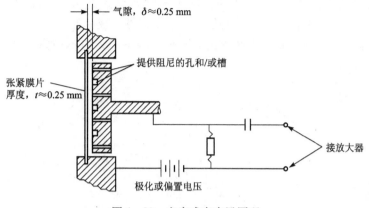

图 4-29 电容式麦克风原理

4.5 压电式传感器

压电式传感器的工作原理是以某些物质的压电效应为转换机理实现压力到电量的转换。它是一种可逆型换能器,既可以将机械能转换为电能,又可以将电能转换为机械能。压电传感器是一种典型的发电型传感器,其敏感元件是压电材料。

1. 工作原理

1) 压电效应

某些物质,如石英、钛酸钡等,当沿着一定方向对其施加外力而使其变形时,内部会被极化,在表面上将产生电荷,当外力去掉时,又重新恢复到原来状态,这种现象称为压电效应。相反,如果将这些物质置于电场中,其几何尺寸也发生变化,这种由于外电场作用导致物质的机械变形的现象,称之为逆压电效应,或称之为电致伸缩效应。

具有压电效应的材料称之为压电材料。常见的压电材料有两类:压电单晶体,如石英、酒石酸钾钠等;多晶压电陶瓷,如钛酸钡、锆钛酸铅等。此外,聚偏二氟乙烯(PVDF)作为一种新型的高分子物性型传感材料得到广泛的应用。

石英(SiO_2)晶体的结构为六角形晶柱,如图 4-30(a)所示。两端为一对称的棱锥。六棱柱是它的基本组织。其纵轴线 z—z 称为光轴,通过六角棱线且垂直于光轴的轴 x—x 称为

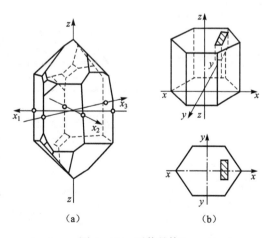

图 4-30 石英晶体
(a) 六角晶体;(b) x—电轴;y—机械轴;z—光轴

电轴，垂直于棱面和光轴的轴 y—y 称为机械轴，如图 4-30（b）所示。

如果从晶体中切下一个平行六面体，并使其晶面分别平行于 z—z、y—y、x—x 轴线，切下的一块平行六面体薄片，称为晶体切片，如图 4-31 所示。在无外力作用时，晶体切片不呈现电性。当沿晶体切片的光轴 x—x 施加外力 F_x 时，将在垂直于电轴的晶面上出现电荷 q_x，称为纵向压电效应；沿晶体切片的机械轴 y—y 施加外力 F_y 时，将在垂直于电轴的晶面上出现电荷 q_y，称为横向压电效应。但是，q_x 与 q_y 极性相反。当沿晶体切片的光轴 z—z 施加外力 F_z 时，则不会出现电荷。若沿着相对两平面的平面方向施加力，则会出现电荷，称之为切向压电效应。

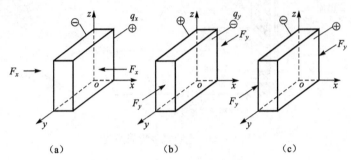

图 4-31 压电效应模型

(a) 纵向效应；(b) 横向效应；(c) 切向效应

2）压电式传感器及其等效电路

在压电晶体切片的两个工作面上蒸镀了一层很薄的金属膜，构成两个电极，如图 4-32（a）所示。当晶片受到外力作用时，在两个极板上积聚数量相等而极性相反的电荷，形成了电场。这种情况和电容器十分相似，所不同的是晶片表面上的电荷会随着时间的推移逐渐漏掉，因为压电晶片材料的绝缘电阻（也称漏电阻）虽然很大，但毕竟不是无穷大，从信号变换角度来看，压电元件相当于一个电荷发生器。从结构上看，它又是一个电容器。所以压电传感器可以看作是一个电荷发生器与电容器 C_a 和压电晶片的等效漏电阻 R_a 的并联，等效电路如图 4-32（b）所示。

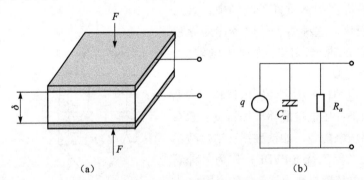

图 4-32 压电晶体膜片及等效电路

(a) 压电晶体膜片；(b) 等效电路

试验证明，在极板上积聚的电荷量 q 与作用力 F 成正比，即

$$q = DF$$

式中　D——压电常数,与材质及切片方向有关,C/N。

　　　F——作用力,N。

对于一个压电式力传感器,要测得力值 F,主要问题是如何测得电荷量值。原则上讲,必须采用不消耗极板上电荷的方法,即所采用的测量手段不从信号源吸收能量,这在实际中是困难的。如果利用压电式传感器测量静态或准静态量值时,必须采取一定措施,使电荷从压电晶体经测量电路的漏失减小到足够小的程度。但在动态交变力作用下,电荷可以不断补充,可以供给测量电路一定的电流,所以压电传感器适宜作动态测量。

2. 测量电路

由于压电式传感器的输出电信号是很微弱的电荷,而且传感器本身有很大的内阻,故输出能量甚微,这给后接电路带来了一定困难。为此,通常把传感器信号先输出到高输入阻抗的前置放大器,经过阻抗变换后,再用一般的放大、检波电路,最终推动显示仪表。

前置放大器的主要作用有两点:一是起阻抗转换功能,即将传感器的高阻抗输出变换为低阻抗输出;另一个是放大传感器输出的微弱电信号。

前置放大器有两种形式:一种是用电阻反馈的电压放大器,其输出电压与输入电压(即传感器的输出)成正比,尽管电路简单、价格便宜,但电缆分布电容对传感器测量精度影响很大,现在已很少使用;另一种是带电容反馈的电荷放大器,其输出电压与输入电荷成正比,尽管电路复杂,但电缆长度变化的影响几乎可以忽略不计,目前电荷放大器的应用日益增多。

电荷放大器是一个高增益带电容反馈的运算放大器,如果忽略传感器漏电阻以及放大器输入电阻时,它的等效电路如图 4-33 (a) 所示,而改善低频响应的电荷放大器等效电路见图 4-33 (b)。

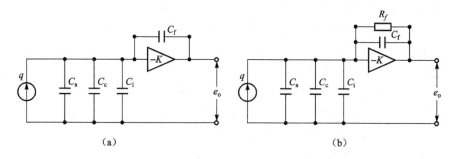

图 4-33　电荷放大器等效电路及改进电路
(a) 电荷放大器等效电路;(b) 改善低频响应的电荷放大器等效电路

传感器输出的电荷量为

$$q \approx e_i(C_a + C_c + C_i) + (e_i - e_o)C_f = e_i C + (e_i - e_o)C_f \qquad (4-30)$$

式中　e_i——放大器输入端电压,V;

　　　e_o——放大器输出端电压,$e_o = -Ke_i$(K 为电荷放大器开环放大倍数),V;

　　　C_a——压电晶片电容,F;

　　　C_c——连接电缆的等效电容,F;

　　　C_i——电荷放大器的输入等效电容,F;

　　　C——压电晶片电容、连接电缆的等效电容与电荷放大器的输入等效电容之和,即

$$C = C_a + C_c + C_i;$$

C_f——电荷放大器的反馈电容，F。

放大器中，$e_o = -Ke_i$，代入式（4-30）整理后得

$$e_o = -\frac{Kq}{C + C_f + KC_f} \quad (4-31)$$

如果放大器开环增益足够大，则 $KC_f \gg (C + C_f)$，上式可以简化为

$$e_o \approx -\frac{q}{C_f}$$

可见，在一定条件下，电荷放大器的输出电压与传感器的电荷量成正比，并且与电缆分布电容无关。因此，采用电荷放大器时，可以不考虑电缆分布电容的影响，其灵敏度也不会有明显变化，这是电荷放大器突出的优点。

在电荷放大器中，由于采用电容负反馈，对直流工作点相当于开路，因此，放大器零点漂移比较大。为减小零漂，使电荷放大器工作稳定，一般在反馈电容 C_f 的两端并联一个大电阻 R_f（约 $10^{10} \sim 10^{14} \Omega$），如图4-33（b）所示，其作用是提供直流反馈并改善低频特性。

电荷放大器的下限截止频率（放大器增益下降 3 dB 时的对应频率）为

$$f_L = \frac{1}{2\pi R_f C_f}$$

若选取 $R_f = 10^{10} \Omega$，$C_f = 10^4$ pF，则 $f_L = 0.0016$ Hz。

可见，放大器在适当选取 R_f 和 C_f 后，低频截止频率几乎接近于零。也就是说，压电式传感器配用电荷放大器时，低频响应很好，可以对某些稳态参数进行测量。

3. 压电式传感器特点与应用

1）压电式传感器特点

压电式传感器属发电类传感器，在无须外界供电情况下，传感器受力后即有电荷输出。

与其他类型传感器相比，压电式传感器的最大特点是固有频率高，而且频带很宽。对于普通的压电式压力或力传感器，其固有频率可达 60 kHz 左右，如果进一步减小传感器零件质量及增大预紧力，固有频率可高达 200 kHz 以上。因此，压电式传感器主要用于测量动态量。

压电式传感器与电荷放大器配套时，低频响应很好，但传感器本身常因绝缘阻抗不够高而存在漏电现象，进而影响低频特性，因此压电传感器不适于测量静态量。

由于压电式传感器有很高的绝缘电阻，对传感器零件间和引出线插座及电缆都要求采取严格的绝缘措施，要求使用绝缘性能良好的材料。

此外，压电式传感器还具有结构简单、灵敏度高、信噪比大、工作可靠、体积小、质量轻、使用寿命长等优点。因此，目前在测量加速度和动态压力、力方面得到广泛应用。

2）压电式传感器应用

压电式传感器主要应用在加速度、压力和力等的测量中，在飞机、汽车、船舶、桥梁和建筑的振动和冲击测量中已经得到了广泛的应用。常用的压电式加速度传感器的结构形式如图4-34所示。当壳体随被测振动体一起振动时，作用在压电晶体上的力 $F = Ma$。当质量 M 一定时，压电晶体上产生的电荷与加速度 a 成正比。图4-34（a）是外缘固定型，其压紧块与壳体相连，外壳本身就是弹簧—质量系统中的一个弹簧，它与起弹簧作用的压电元件并联，由于壳体和压电元件之间这种机械上的并联连接，因此，壳体内的任何变化都将影响到传感器的弹簧—质量系统，使传感器灵敏度发生变化。图4-34（b）是中间固定型，压电

元件、质量块和压紧块一起被固定在一个中心轴上,而不与外壳直接接触,外壳只是起到防护和屏蔽作用。这种结构可以克服外界温度和噪声的干扰,但如果其基座的刚度不够大时,试件变形对输出仍会有影响。图 4-34(c)为倒置式中间固定型,由于中心柱离开基座,所以避免了基座应变引起的误差。但由于壳体是质量—弹簧系统的一个组成部分,所以壳体的谐振会使传感器的谐振频率有所降低,以致减小传感器的频响范围。另外,这种形式的传感器的加工和装配也比较困难,这是它的主要缺点。图 4-34(d)为剪切结构型,其基座向上延伸,如同一根圆柱,管式压电元件(极化方向平行于轴线)套在这根圆柱上,压电元件上再套上惯性质量块。如传感器感受向上的振动,在压电元件中就出现剪切应力,使其产生剪切变形,从而在压电元件的内外表面上就产生电荷,其电场方向垂直于极化方向。这种结构既可排除外界温度和噪声的干扰,又可避免基座变形的影响。

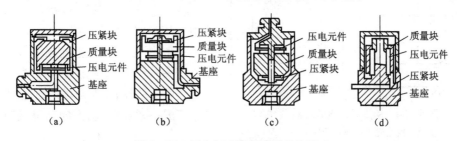

图 4-34 压电加速度传感器结构形式
(a) 外缘固定型; (b) 中间固定型; (c) 倒置式中间固定型; (d) 剪切结构型

图 4-35 是发动机爆震传感器的结构与安装示意图。爆震传感器实质就是压电式传感器,通过螺纹旋入气缸壁,可以检测发动机燃烧不正常引起的爆震。爆震由传感器检测并转换成电信号输入到控制单元。通常在 4 缸直列发动机安装 1 个爆震传感器,5 缸、6 缸发动机安装两个,8 缸、12 缸发动机上安装两个或多个。

传感器内的惯性质量块在振动的激励下由于惯性而产生压力 F,并作用在传感器环形压电陶瓷上,使陶瓷片内部发生电荷移动,在其上下面形成电压,输入到控制单元处理,根据相应的点火顺序,可以判断发生爆震的气缸。

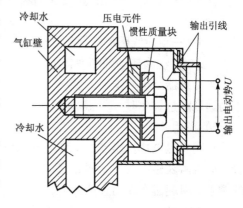

图 4-35 压电式爆震传感器

4.6 磁电式传感器

磁电式传感器是把被测量转换为感应电动势的一种传感器,又称电磁感应式传感器或电动力式传感器。

1. 工作原理

由电工学知道,对于一个匝数为 N 的线圈,当穿过该线圈的磁通 Φ 发生变化时,其感应电动势为

$$e = -N\frac{d\Phi}{dt} \tag{4-32}$$

可见,线圈感应电动势的大小,取决于匝数和穿过线圈的磁通变化率 $d\Phi/dt$。磁通变化率与磁场强度、磁路磁阻、线圈的运动速度有关。如果改变其中一个参数,都会改变线圈的感应电动势。按照结构方式的不同,磁电式传感器可分为动圈式与磁阻式。

1) 动圈式

动圈式又可分为线速度式和角速度式。图 4-36 (a) 表示线速度式传感器工作原理。在永久磁铁产生的磁场内,放置一个可动线圈,当线圈在磁场中作直线运动时,所产生感应电动势为

$$e = NBlv\sin\theta \tag{4-33}$$

式中 N——线圈的匝数;
B——磁场的磁感应强度,T;
l——单匝线圈的有效长度,m;
v——线圈相对磁场的线速度,m/s;
θ——线圈运动方向与磁场方向的夹角,rad。

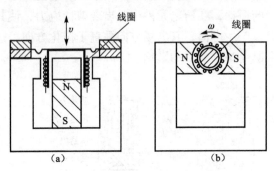

图 4-36 动圈式磁电式传感器
(a) 线速度式;(b) 角速度式

上式表明,当 N、B、l 均为常数时,感应电动势与线圈运动线速度成正比,且为线性关系。通常,这种传感器用于线速度测量。

图 4-36 (b) 表示角速度式传感器工作原理,线圈在磁场中转动时,产生感应电动势为

$$e = NBA\omega\sin\theta \tag{4-34}$$

式中 A——单匝线圈的截面积,m^2;
ω——线圈转动圆频率,rad/s。

当传感器结构确定后,感应电动势与圆频率有关,且为线性关系。通常,这种传感器用于角速度测量,此时,传感器本质上就是一个发电机。

2) 磁阻式

动圈式磁电式传感器的工作原理可以看作是线圈在磁场中运动时切割磁力线而产生电动势。而磁阻式磁电式传感器则是线圈与磁铁不动,由运动着的物体(导磁材料)改变磁路的磁阻,引起磁力线增强或减弱,使线圈产生感应电动势。

2. 测量电路

将传感器中线圈产生的感应电动势通过电缆与电压放大器连接时,其等效电路如图 4-37 所示。其中,e_0 是发电线圈的感应电动势,R_0 是线圈内阻;R_L 是负载电阻(放大器输入电阻),C_c 是电缆导线的分布电容;R_c 是电缆导线的电阻。一般情况下,感应电动势经放大检波后即可推动显示仪表。如果在其测量电路中接入积分电路或微分电路,那么还可以用来测量位移或加速度。

3. 磁电式传感器特点与应用

磁电式传感器把被测量的变化转变为感应电动势,是一种机—电能量变换型传感器,不需要外部提供电源,电路简单,性能稳定,输出阻抗小,又具有一定的频率响应范围(一般为 10~1 000 Hz),适用于振动、转速、扭矩等测量。但这种传感器的尺寸和重量都较大。

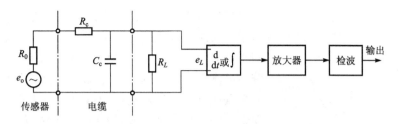

图 4-37 动圈式磁阻式传感器等效测量电路

由上述工作原理可知，磁电感应式传感器只适用于动态测量。

磁电式车速传感器的工作原理如图 4-38 所示。车速传感器由永久磁铁和感应线圈组成。传感器安装在变速器的输出轴附近的壳体上，用于检测自动变速器输出轴的转速。电控单元 ECU 根据车速的信号计算车速，作为换挡控制的依据。当输出轴转动时，齿轮的轮齿与感应线圈之间的间隙不断变化，从而产生交变电压。车速越高，输出轴的转速也越高，感应电压的脉冲频率也越高。电控单元根据感应电压脉冲的频率可以计算汽车行驶速度。

无触点的晶体管点火系统使用的磁电式传感器就是信号发生器。磁电式传感器安装在分电器的壳体内，代替传统点火系统里的断电器触点，如图 4-39 所示。感应线圈缠绕在铁芯的外围，呈盘状布置，也称磁极盘。永久磁体、感应线圈和铁芯合成为一体，构成完全封闭的组合部件，相当于发电机的定子。带齿状突起部的转子固定在分电器轴上，相当于发电机的转子。转子和铁芯为软磁低碳钢，转子凸起部和磁极盘的铁芯数量与发动机的气缸数相等。

在转子转动时，转子和定子凸起部之间的空气隙发生周期性变化。空气隙的变化使磁通密度变化，从而在感应线圈中感应出交变电压信号。电控单元将利用感应线圈产生的电压信号对点火线圈的初级绕组进行通断控制，实现点火触发功能。

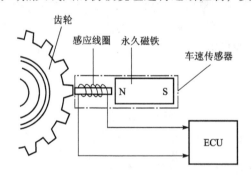

图 4-38 车速传感器工作原理

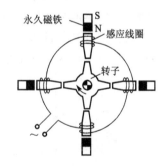

图 4-39 分电器中的磁电式传感器

4.7 霍尔式传感器

1. 霍尔效应

霍尔元件是一种半导体磁电转换元件，一般由锗（Ge）、锑化铟（InAs）等半导体材料制成。其工作原理是基于霍尔效应。如图 4-40 所示，将霍尔元件置于磁场中，如果有电流流过（a、b 端）时，在垂直于电流和磁场的方向上（c、d 端）将产生电动势，这种物理现象称为霍尔效应，所产生的电动势称为霍尔电动势。

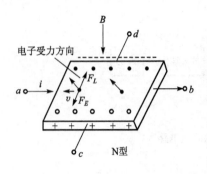

图 4-40 霍尔效应原理

霍尔效应的产生是由于运动电荷受磁场中洛伦兹力作用的结果。假定把 N 型半导体薄片放在磁场中，通以固定方向的电流 i，那么半导体中的载流子（电子）将沿着与电流方向相反的方向运动。从物理学可知，任何带电质点在磁场中沿着与磁力线垂直的方向运动时，都要受到磁场力的作用，这个力称为洛伦兹力 F_L。由于 F_L 的作用，电子向一边偏转，并形成电子积累，而另一边则积累正电荷，于是形成了电场。该电场将阻止运动电子的继续偏转，当电场作用在运动电子上的力 F_E 与洛伦兹力 F_L 相等时，电子的积累便达到动态平衡。这时在元件的 c、d 两端之间建立的电场称为霍尔电场，相应的电动势称为霍尔电动势 U_H。其大小为

$$U_H = K_H i B \sin \alpha \tag{4-35}$$

式中　K_H——霍尔常数，由材料、温度和元件尺寸决定；

　　　B——磁感应强度，T；

　　　α——电流与磁场方向的夹角，rad。

根据上式，霍尔电势的大小正比于外磁场 B 和控制电流 i。当改变 B 或 i 的大小，或者两者同时改变，就可以改变 U_H 值。当 B 或 i 换向时，U_H 也相应换向；B、i 同时换向，U_H 的极性不变。运用上述特点，就可以把被测量转换为电压的变化。

2. 测量电路

霍尔元件有分立元件型和集成型。分立元件是由单晶体制成的，已普遍采用；集成霍尔元件是利用硅集成电路工艺制造，其敏感部分与变换电路制作在同一基片上。图 4-41 是一种典型的开关型集成霍尔传感器。它包括敏感、放大、整形和输出四部分。当外界磁场作用于霍尔片上时，其敏感部分产生一定的霍尔电势，此信号经差分放大器放大，再输入施密特触发器，整形后形成方波。该方波可控制输出管的导通与截止，输出端为 1、0 两者状态。目前，在市场上可以直接购买到集成霍尔元件。

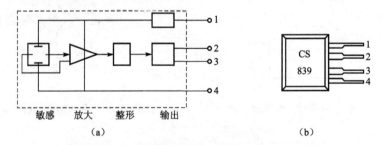

图 4-41　集成型霍尔元件电路方框图和外形图
(a) 集成电路方框图；(b) 外形图

3. 霍尔传感器的特点及应用

1) 霍尔传感器的特点

霍尔元件由于结构简单，体积小，频带宽，动态特性好，寿命长等许多优点，特别是霍尔传感器的输出是由磁通量决定的，所以，这种传感器可以测量任意慢速运动的被测对象。同时，信号处理电路可以与霍尔元件一同封装，使霍尔传感器可以直接输出数字信号。但霍

尔传感器的工作温度范围一般在 -40 ℃ ~150 ℃，而且需要外接电源，这一点不及可变磁阻式传感器，限制了其应用。

2) 霍尔传感器的应用

霍尔传感器在自动化技术、检测技术和信息处理技术等方面得到了广泛的应用。

将霍尔传感器用作发动机晶体管点火系统的点火触发器，如图 4-42 所示。霍尔传感器的磁栅栏固定在转动的托盘上。带信号处理集成电路的霍尔传感器安装在陶瓷支座上。为防湿、防污和防机械损伤，传感器和导磁体一起密封在塑料盒内。导磁体和转子挡板为软磁材

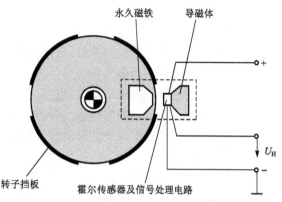

图 4-42 电子点火系统中使用的霍尔传感器

料。挡板数等于发动机的气缸数。各个挡板的弧角决定了点火持续时间。挡板与分电器轴固定在一起，并且可以在无接触的栅栏式霍尔传感器的空气隙中无接触地转动。

在分电器中的栅栏式霍尔传感器的信号相当于有触点控制的普通点火线圈的输出，即在分电器中通过断电器的凸轮形状决定点火时刻和持续点火时间，而在分电器中的霍尔传感器则是通过一个转子挡板决定点火时刻和持续点火时间。

霍尔式信号发生器如图 4-42 所示。如果空气隙没有遮拦，磁场可以通过霍尔传感器，在霍尔传感器上的磁通密度最大，因而产生的霍尔电压 U_H 最大，并由集成在传感器内的信号处理电路中处理。若转子挡板进入永久磁铁与霍尔传感器之间的空气间隙内，则大部分磁通密度进入挡板，磁场被屏蔽，不能通过传感器的空气隙，霍尔传感器中的磁通密度只有漏磁场的那小部分，霍尔电压最小，几乎为零。霍尔传感器输出电压的高低可以控制输出级中三极管的导通与关断，进而控制点火线圈的初级电流和次级绕组感应的电压。

按图 4-43 所示是利用开关型霍尔元件测量转速，利用各种方法设置磁体，将它们和开关型霍尔元件组合起来可以构成各种旋转传感器。霍尔电路通电后，磁体每经过霍尔电路一次，便输出一个电压脉冲。

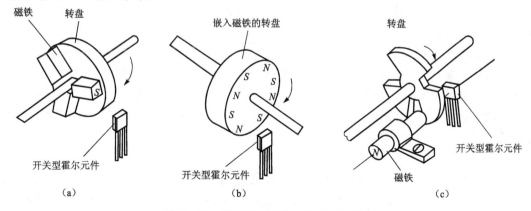

图 4-43 利用开关型霍尔元件测量转速
(a) 径向磁极；(b) 轴向磁极；(c) 遮断式

4.8 光电式传感器

1. 工作原理

光电传感器是将光量转换为电量的传感器。其工作原理是利用物质的光电效应。光电传感器由光源、光学元件和光电元件组成。光源发射出一定光通量的光线，经光学元件照射到光电元件上。光的粒子即光电子具有能量。当光照射到光电元件时，光电元件吸收了光的能量而产生电量输出，这就是光电效应。只要被测量的变化能够引起光通量的变化，就可以被转换为电量的变化，从而实现被测量的间接测量。光电效应有以下几种类型。

1）外光电效应

在光的作用下，光电元件的表面会逸出电子，这种光电效应称为外光电效应。基于外光电效应的光电器件属于光电发射型器件，有光电管、光电倍增管等。

2）内光电效应

在光的作用下，光电元件的电阻率将发生变化，这种光电效应称为内光电效应。应用内光电效应的光电器件有光敏电阻、光敏晶体管等。

3）光生伏特效应

在光的作用下，光电元件的内部产生电动势的现象，称为光生伏特效应，因此光生伏特型光电器件是自发电式的，属有源器件。光电池、光电晶体管就是利用光生伏特效应的光电变换元件。用可见光作光源的光电池是常用的光生伏特型器件。

2. 光电式传感器的类型

按光电传感器接收状态可分为模拟式光电传感器和脉冲式光电传感器。

1）模拟式光电传感器

模拟式光电传感器的工作原理是基于光电元件的光电特性。其光通量随被测量变化，输出的光电流就成为被测量的函数。这一类光电传感器有如下四种工作方式。

（1）辐射式。

被测物体本身就是光源，所发出的光直接照射在光电元件上，也可以经过一定的光路后作用在光电元件上，光电元件的输出反映了光源的某些物理参数，如图4-44（a）所示。光电高温计、比色高温计、红外侦察和红外遥感等均属于这一类。这种方式也可以用于防火报警和构成光照度计等。

（2）吸收式。

被测物体位于恒定光源与光电元件之间，恒定光源发出的光经被测物体后投射到光电元件上，根据被测物体对光的吸收程度或对其谱线的选择来测定被测参数，如图4-44（b）所示，如测量液体、气体的透明度、混浊度，对气体进行成分分析，测定液体中某种物质的含量等。

（3）反射式。

恒定光源发出的光投射到被测物体上，被测物体把部分光通量反射到光电元件上，根据反射的光通量多少测定被测物体表面状态和性质，如图4-44（c）所示，如测量零件的表面粗糙度、表面缺陷、表面位移等。

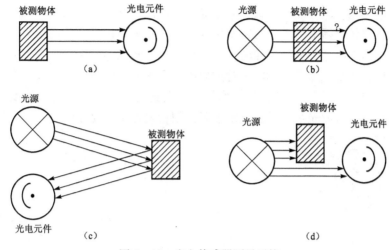

图 4-44 光电传感器测量系统
(a) 辐射式；(b) 吸收式；(c) 反射式；(d) 遮光式

(4) 遮光式。

被测物体位于恒定光源与光电元件之间，光源发出的光通量经被测物体遮去其一部分，使作用在光电元件上的光通量减弱，减弱的程度与被测物体在光学通路中的位置有关，如图 4-44 (d) 所示。利用这一原理可以测量长度、厚度、线位移、角位移、振动等。

2) 脉冲式光电传感器

脉冲式光电传感器的作用方式是光电元件的输出仅有两种稳定状态，也就是"通"、"断"的开关状态，所以也称为光电元件的开关运用状态。这类传感器要求光电元件灵敏度高，而对光电特性的线性要求不高，主要用于零件或产品的自动计数、光控开关、电子计算机的光电输入设备、光电编码器及光电报警装置等方面。

下面介绍四种主要的光电转换元件。

(1) 光电管。

光电管是利用外光电效应工作的，分为真空光电管和充气光电管，也称电子光电管和离子光电管两类。

图 4-45 所示是一种常用的真空光电管结构示意图。它是由在一个真空玻璃管内封装的光电阴极和阳极构成。当入射光线透过光窗照射到光电阴极上，发生光电效应时，电子就从阴极的极层内发射到真空中。如果在光电管的两极加上正向电压，在电场的作用下，光电子在极间作加速运动，最后被高电位的阳极接收，在阳极电路内就可测出光电流，其大小取决于光照强度和光电阴极的灵敏度等因素。

如果在玻璃管内充入惰性气体（如氩、氖等）即构成充气光电管。当光照后，阴极产生的电子在向阳极运动过程中，光电子流会撞击惰性气体，使其电离，产生更多的自由电子，从而提高光电变换的灵敏度。

(2) 光敏电阻。

光敏电阻是采用半导体材料制作的，利用内光电效应工作的光电元件。在光线作用下其阻值往往变小，这种现象称为光导效应，因此，光敏电阻又称光导管。光敏电阻没有极性，是纯电阻元件，使用时既可加直流电压，也可以加交流电压。图 4-46 是光敏电阻的结构和做开关的原理图。光敏半导体薄膜通常采用涂敷、喷涂、烧结等方法在绝缘基底上制作很薄的光敏电阻体及梳状欧姆电极，然后接出引线，封装在具有透光镜的密封壳体内，以免受潮影响其灵敏度。当光电导管不受光照时，光电导管电阻很大而不导通，在电阻两端没有电压输出；当光电导管接受光照后，光电导管的电阻明显下降，光电导管导通，在电阻两端有电压输出，从而起到了"关"和"开"的作用。当受到光照时，它的电阻值发生变化，光通量越大，阻值越小。入射光消失后，光敏电阻的阻值又逐渐恢复原值。

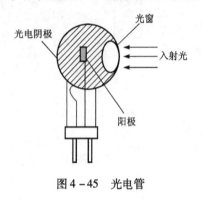

图4-45 光电管

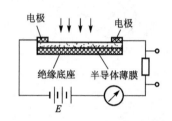

图4-46 光敏电阻结构及原理

光敏电阻具有很高的灵敏度，光谱响应的范围很大，可以从紫外区到红外区，而且体积小、重量轻，机械强度高，耐冲击、耐振动、抗过载能力强，寿命长，性能稳定，价格便宜，在工程中得到了广泛的应用。但由于光敏电阻的输出/输入特性的线性度很差，因此不宜用作测试元件，这是光敏电阻的主要缺点。此外，它需要外部电源，有电流时会发热。光敏电阻主要被用作自动控制中的开关元件。

（3）光电池。

光电池是利用光生伏特效应把光直接转变成电能的器件，是一种自发电式的光电元件。它受到光照时自身能产生一定方向的电动势，在不加电源的情况下，只要接通外电路，便有电流通过。由于它可把太阳能直接转变为电能，因此又称为太阳能电池。

硅光电池的结构如图4-47（a）所示，是在一块N型硅片上用扩散的办法掺入一些P型杂质（如硼）形成PN结。当光照到PN结区时，如果光子能量足够大，将在结区附近激发出电子—空穴对，在N区聚积负电荷，P区聚积正电荷，这样N区和P区之间出现电位差。若将PN结两端用导线连起来，电路中就有电流流过，电流的方向由P区流经外电路至N区，如图4-47（b）所示。若将外电路断开，就可测出光生电动势。

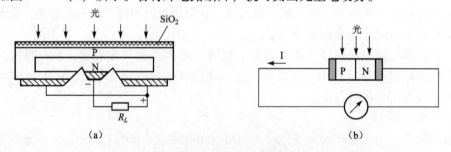

图4-47 光电池的示意图
(a) 光电池的结构图；(b) 光电池的工作原理示意图

（4）光敏晶体管。

光敏晶体管通常指光敏二极管和光敏三极管。其基本结构也是一个 PN 结，如图 4-48 所示。它们的工作原理同样是基于内光电效应。与光电池相比，重要的不同点是结面积小，因此频率特性特别好。

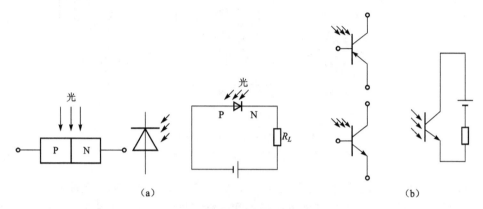

图 4-48 光敏晶体管符号及接线
(a) 光敏二极管；(b) 光敏三极管

光敏二极管的结构和普通二极管相似，只是它的 PN 结装在管壳顶部，并有一个透镜窗口，光线通过窗口可以集中照射在 PN 结上。光敏二极管在电路中通常处于反向偏置状态，受光照时处于导通状态。

光敏三极管有 PNP 型和 NPN 型两种，由于后者性能较优，因此应用较多。其结构与一般三极管很相似，都有两个 PN 结，基极开路，集电结反向偏置，发射结正向偏置。因而可以获得电流增益，它比光敏二极管具有更高的灵敏度。

3. 光电式传感器的应用

它可以用来检测直接引起光量变化的非电量，如光强、光照度、辐射测温、气体成分分析等，也可以用来检验能转换成光量变化的其他非电量，如零件直径、表面粗糙度、应变、位移、振动、速度、加速度，以及物体的形状、工作状态的识别等。由于光电测量方法灵活多样，可测参数较多，一般情况下又具有非接触、高精度、高分辨率、高可靠性和响应快等优点，加之激光光源、光栅、光学码盘、CCD 器件、光导纤维等的相继出现和成功应用，使得光电传感器在检测和控制领域得到了广泛的应用。

利用光源和光电器件之间的物体遮光程度的变化，即可以进行转速测量，如图 4-49 所示为直射式光电转速传感器。被测轴上装有圆盘式光栅，圆盘两侧分别设置发光管（光源）和光电器件，当被测轴转动时，光电器件不断地接收光脉冲而产生电脉冲。该电脉冲与转速成正比，因而可以用输出电脉冲的频率换算轴的转速。

主动悬架系统中的车身高度传感器是一个重要部件。现代轿车应用最多的是光电式车身高度传感器，如图 4-50 所示。车身高度的变化（悬架的位移变形量）转变成传感器轴的转角变化，车身高度传感器检测出旋转角度后，转变成电信号输入 ECU。ECU 由此判断汽车的载荷，通过执行元件，

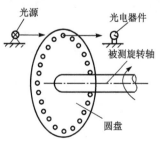

图 4-49 光电传感器测转速

随时调节车身高度，保持车身高度基本不随载荷变化。在主动悬架系统，一般安装三个车身高度传感器，左、右前轮各安装一个、后桥中部安装一个。

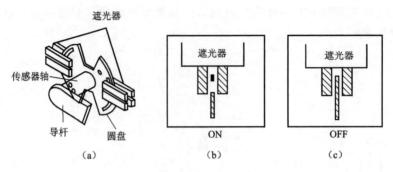

图 4-50 光电式车身高度传感器
(a) 结构简图；(b) 接通状态；(c) 关断状态

在光电式车身高度传感器的内部，有一个靠导杆带动的传感器轴，在轴上固定一个开有许多窄槽的圆盘。遮光器上安装有发光二极管和光敏三极管，圆盘在发光二极管与光敏三极管之间。当遮光器没有被遮断光路时，发光二极管发出的光直接照射到光敏三极管上，使光敏三极管发出电信号。如果发光二极管发出的光被圆盘遮断，不能射到光敏三极管上，则光敏三极管不发出信号。当车身高度变化时（汽车载荷发生变化），导杆随摆臂上下摆动，从而带动传感器轴和圆盘转动，时而使光束通过，时而使光速遮断。光电元件将把这种变化转换成 ON、OFF 电信号，并输入到 ECU 中即可检测出车身高度变化。

4.9 热敏传感器

工程上常用的热敏传感器有热电式和热电阻式两大类型。热电式利用热电效应将热直接转换成为电量输出，典型的器件就是热电偶；热电阻式是将热转换为材料的电阻变化，转换原理是热-电阻效应，根据材料的不同，可分为金属热电阻和半导体热敏电阻。

1. 热电偶传感器

1）热电势

热电偶是基于热电效应原理工作的，如图 4-51（a）所示。将两种不同性质的导体 A、B 串接成一个闭合回路，如果两导体接合处 1、2 两点的温度不同 ($T_0 \neq T$)，则在两导体间产生电动势，并在回路中有一定大小的电流，这种现象称之为热电效应，相应的输出电势称做热电势，回路中产生的电流则称作热电流，导体 A、B 称为热电极，导体 A 与 B 组成的转

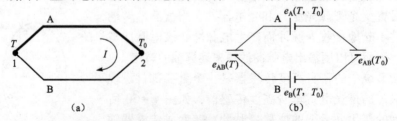

图 4-51 热电偶的热电效应
(a) 热电偶结构；(b) 接触电势和温差电势

换元件叫做热电偶。

测温时，将热电偶一端置于被测温度场，称之为工作端（又称测量端），另一端置于某一恒定温度场，称之为自由端（又称参考端）。对于一个确定的热电偶，当自由端温度 T_0 恒定时，热电势与工作端温度 T 有关，故可测量温度 T。热电势 $E_{AB}(T, T_0)$ 由两种导体的接触电势 $[e_{AB}(T)$ 和 $e_{AB}(T_0)]$ 和单一导体的温差电势 $[e_A(T, T_0)$ 和 $e_B(T, T_0)]$ 两部分组成，如图 4-51（b）所示。实验和理论均已证明，热电偶回路的热电势中接触电势起主要作用的。热电势的大小与两种材料的性质和节点温度有关，与 A、B 材料的中间温度无关。所以，当 $T > T_0$ 时，A 为正极，B 为负极，回路中热电偶的总电势为

$$E_{AB}(T, T_0) = e_{AB}(T) - e_{AB}(T_0) - e_A(T, T_0) + e_B(T, T_0) \approx e_{AB}(T) - e_{AB}(T_0) \quad (4-36)$$

2）热电偶基本定理

（1）均质导体定律：如果热电偶回路中的两个热电极材料相同，无论两接点的温度如何，热电势为零。

根据这个定律，可以检验两个热电极材料成分是否相同（称为同名极检验法），也可以检查热电极材料的均匀性。

（2）中间导体定律：在热电偶回路中接入第三种导体，只要第三种导体的两接点温度相同，则回路中总的热电势不变，如图 4-52 所示。

热电偶的这种性质在实用上有着重要意义，可以方便地在回路中直接接入各种类型的显示仪表或调节器，也可以将热电偶的两端不焊接而直接插入液态金属中或直接焊在金属表面进行温度测量。

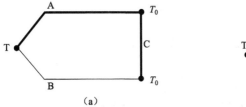
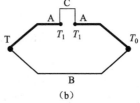

图 4-52 热电偶接入中间导体

(a) 热电偶的接点处接入中间导体；(b) 一个热电极中接入中间导体

（3）标准电极定律：如果两种导体分别与第三种导体组成的热电偶所产生的热电势已知，则由这两种导体组成的热电偶所产生的热电势也就已知。

如图 4-53 所示，导体 A、B 分别与标准电极 C 组成热电偶，若它们所产生的热电势为 $E_{AC}(T, T_0)$、$E_{CB}(T, T_0)$ 已知，则

$$E_{AB}(T, T_0) = E_{AC}(T, T_0) + E_{CB}(T, T_0) \quad (4-37)$$

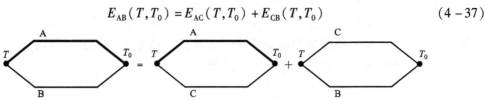

图 4-53 热电偶的标准电极定律

标准电极定律是一个极为实用的定律。可以想象，纯金属的种类很多，而合金类型更多。因此，要得出这些金属之间组合而成热电偶的热电势，其工作量是极大的。由于铂的物理、化学性质稳定，熔点高，易提纯，所以，我们通常选用高纯铂丝作为标准电极，只要测得各种金属与纯铂组成的热电偶的热电势，则各种金属之间相互组合而成的热电偶的热电势可根据式（4-37）直接计算出来。

（4）中间温度定律：如图 4-54 所示，热电偶在两接点温度 T、T_0 时的热电势等于该热电偶在接点温度为 T、T_n 和 T_n、T_0 时的相应热电势的代数和，即

$$E_{AB}(T,T_0) = E_{AB}(T,T_n) + E_{AB}(T_n,T_0) \tag{4-38}$$

中间温度定律为补偿导线的使用提供了理论依据。它表明：若热电偶的热电极被导体延长，只要接入的导体组成热电偶的热电特性与被延长的热电偶的热电特性相同，且它们之间连接的两点温度相同，则总回路的热电势与连接点温度无关，只与延长以后的热电偶两端的温度有关。

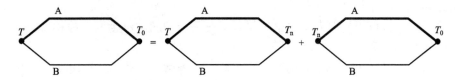

图 4-54 热电偶的中间温度定律

例 4-3 用镍铬—镍硅热电偶测量温度时，参考温度为 $T_n = 25$ ℃，仪表测得热电势 $E(T,T_n)$ 为 28.55 mV，对于镍铬—镍硅热电偶，参考端为 0 ℃时产生的热电势为 1.00 mV，试求实际温度 T。

解：根据题意有

$$E(T_n,T_0) = E(25,0) = 1.00 \text{ mV}$$

由式（4-38）得

$$E_{AB}(T,T_0) = E_{AB}(T,T_n) + E_{AB}(T_n,T_0) = 28.55 + 1.00 = 29.55 \text{ (mV)}$$

此即热电偶工作温度 T 对应的热电势。根据参考端为 0 ℃时产生的热电势，查热电偶的分度表，就可得工作端温度，即被测温度 $T = 710$ ℃。

3）热电偶的类型

热电偶类型主要有两种，即标准化热电偶（指国家已经定型批量生产的热电偶）和非标准化热电偶（用于特殊用途）。

标准化热电偶有统一的分度表，同一型号的标准化热电偶具有互换性，主要有铂铑 30—铂铑 6 热电偶、铂铑 10—铂热电偶、镍铬—镍硅热电偶、镍铬—康铜热电偶、铁—康铜热电偶和铜—康铜热电偶。

非标准化热电偶是指没有统一分度表的热电偶，虽然在使用范围和数量上均不及标准化热电偶，但在某些特殊场合，如在高温、低温、超低温、高真空和有核辐射等被测对象中。这些热电偶具有某些特别良好的性能，主要有钨铼系、铱铑系、镍铬—金铁系热电偶等。

按热电偶的结构分类，有普通热电偶、铠装热电偶、薄膜热电偶、表面热电偶和浸入式热电偶等。图 4-55（a）所示为工业热电偶的基本结构。

4) 热电偶的特点

热电偶是一种发电型传感器,其输出信号可直接接入记录仪器。

热电偶的优点主要包括:测量精度高,因热电偶直接与被测对象接触,不受中间介质的影响;测量范围广,常用的热电偶从 -50 ℃ ~ +1 600 ℃均可连续测量,某些特殊热电偶最低可测到 -269 ℃(如金铁镍铬),最高可达 +2 800 ℃(如钨—铼);构造简单,使用方便。但是,热电偶要求冷端温度恒定,所以在汽车上应用有限。

热电偶的主要特性如下:

(1)稳定性,指热电偶的热电特性随使用时间变化小。

(2)不均匀性,指热电极的不均匀程度,所引起的附加热电势的大小,取决于沿热电极长度的温度梯度分布状态、材料的不均匀形式和不均匀程度以及热电偶在温度场中所处的位置。不均匀性会降低测温的准确度,影响热电偶的稳定性和互换性。造成不均匀性的原因有杂质分布不均、成分偏析、局部表面金属的挥发和氧化、局部的腐蚀和沾污、应力分布不均匀和晶体结构不均匀等。

(3)热惰性,指被测介质从某一温度跃迁到另一温度时,热电偶测量端的温度上升到整个跃迁的 63.2% 所需的时间。

2. 热电阻传感器

热电阻温度传感器的基本工作原理是利用金属导体或半导体的电阻率随温度变化而变化的特性,即热阻效应。当温度变化时,热电阻材料的电阻值随温度而变化,这样,用测量电路可将变化的电阻值转换成电信号输出,从而得到被测温度。按敏感元件材料分类,热电阻传感器可分为金属热电阻和半导体热电阻两大类。半导体热电阻又称热敏电阻。

1) 金属热电阻

金属热电阻测温是根据金属导体的电阻值随温度变化的性质,将电阻值的变化转换为电信号,从而达到测温的目的。金属热电阻是中低温区(-200 ℃ ~ 650 ℃)最常用的一种温度检测器。如图 4 - 55(b)所示为工业热电阻的基本结构。其外形与热电偶相似,使用时要注意区分。

图 4 - 55 工业热电偶及热电阻的基本结构
(a)热电偶;(b)热电阻

大多数金属材料的电阻随温度的升高而增加,但作为热电阻的金属材料,其电阻温度系数 α 值要高且保持常值,电阻率 ρ 要高,以减小热惯性(元件尺寸小),在使用温度范围内,材料的物理化学性能稳定,工艺性好。常用的金属热电阻材料有铂、铜、镍、铟、锰、铁等。

金属热电阻包括适用于温度较低的铂热电阻、铜热电阻和适用于超低温测量的铟热电阻、锰热电阻。

金属热电阻测温的优点是信号的灵敏度高,易于连续测量,与热电偶相比可以远距离传输,无须参考温度;金属热电阻稳定性高,互换性好,精度高,可以用于作基准仪表。金属热电阻的主要缺点在于需要电源,产生影响精度的自热现象,测量温度不能太高。而且,金属热电阻如铂电阻,虽有精度高、线性好的优点,但灵敏度低且价格昂贵。特别地,在振动严重的情况下容易出现破损,这种传感器在汽车上应用较少。

2) 热敏电阻

热敏电阻是一种热电式传感器,采用半导体材料制成的热敏元件,可将温度变化转化为电阻的变化。多数热敏电阻具有负的温度系数,即当温度升高时,其电阻值下降,同时灵敏度也下降。这个特性限制了它在高温条件下使用。目前热敏电阻使用的上限温度约为 350 ℃。热敏电阻的灵敏度高,可以应用于各个领域,在温度低于 200 ℃ 以下时热敏电阻较为方便。

根据半导体理论,热敏电阻在温度 T 时的电阻为

$$R_T = R_0 e^{B\left(\frac{1}{T} - \frac{1}{T_0}\right)} \qquad (4-39)$$

式中 R_T——温度时的阻值,Ω;

R_0——温度 T_0(通常指 0 ℃ 或室温)时的阻值,Ω;

B——热敏电阻材料常数,常取 2 000 ~ 6 000 K;

T——热力学温度,K。

由上式可以求得电阻温度系数为

$$\alpha = \frac{1}{R_T}\frac{dR_T}{dT} = -\frac{B}{T^2} \qquad (4-40)$$

热敏电阻按其温度特性通常分为三类:随温度升高其阻抗下降的负温度系数热敏电阻 NTC、当温度超过某一温度后其阻抗急剧增加的正温度系数热敏电阻 PTC 和当温度超过某一温度后其阻抗减小的临界温度系数热敏电阻 CTR。它们的使用温度范围见表 4-3。在温度测量方面,负温度系数热敏电阻 NTC 广泛应用,而 PTC 型和 CTR 型在一定温度范围内,阻值将随温度而剧烈变化,因此可用作开关元件。热敏电阻是非线性元件,其温度—电阻关系是指数关系,通过热敏电阻的电流和热敏电阻两端的电压不服从欧姆定律。

表 4-3 热敏电阻的使用温度范围

热敏电阻的种类	使用温度范围	用 途
NTC 热敏电阻	超低温 1×10^{-3} ~ 100 K 低温 -130 ℃ ~ 0 ℃ 常温 -50 ℃ ~ 350 ℃ 中温 150 ℃ ~ 750 ℃ 高温 500 ℃ ~ 1 300 ℃	用于汽车的零部件温度测量等
PTC 热敏电阻	-50 ℃ ~ 150 ℃	电子电路的补偿、电子器件过热保护
CTR 热敏电阻	0 ℃ ~ 350 ℃	恒温装置的温度开关

按形状的不同,热敏电阻可以分为球形、圆形和条形三种。每种类型都有多种规格,在国家标准中,可以互换的热敏电阻都有标准规定。

热敏电阻的连接方法如图 4-56 所示，其适用温度为 -50 ℃ ~ +350 ℃。由阻值求解被测物体温度时，需要根据热敏电阻的温度特性曲线按式（4-39）进行运算。若将阻抗变化的电压变化信号进行 A/D 转换后，由微型计算机完成这种数据处理，会使温度的计算变得非常的简单。

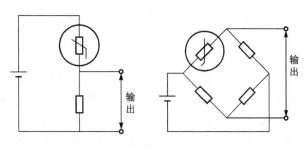

图 4-56 热敏电阻的连接方法

热敏电阻与金属丝电阻比较，具有下述优点：

（1）电阻温度系数大，灵敏度高，可测 0.001 ℃ ~ 0.005 ℃ 微小温度的变化，比金属热电阻大 10 ~ 100 倍，由于灵敏度高，可以大大降低对后面调理电路的要求。

（2）热敏电阻元件可制成片状、柱状，直径可达 0.5 mm，由于结构简单，体积小，可测量点温度。

（3）热惯性小，响应速度快，时间常数可小到毫秒级，适宜动态测量。

（4）元件本身的电阻可达 3 ~ 700 kΩ，在远距离测量时，导线电阻的影响可不考虑。

（5）结构简单、坚固，能承受较大的冲击、振动，易于实现远距离测量。

由于上述优点，这种传感器在汽车上得到了广泛应用。

热敏电阻的缺点是阻值与温度变化呈非线性关系，对环境温度敏感性大，测量时易受到干扰，而且元件的稳定性、一致性和互换性较差。除特殊高温热敏电阻外，绝大多数热敏电阻仅适合 0 ℃ ~ 150 ℃ 范围的温度测量，这一点使用时必须注意。

3. PN 结

半导体 PN 结温度传感器是利用晶体二极管和晶体三极管的 PN 结的结电压降随温度变化的特性而制成的温度敏感元件。集成温度传感器是把温敏器件、偏置电路、放大电路及线性化电路集成在同一芯片上的温度传感器。其特点是使用方便、外围电路简单、性能稳定可靠，但测温范围较小、使用环境有一定限制。

在一定温度范围内，PN 结正向电压 U 与温度呈近似线性关系，即

$$U = \frac{kT}{q} \ln \frac{I}{I_s} \tag{4-41}$$

式中　q——电子电荷，$q = 1.610\ 217\ 733 \times 10^{-19}$ C；

I——PN 结的电流，A；

I_s——反向饱和电流，是一个和 PN 结构材料的禁带宽度以及温度等有关的系数，A；

k——波尔兹曼常数，$k = 1.380\ 658 \times 10^{-23}$ J/K；

T——绝对温度，K。

因绝对温度 T（K）与摄氏温度 t（℃）的关系为 $T = 273.2 + t$，故近似有

$$U = U_0 - Ct \tag{4-42}$$

式中　U_0——摄氏零度时的 PN 结正向电压，V；

C——电压温度系数，通常在 0 ℃ ~ 250 ℃ 温度范围内，$C = 2$ mV/℃。

PN 结温度传感器具有灵敏度高、线性好、热响应快和轻巧等特点，在温度测量数字化、温度控制以及用微机进行温度实时信号处理等方面，乃是其他温度传感器所不能相比的。

4. 热电式传感器的应用

热电偶、金属热电阻和热敏电阻等都可以用作温度传感器，各有优缺点，在汽车测试中得到了不同程度的应用。

热电偶用来测量排气温度，以及发动机气缸内气体温度，PTC 温度传感器测量车厢底板温度。NTC 型传感器在汽车上应用最广泛，用来测量发动机冷却水的温度、进气温度、排气温度及车内外温度等，工作原理及方式大致相同，而且都是两线式，即一根为搭铁线，一根为信号线。图 4-57 所示为某汽车发动机热敏电阻式水温传感器接头端子与 ECU 的连接电路。水温传感器接头有两端子与 ECU 连接，其中一条是信号线，输出电压随热敏电阻值的变化而变化，ECU 根据电压的变化测得发动机的水温，另一条是地线。

图 4-58 所示是应用热敏电阻式传感器测量液位高度。当传感器浸在燃油中时，传感器的温度不升高，热敏电阻的阻值较高，只有很小的电流从中通过，所以报警灯不亮。当燃油量变少时，传感器与空气接触，由于自身的加热作用传感器温度升高，所以热敏电阻阻值减小，电路中有电流通过，报警指示灯亮。

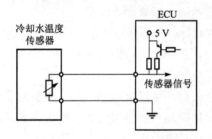

图 4-57 发动机水温传感器与 ECU 连接电路

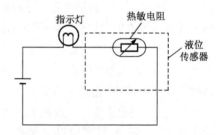

图 4-58 热敏电阻式液位传感器应用

4.10 光纤传感器

1. 光纤结构与传输原理

光导纤维（简称为光纤）是用可传导光的材料制成的可传输光的导线，结构如图 4-59（a）所示，一般由纤芯、包层、涂敷层和尼龙外层（亦称护套）构成。纤芯和包层的材料都是二氧化硅，只是其中掺杂极微量的材料不同，但它们的折射率略有不同。纤芯的折射率 n_1 稍大于包层的折射率 n_2。包层外面有硅铜或丙烯酸盐涂敷层，以增加光纤的机械强度。光纤最外层为尼龙外层，起保护作用。

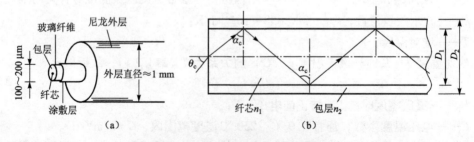

图 4-59 光纤结构及传输原理
(a) 光纤结构；(b) 光在光纤中的传输

根据光的折射反射定律（斯奈尔定律）可得

$$n_1 \sin \alpha_1 = n_2 \sin \alpha_2 \tag{4-43}$$

$$\alpha_1 = \alpha_1' \tag{4-44}$$

式中　α_1——入射角；

　　　α_1'——反射角；

　　　α_2——折射角。

如果入射角 α_1 逐渐增大到某一角度 α_c 时，使折射角 $\alpha_2 = 90°$，此时光在界面上就会全部反射回来，反射光强度等于入射光强度，称为全反射，α_c 称为全反射临界角，即

$$\alpha_c = \arcsin \frac{n_2}{n_1} \tag{4-45}$$

全反射（只有反射没有折射）条件为

$$n_1 > n_2, \quad \alpha_1 > \alpha_c$$

光在光纤中的传播是利用光的全反射原理。凡是入射角 α_1 大于全反射临界角 α_c 的光都会在界面上全部反射回来，并以相同的角度向对面介质入射，然后又反射回来。这样光线在光纤内不同介质的界面上反复发生全反射，使光沿光纤中光芯向前传播直到光纤的终点，如图 4-59（b）所示。

光在光纤中传播时，有一个重要特点，即传播途径在同一平面内，通常称之为子午面。光线经某一子午面射入光纤时，光纤端面的临界入射角 $2\theta_c$ 称为光纤的孔径角。它是一个圆锥角，数值越大，光纤入射端面上接收光的范围就越大，进入光纤部分的光线就越多。

根据光的折射定律，可以证明：

$$\sin \theta_c = \frac{1}{n_0} \sqrt{n_1^2 - n_2^2} \tag{4-46}$$

式中　n_0——空气中的折射率，$n_0 = 1$。

用数值孔径 NA（Numerical Aperture）表示光纤集光本领，即

$$NA = \sqrt{n_1^2 - n_2^2} \tag{4-47}$$

NA 值仅由光纤纤芯与包层的折射率所决定，与几何尺寸无关。

2. 光纤传感器的种类

光纤传感器一般由光源、光纤、光电元件等组成。根据光纤传感器的用途和光纤的类型，对光源一般要提出功率和调制的要求。常用的光源有激光二极管和发光二极管。激光二极管具有亮度高、易调制、尺寸小等优点；而发光二极管具有结构简单和温度对发射功率影响小等优点。除此之外，还有采用白炽灯等作光源。

根据光纤在传感器中所起的作用来分类，通常光纤传感器分为两类：一类是功能型（传感型）；另一类是非功能型（传光型）。

功能型光纤传感器中的光纤，不仅起到传输光信号的作用，而且还起敏感元件的作用，即是利用被测物理量直接或间接对光纤中传送光的光强（振幅）、相位、偏振态、波长等进行调制而构成的一类传感器。这类传感器根据传输特性的变化又可分为光强调制型（应用最多）、相位调制型和波长调制型等几种。图 4-60 是功能型光纤压力传感器的示意图。由于功能型光纤传感器中光纤本身就是敏感元件，因此加长光纤的长度可以得到很高的灵敏度，尤其是利用干涉技术对光的相位变化进行测量的光纤传感器，具有极高的灵敏度。这种

传感器测量精度高,但结构复杂,调整困难。由于制造这类传感器使用单模光纤,其技术难度大,结构复杂,调整较困难。

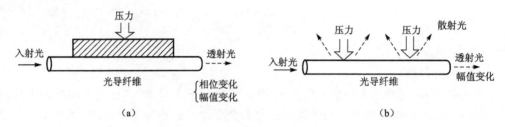

图4-60 功能型光纤压力传感器
(a)施加均匀压力;(b)施加非均匀压力

非功能型光纤传感器中的光纤不起敏感元件的作用,只起到传输光信号的作用,所以,又称为传光型。它是利用在光纤的端面放置光学材料或其他敏感元件来感受被测量的变化,从而使透射光或反射光强度随之发生变化来进行检测的。在这种情况下,光纤只起光的传输回路作用,所以要使光纤得到足够大的受光量和传输的光功率。这种光纤传感器使用的是数值孔径和光芯直径都较大的多模光纤,可以得到较大的传输光功率。非功能型光纤传感器结构简单,容易调整,但灵敏度、测量精度一般低于功能型光纤传感器。

3. 光纤传感器的特点及应用

1)光纤传感器的特点

(1)光纤传感器具有体积小、质量轻,光纤能耐高温、不怕水浸,还具有可挠性,因此光纤传感器在工程领域得到广泛应用。

(2)光纤传感器频带宽、动态特性好,光纤可以很长,并具有非接触测量等特点,对某些有危险或危害场所需进行远距离测量的条件,有很多的优越性。

(3)光纤传感器与常规传感器相比,技术难度大,为提高光纤传感器的精度,在光纤的制造、连接和耦合技术方面存在一定困难。

2)光纤传感器的应用

光纤传感器是最近几年出现的新技术,可以用来测量多种物理量,比如声场、电场、压力、温度、角速度、加速度等,还可以完成现有测量技术难以完成的测量任务。在狭小的空间里,在强电磁干扰和高电压的环境里,光纤传感器都显示出了独特的优点。目前光纤传感器已经有70多种。

光纤位移传感器原理如图4-61所示。光纤位移传感器是利用光导纤维传输光信号的功能,根据探测到的反射光的强度来测量被测反射表面的距离。当光纤探头端部紧贴被测试件表面时,发射光纤中的光不能反射到接收光纤中去,因而就不能产生光电流信号;随着被测表面逐渐远离探头,发射光纤照亮被测表面的面积 A 越来越大,因而相应的发射光锥和接收光锥重合面积 B_1

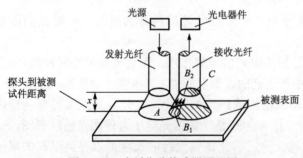

图4-61 光纤位移传感器原理图

越来越大，故接收光纤端面上被照亮的区域 B_2 也越来越大，输出光电流也随之增加。在一定位移范围内输出的光电流与探头到被测试件距离 x 成正比，因而可以利用此类传感器来测定位移。采用光纤传感器进行发动机气缸压力测量也已有应用。

4.11 超声波传感器

1. 工作原理

声波是一种机械波。声的发生是由于发声体的机械振动，引起周围弹性介质中质点的振动由近及远的传播，这就是声波。人耳所能听闻的声波频率在 20～20 000 Hz 之间，频率在 20～20 000 Hz 以外的声波不能引起人耳的感觉。频率超过 20 000 Hz 的叫做超声波。

超声波传感器是利用波在介质中的特传播性，实现自动检测的测量元件。具体地说，超声波在传播中遇到相界面时，有一部分反射回来，另一部分则折射入相邻介质中。但当它由气体传播到液体或固体中，或由固体、液体传播到空气中时，由于介质密度相差太大而几乎全部发生反射。因此，超声波发射器发射出的超声波在相界面被反射，由接收器接收，测出超声波从发射到接收的时间差，便可测出反射界面与发射器之间的距离。

以超声波作为检测手段，必须产生超声波和接收超声波。完成这种功能的装置就是超声波传感器，习惯上称为超声换能器，或者超声波探头。

常用的超声波传感器有两种，即压电式超声波传感器（或称压电式超声波探头）和磁致式超声波传感器。压电式超声波探头是利用压电材料的压电效应来工作的，实质上是一种压电式传感器。逆压电效应将高频电振动转换成高频机械振动，以产生超声波，可作为发射探头；而利用压电效应则将接收的超声振动转换成电信号，可作为接收探头。图 4-62 是一种超声波探头结构示意图。压电片是换能器的主要元件。探头通过保

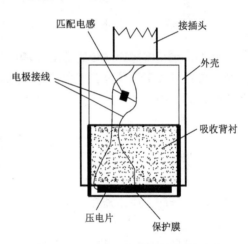

图 4-62 超声波探头的结构简图

护膜向外发射超声波，吸收背衬的作用是吸收晶片向背面发射的声波，以减少杂波。匹配电感的作用是调整脉冲波的波形。

超声波传感器的测距原理是超声波发射探头向某一方向发射超声波，在发射时刻的同时开始计时，超声波在空气中传播，途中碰到障碍物就立即返回来，超声波接收器收到反射波就立即停止计时。超声波在空气中的传播速度为 340 m/s，根据计时器记录的时间 t，就可以计算出发射点距障碍物的距离 S，即 $S = 340 t/2$。

2. 超声波传感器的应用

超声波由于它的频率高（可达 10^9 Hz）、波长短、绕射现象小，具有束射特性，方向性强，可以定向传播，其能量远远大于振幅相同的声波，因此超声波对液体、固体的穿透能力很强，在钢材中甚至可以穿透 10 m 以上的厚度。

汽车倒车防撞超声波雷达可以探测到倒车路径上或附近存在的任何障碍物，为驾驶员提

供倒车警告和辅助泊车功能。其整个电路由超声波传感器、超声波发射电路、超声波接收电路、超声波信号接收处理电路、报警、显示和电源等电路组成。该系统有两对超声波传感器,并排均匀地分布在汽车的后保险杠上,如图 4-63 所示。从超声波发射到超声波反射接收所用的时间可以计算出到障碍物的距离,完成一个检测周期(从发射超声波到接收超声波的过程)仅为 0.25~0.85 s,完全可以满足倒车的时间要求。图 4-64 是用超声波传感器测量液面位置。

图 4-63　汽车倒车防撞系统示意图

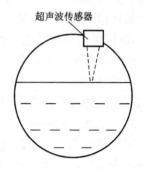

图 4-64　超声波传感器测量液面位置

此外,采用多超声波传感器对车辆前方路面信息进行探测,确定近距离的凸堆和凹坑的距离、方位和高度等信息,可以为主动悬架的控制提供实时信息,达到进一步提高主动悬挂系统性能的目的。

4.12　传感器的发展方向

传感器是测试系统中的重要组成部分,其精度、可靠性、稳定性、抗干扰性等直接影响测试系统的性能,应不断开发新型传感器以提高测试系统性能。

1. 开发新型传感器

传感器的工作机理是基于各种效应和定律,由此启发人们进一步探索具有新效应的敏感功能材料,并以此研制出具有新原理的新型传感器件。这是发展高性能、多功能、低成本和小型化传感器的重要途径。

2. 开发新材料

传感器材料是传感器技术的重要基础,用复杂材料来制造性能更加良好的传感器是今后的发展方向之一。近年来对传感器材料的开发研究有较大进展,其主要发展趋势有以下几个方面:

(1) 从单晶体到多晶体、非晶体。
(2) 从单一型材料到复合材料。
(3) 原子(分子)型材料的人工合成。
(4) 半导体敏感材料。
(5) 陶瓷材料。
(6) 磁性材料。

(7) 智能材料。

应特别注意智能材料的开发。智能材料是指设计和控制材料的物理、化学、机械、电学等参数，研制出生物体材料所具有的特性或者优于生物体材料性能的人造材料。智能材料具备对环境的判断可自适应功能；具备自诊断、自修复、自增强功能（或称时基功能）。除了生物体材料外，最引人注目的智能材料是形状记忆合金、形状记忆陶瓷和形状记忆聚合物。

3. 采用新工艺

新工艺主要指与发展新型传感器联系特别密切的微细加工技术。该技术又称微机械加工技术，是近年来随着集成电路工艺发展起来的。它是离子束、电子束、分子束、激光束和化学刻蚀等用于微电子加工的技术，目前已越来越多地用于传感器领域。

4. 集成化和多功能化

传感器集成化包括两种定义：一种定义是同一功能的多元件并列化，即将同一类型的单个传感元件用集成工艺在同一平面上排列起来，CCD（Charge Coupled Device，电荷耦合器件）图像传感器就属于这种情况；另一种定义是多功能一体化，即将传感器与放大、运算以及温度补偿等环节一体化，组装成一个器件。多功能化不仅可以降低生产成本，减小体积，而且可以有效地提高传感器的稳定性、可靠性等性能指标。

把多个功能不同的传感元件集成在一起，除可同时进行多种参数的测量外，还可对这些参数的测量结果进行综合处理和评价，可反映出被测系统的整体状态。集成化也是多功能化的基础。目前，各类集成化传感器已有许多系列产品，有些已得到广泛应用。集成化已经成为传感器技术发展的一个重要方向。

5. 智能化

传感器与微处理机相结合，使之不仅具有检测功能，还具有数据处理、逻辑判断、自诊断、自适应以及"思维"等人工智能，故称之为传感器的智能化。借助于半导体集成化技术把传感器部分与信号预处理电路、输入输出接口、微处理器等制作在同一块芯片上，即成为大规模集成智能传感器。可以说智能传感器是传感器技术与大规模集成电路技术相结合的产物。它的实现将取决于传感技术与半导体集成化工艺水平的提高与发展。这类传感器具有多功能、高性能、体积小、适宜大批量生产和使用方便等优点，可以肯定地说，是传感器重要的发展方向之一。

那些精度高、响应快、可靠性高、温度范围宽、微型化、功耗小及无源化、智能化、集成化、微型化、网络化的传感器将占据未来的市场。

4.13 传感器的选用原则

如何根据测试目的与实际条件，合理地选用或设计传感器，是在进行试验研究时必然遇到的问题，下面介绍选用传感器时应考虑的一些基本原则。

1. 灵敏度

一般的，传感器的灵敏度越高越好，因为灵敏度高，意味着传感器所能感知的变化量小，即被测量稍有一微小变化时，传感器就有较大的响应。当然，当灵敏度越高时，与测量信号无关的噪声也容易被混入，并且噪声也会伴随着被电子放大系统放大，所以，既要考虑检测微小量值，又要考虑测量噪声小。为满足这一要求，应选用信噪比大的传感器，即要求传感器本身噪声小,而且不容易从外界引进干扰噪声。

2. 响应特性

传感器的响应特性是指在所测频率范围内,保持不失真的测量条件,即传感器的幅频特性等于常数,相频特性为线性或零,而且希望传感器的响应延迟时间愈短愈好。

在动态测量中,传感器的响应特性对测试结果有直接影响,在选用时,应充分考虑到被测物理量的变化特点(如稳态、瞬变等)。

3. 线性

任何传感器都有一定的线性工作范围,在线性范围内输出与输入成比例关系。线性范围越宽,表明传感器的工作量程越大。

传感器在线性工作区内工作,是保证测量精度的基本条件。但是,任何传感器保证其绝对工作在线性区也是不容易的,在许可的限度内,也可以取其近似线性区域。选用时,必须考虑被测量的变化范围,使传感器的非线性误差在允许限度以内。

4. 稳定性

稳定性表示传感器在实际工作环境中长期使用以后,其输出特性不发生变化的性能。影响传感器稳定性的因素是时间与环境。

汽车测试中,传感器往往工作在比较恶劣的环境中,温度、湿度、尘埃、腐蚀介质、振动、噪声等都会使传感器的零点发生漂移,绝缘性能改变,一些零部件发生腐蚀、变形和损伤,从而使传感器的输出特性改变。

为了保证稳定性,在选定传感器之前,应对使用环境进行调查,以选择较合适的传感器类型。例如,光电传感器的感光表面有尘埃或水汽时,会改变感光性质;磁电式传感器或霍尔效应元件等,当在电场、磁场中工作时,也会带来测量误差。因此,在实际环境中工作的传感器,必须考虑稳定性这一因素。

5. 精确度

传感器的精确度,表示传感器的输出与被测量的对应程度。传感器处于测试系统的输入端,传感器能否真实地反映被测量值,对整个测试系统具有直接影响。

一般都希望传感器的精确度要高。但是,传感器的精确度越高,其价格越昂贵,因此应从实际需要来选择,根据测试的要求来合理选用不同精确度的传感器,不能盲目地追求高精确度。首先应了解测试目的,判定是定性分析还是定量分析。如果是属于相对比较性的试验研究,只需获得相对比较值即可,那么应要求传感器重复精度高,而无需要求绝对量值;如果是定量分析,那么必须获得精确量值。

6. 测量方式

传感器在实际条件下的工作方式,也是选用传感器时应考虑的重要因素。接触与非接触测量,破坏与非破坏性测量,在线与非在线测量等,条件不同,对传感器的要求也不同。

汽车测试中,运动部件的被测参数(例如回转轴的转速、振动、扭矩),往往需要非接触式测量。因为对部件的接触式测量不仅造成对被测系统的影响,且有许多实际困难,如测量头的磨损、接触状态的变动、信号采集等都不易妥善解决,也易于造成测量误差。采用电容式、涡流式等非接触式传感器,会有很大方便。如汽车的轮速传感器,一般都是采用磁电式传感器或霍尔传感器等非接触式测量。而用电阻应变片式传感器测量构件应力时,就是采用将应变片贴在弹性元件上的接触式测量。

7. 其他选用原则

除了以上选用传感器时应充分考虑的一些因素外，还应尽可能考虑到结构简单、体积小、重量轻、易于维修、易于更换、价格便宜和测量方便等条件。

思 考 题

4-1 电阻应变片与半导体应变片的工作原理有何区别？它们各有何特点？

4-2 说明电阻应变片式传感器的基本原理，并简要推导其静态灵敏度系数。

4-3 某截面积为 5 cm^2 的试件，已知材料的弹性模量为 2.0×10^{11} N/m^2，沿轴向受到 10^5 N 的拉力，若沿受力方向粘贴一阻值为 120 Ω、灵敏系数为 2 的应变片，试求电阻变化 ΔR。

4-4 电感式、差动电感式和差动变压器式传感器的结构及工作原理有何区别？

4-5 何谓压电效应和逆压电效应？压电式传感器对测量电路有何特殊要求？为什么？

4-6 简述涡流式传感器的工作原理，它有哪些特点？

4-7 压电加速度传感器与电荷放大器连接的等效电路如 4-7 题图所示。图中 C 为传感器固有电容、电缆等效电容和放大等效电容之和。已知传感器电荷灵敏度 $S_q = 100$ pC/g，反馈电容 $C_f = 1\ 000$ pF，试求当被测加速度为 0.5 g 时，输出电压是多少？（g 为重力加速度）

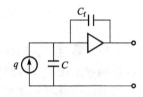

4-7 题图

4-8 简述磁电式传感器的类型及其在汽车上的应用。

4-9 试述霍尔效应及霍尔传感器在汽车上的应用。

4-10 热电偶的测温原理是什么？

4-11 光电效应有哪几种？与之对应的光电元件各有哪些？

4-12 模拟式光电传感器有哪几种常见形式？

4-13 选用传感器的原则是什么？

第5章 测试信号变换调理与显示记录

被测量经传感器转换后的输出一般是模拟信号。它以电信号或电参数的形式出现。电信号的形式有电压、电流和电荷等；电参数变化的形式有电阻、电容、电感等。以上信号由于太微弱或不满足测试要求，需经过适当的调理，转换成便于处理、接收或显示记录的形式。

本章主要讨论汽车检测中常用的信号调理电路，如电桥、信号的调制与解调、信号的放大、滤波等，同时还要介绍几种显示记录仪器。

5.1 电 桥

电桥是将电阻、电感、电容等参数的变化转变为电压或电流输出的一种转换电路。其输出既可用指示仪表直接测量，也可送入放大电路进行放大。电桥结构简单，精确度和灵敏度高，易消除温度及环境影响，因此在测试系统中被广泛应用。按照电桥所采用电源的不同，分为直流电桥和交流电桥；按照测量输出方式不同，可分为不平衡桥式电路（又称为偏位法测量）与平衡桥式电路（又称零位法测量）。

5.1.1 直流电桥

1. 电桥平衡条件

直流电桥工作原理如图 5-1 所示，四个桥臂电阻 R_1、R_2、R_3、R_4 为纯电阻。电桥的 a、c 两端接入直流电源 e_0，另两端 b、d 为电桥的输出 e_y。电桥的输出电压为 b、d 两端的电位差，即

$$e_y = U_{bd} = U_{ab} - U_{ad} = I_1 R_1 - I_2 R_4 = \left(\frac{R_1}{R_1 + R_2} - \frac{R_4}{R_3 + R_4} \right) e_0 \quad (5-1)$$

$$= \frac{R_1 R_3 - R_2 R_4}{(R_1 + R_2)(R_3 + R_4)} e_0$$

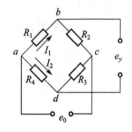

图 5-1 直流电桥

当电桥的输出 $e_y = 0$ 时，电桥平衡。显然如满足

$$R_1 R_3 = R_2 R_4 \quad \text{或} \quad \frac{R_2}{R_1} = \frac{R_3}{R_4} \quad (5-2)$$

时，电桥平衡，这种状态称为初始平衡状态。式（5-2）叫做直流电桥初始平衡条件。如果四个桥臂的电阻值相等（$R_1 = R_2 = R_3 = R_4$），则初始平衡条件当然得到满足。

2. 电桥特性

在实际测试前，电桥已预调平衡，电桥输出电压只与桥臂电阻的变化有关。当四个桥臂电阻 R_1、R_2、R_3、R_4 发生的电阻变化分别为 ΔR_1、ΔR_2、ΔR_3、ΔR_4 后，电桥就失去平衡，此时电桥输出电压为

$$e_y = \frac{(R_1+\Delta R_1)(R_3+\Delta R_3)-(R_2+\Delta R_2)(R_4+\Delta R_4)}{(R_1+\Delta R_1+R_2+\Delta R_2)(R_3+\Delta R_3+R_4+\Delta R_4)}e_0 \quad (5-3)$$

为了简化桥路设计，往往取四个桥臂的电阻相等组成全等臂电桥，即 $R_1=R_2=R_3=R_4=R$。一般情况下 ΔR 很小，即 $\Delta R \ll R$，略去上式分母中 ΔR 项和分子中 ΔR 的高次项，则上式可写成

$$e_y = \frac{e_0}{4}\left(\frac{\Delta R_1}{R}-\frac{\Delta R_2}{R}+\frac{\Delta R_3}{R}-\frac{\Delta R_4}{R}\right) \quad (5-4)$$

当各桥臂应变片的灵敏度系数 K 相同时，上式可改写为

$$e_y = \frac{Ke_0}{4}(\varepsilon_1-\varepsilon_2+\varepsilon_3-\varepsilon_4) \quad (5-5)$$

式中 ε_1、ε_2、ε_3、ε_4——分别为 R_1、R_2、R_3、R_4 发生的应变。

式（5-4）或式（5-5）表明的输出电压是四项代数和，也就是说，电桥能把各桥臂电阻变化所引起的输出电压自动相加或相减后输出，这就是电桥的加减特性。所以合理地、巧妙地利用电桥特性，可以增大仪器读数，并且可测出复杂受力杆件中的内力分量。

根据工作时桥路中参与工作的桥臂数，电桥有半桥单臂、半桥双臂和全桥臂三种接桥方式，如图 5-2 所示。设图中均为全等臂电桥，下面分析这三种连接方式的电压输出。

（1）图 5-2（a）为半桥单臂连接。工作中电桥的一个桥臂 R 阻值随被测量而变化（如 R 为电阻应变片，其余桥臂为固定电阻），当电阻 R 的阻值增加 ΔR 时，由式（5-4），输出电压为

$$e_y = \pm\frac{e_0}{4R}\Delta R = \pm\frac{1}{4}e_0 K\varepsilon \quad (5-6)$$

（2）图 5-2（b）为半桥双臂连接。它有两种接桥方式：相邻桥臂或相对桥臂为工作桥臂。当以相邻臂为工作桥臂时，如果电桥的两个相邻桥臂阻值变化量相等符号相反时，即 $R\pm\Delta R$，$R\mp\Delta R$（或以相对臂为工作桥臂时，如果电桥的两个相对桥臂阻值变化量相等符号相同时，即 $R\pm\Delta R$，$R\pm\Delta R$）时，电桥的输出电压为

$$e_y = \pm\frac{\Delta R}{2R}e_0 = \pm\frac{1}{2}e_0 K\varepsilon \quad (5-7)$$

通过上述电桥特性分析，可以发现：

① 两相邻桥臂上电阻产生的应变相减：若两邻臂应变数值相等，当应变同符号时，输出电压自动相减；当应变异符号时，输出电压自动相加。

② 两相对桥臂上电阻产生的应变相加：若两对臂应变数值相等，应变同符号时，输出电压自动相加；当应变异符号时，输出电压自动相减。

（3）图 5-2（c）为全桥接法。工作时四个桥臂阻值随被测物理量变化，如果 $R\pm\Delta R_1$，$R\mp\Delta R_2$，$R\pm\Delta R_3$，$R\mp\Delta R_4$，当 $\Delta R_1=\Delta R_2=\Delta R_3=\Delta R_4=\Delta R$ 时，电桥输出为

$$e_y = \pm\frac{\Delta R}{R}e_0 = \pm e_0 K\varepsilon \quad (5-8)$$

3. 电桥灵敏度

电桥灵敏度定义为单位电阻变化率所对应的电桥输出电压。

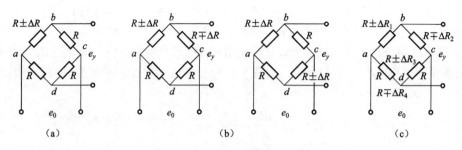

图 5-2 直流电桥的连接方式
(a) 半桥单臂；(b) 半桥双臂；(c) 全桥臂

电桥接法不同电桥输出的灵敏度也不同。对于图 5-2 (a) 中半桥单臂工作方式，只有一个桥臂参与工作，由式 (5-6) 可知电桥灵敏度 S 为

$$S = \frac{|e_y|}{\frac{\Delta R}{R}} = \frac{e_0}{4}$$

对于图 5-2 (b) 和图 5-2 (c) 中半桥双臂工作方式和全桥臂工作方式，对应电桥的灵敏度 S 分别为

$$S = \frac{e_0}{2} \quad 和 \quad S = e_0$$

4. 温度补偿

在测量时，若被测构件和所粘贴的应变片的工作环境温度发生变化，应变片本身将因温度变化产生应变 ε_t。显然，应变 ε_t 在结构不承载时仍然存在，因此，当结构承受载荷时，这个应变就会与由载荷作用而产生的应变叠加在一起输出，使测量到的输出应变中包含了因环境温度变化而引起的应变 ε_t，必然对测量结果产生影响。

利用电桥的加减特性，可以对应变片进行温度补偿，通常采用补偿块补偿法或工作片补偿法。

1) 补偿块补偿法

使用两个同样的应变片，一片粘贴在试件上，另一片粘贴在与试件同材料、同温度条件但不受力的补偿块上。根据电桥的加减特性，将这两片应变片接入相邻桥臂上，由于温度的变化，工作片和补偿片上产生相同的因温度引起的应变，在桥路中自动抵消，对电桥输出没有影响，达到温度补偿的作用。

2) 工作片补偿法

在同一被测试件上粘贴两个工作应变片，接入相邻臂应变片既可以起到温度补偿的作用，又能测量真实的应变。

5. 布片和接桥

根据已知的应力分布规律、电桥特性、测量目的，合理地布片（即应变片在试件上的位置和方向）和接桥，可以准确地测出各种载荷。零件在实际工作中，往往会受到几种不同性质的外力作用，采用不同方式的布片和接桥，可消除某种外力的影响，而测得在一种外力作用下的应变。表 5-1 是各种受力状态下的布片和接桥。

表 5-1　各种受力状态下的布片和接桥

受力形式	单独测取的载荷	应变片贴片位置	电桥接法	仪器读数 ε' 与被测量应变 ε 的关系
拉（压）	拉（压）	R_1、R_2	半桥 A-B-C，R_1上、R_2下	$\varepsilon = \varepsilon'$; $\varepsilon = \dfrac{\varepsilon'}{1+\mu}$
弯曲	弯曲	R_1、R_2；R_1,R_3、R_2,R_4	半桥；全桥	$\varepsilon = \dfrac{\varepsilon'}{2}\left(\dfrac{\varepsilon'}{\varepsilon}=2\right)$; $\varepsilon = \dfrac{\varepsilon'}{4}\left(\dfrac{\varepsilon'}{\varepsilon}=2\right)$
拉（压）弯	拉（压）	R_1、R_2，R、R	全桥	$\varepsilon = \varepsilon'$
拉（压）弯	弯	R_1、R_2	半桥	$\varepsilon = \dfrac{\varepsilon'}{2}\left(\dfrac{\varepsilon'}{\varepsilon}=2\right)$
扭	扭	R_1、R_2	半桥	$\varepsilon = \dfrac{\varepsilon'}{2}\left(\dfrac{\varepsilon'}{\varepsilon}=2\right)$
扭、拉（压）	扭	R_1、R_2	半桥	$\varepsilon = \dfrac{\varepsilon'}{2}\left(\dfrac{\varepsilon'}{\varepsilon}=2\right)$
扭、拉（压）	拉（压）	R_1、R_2，R、R	全桥	$\varepsilon = \varepsilon'$
扭、弯	扭	R_1,R_2,R_3,R_4	全桥	$\varepsilon = \dfrac{\varepsilon'}{4}\left(\dfrac{\varepsilon'}{\varepsilon}=4\right)$

直流电桥工作时所需高稳定度的直流电源较易获得，电桥输出 e_y 是直流，可以用直流仪表测量。对从传感器至测量仪表的连接导线要求较低，电桥的平衡电路简单。其缺点是直流放大器比较复杂，易受零漂和接地电位的影响。

5.1.2 交流电桥

交流电桥采用交流电源，电桥的四个桥臂可为电感、电容、电阻或其组合，因此除了电阻外还包括有阻抗。如果阻抗、电流及电压都用复数表示，则关于直流电桥的平衡关系式在交流电桥中也可适用，如图5-3所示。

电桥达到平衡时必须满足：

$$Z_1 Z_3 = Z_2 Z_4 \tag{5-9}$$

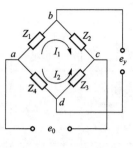

图5-3 交流电桥

把上式中各复数用指数式表示，则为

$$Z_{01} e^{j\phi_1} Z_{03} e^{j\phi_3} = Z_{02} e^{j\phi_2} Z_{04} e^{j\phi_4}$$

$$Z_{01} Z_{03} e^{j(\phi_1+\phi_3)} = Z_{02} Z_{04} e^{j(\phi_2+\phi_4)} \tag{5-10}$$

式中 Z_{01}、Z_{02}、Z_{03}、Z_{04}——各阻抗的模；

ϕ_1、ϕ_2、ϕ_3、ϕ_4——各桥臂电压与电流之间的相位差，称为阻抗角。

纯电阻时，电压与电流同相位，$\phi=0$；电感性阻抗，电压超前于电流，$\phi>0$（纯电感$\phi=90°$）；电容性阻抗，电压滞后于电流，$\phi<0$（纯电容$\phi=-90°$）。因此交流电桥的平衡条件为

$$\left.\begin{array}{l} Z_{01} Z_{03} = Z_{02} Z_{04} \\ \phi_1 + \phi_3 = \phi_2 + \phi_4 \end{array}\right\} \tag{5-11}$$

上式表明，交流电桥平衡必须满足上述两个条件。前者称为交流电桥模的平衡条件，后者称为相位平衡条件。

对于纯电阻交流电桥，由于分布电感的影响较小，可以不予考虑，而导线分布电容的影响较大，相当于每个桥臂上都并联了一个电容，因此需调节电阻平衡和电容平衡。

1. 电容电桥

图5-4是常用的电容电桥，在一对相邻臂2和3上分别接入纯电阻R_2和R_3，而另一对相邻臂1和4上分别接入电容C_1、C_4，以满足相对臂阻抗角之和相等的要求。若C_1为被测量，R_1视为电容介质损耗等效电阻，C_4、R_4为可调元件。桥臂1和4的等效阻抗为$R_1 + \dfrac{1}{j\omega C_1}$和$R_4 + \dfrac{1}{j\omega C_4}$。根据式（5-11）的平衡条件有

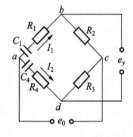

图5-4 电容电桥

$$\left(R_1 + \frac{1}{j\omega C_1}\right) R_3 = \left(R_4 + \frac{1}{j\omega C_4}\right) R_2$$

$$R_1 R_3 + \frac{R_3}{j\omega C_1} = R_2 R_4 + \frac{R_2}{j\omega C_4}$$

令上式的实部和虚部分别相等，得到下面的两个平衡条件，即

$$\left\{\begin{array}{l} R_1 R_3 = R_2 R_4 \\ \dfrac{R_3}{C_1} = \dfrac{R_2}{C_4} \end{array}\right. \tag{5-12}$$

可见，欲使电桥达到平衡，必须调节电阻与电容两个参数，分别达到电阻平衡和电容平衡。

2. 电感电桥

图5-5是常用的电感电桥，在一对相邻臂2和3上分别接入纯电阻R_2和R_3，而另一对相邻臂1和4上分别接入电感L_1和L_4，以满足对臂阻抗角之和相等的要求。若L_1为被测

量，R_1 视为电容介质损耗等效电阻，L_4、R_4 为可调元件，桥臂 1 和 4 的等效阻抗为 $R_1 + j\omega L_1$ 和 $R_4 + j\omega L_4$。根据式（5-11）的平衡条件有

$$(R_1 + j\omega L_1)R_3 = (R_4 + j\omega L_4)R_2$$

令上式的实部和虚部分别相等，得到下面的两个平衡条件，即

$$\begin{cases} R_1 R_3 = R_2 R_4 \\ L_1 R_3 = R_2 L_4 \end{cases} \quad (5-13)$$

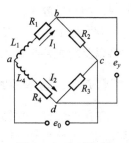

图 5-5　电感电桥

交流电桥的供桥电源除应有足够的功率外，还必须具有良好的电压波形和频率稳定度。若电源电压波形畸变，则高次谐波不但会造成测量误差，而且将扰乱电桥平衡。一般由振荡器输出高频交流（5~10 kHz）作为电桥电源。电桥输出为调制波，外界工频干扰不易从线路中引入，并且后接的交流放大电路简单而无零漂。

5.1.3　平衡电桥

这是采用平衡电桥进行测量的方法。电桥在失去平衡时有电压输出，但输出电压会受到外界因素的干扰，如工作电源波动，环境温度变化等。测量静态量时，通常采用平衡电桥测量方法来消除外界因素的影响。

图 5-6 是平衡电桥工作原理。当被测量等于零时，电桥处于平衡状态，此时，调节可调电位器 H 和检流计 P 指零。当某一桥臂电阻随被测量变化时，电桥失去平衡，调节可调电位器 H，改变电阻 R_5 触点位置，使电桥重新平衡，检流计 P 指针回零。这样，可以用标定好的电位器读数 H 来

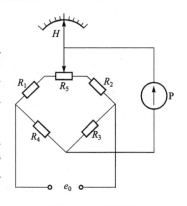

图 5-6　平衡电桥

反映被测量的大小。测量误差只与电位器的精度有关。这种电桥的特点是在读数时检流计 P 始终指零，因此又称零位法。

5.2　放　大　器

在测试中，由于传感器或测量电路的输出信号电压、电流或电荷信号很微弱，不足以直接用于后续的转换处理，或驱动显示、记录装置，所以需要进行放大处理。

对微弱的信号放大是检测系统中必须解决的问题。对测试系统中的放大器的要求包括：

（1）不耗散或基本不耗散信号的能量而改变原信号。

（2）线性，即放大倍数不随信号大小而变化，且放大倍数高。

（3）动态范围宽。

（4）低相移或无相移。

（5）幅频特性恒定。

（6）噪声小。

（7）输出量不受负载大小影响。

运算放大器是由集成电路组成的一种高增益的模拟电子器件。由于价格低廉、组合灵活，故得到广泛应用。随着电子技术的发展，各种新型、高精度的通用与专用放大器也大量

涌现，如测量放大器、可编程放大器、隔离放大器等。

放大器工作时，必定对输入信号产生影响，也必定受后接负载的影响。下面讨论基本放大器以及放大器与输入、输出阻抗匹配所带来的影响。

5.2.1 基本放大器

常用的信号放大器有很多种，可根据不同的要求选用。这里着重讨论三种基本放大器，即反相输入放大器、同相输入放大器和交流放大器。

1. 反相输入放大器

图 5-7（a）所示为基本的反相输入放大器电路。其特点是输入信号都加在运算放大器的反相输入端。根据理想运算放大器的特性，其同相输入端与反相输入端电压近似相等，流入运算放大器输入端的电流近似为零。反相放大器放大倍数为

$$A = \frac{u_o}{u_i} = -\frac{R_F}{R_1} \tag{5-14}$$

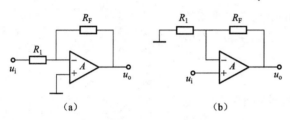

图 5-7 运算放大器应用
(a) 反相放大器；(b) 同相放大器

而当 $R_1 = R_F$，则为反相跟随器，即 $u_o = -u_i$。

因为此时反相输入端电压趋于零，所以对信号源而言，反相放大器的输入电阻近似为 R_1，而作为深度的电压负反馈，其输出电阻趋于零。在与传感器配合使用时，需注意阻抗匹配的问题。反馈电阻 R_F 值不能太大，否则会产生较大的噪声及漂移，一般为几十千欧至几百千欧。R_1 的取值应远大于信号源 u_i 的内阻。

2. 同相输入放大器

为解决反相输入放大器存在输入阻抗 R_1 较低的问题，而采用图 5-7（b）的同相输入放大器电路，可以得到较高的输入阻抗。其特点是输入信号加在同相输入端，而反馈信号加在反相输入端。同样由于理想运算放大器特性，可以分析出放大器的放大倍数为

$$A = \frac{u_o}{u_i} = \left(\frac{R_F}{R_1} + 1\right) \tag{5-15}$$

同相输入放大器具有输入阻抗非常高，输出阻抗很低的特点，广泛用于前置放大级。

3. 交流放大器

若只需要放大交流信号，可采用图 5-8 所示的集成运放交流电压同相放大器。其中电容 C_1、C_2 及 C_3 为隔直电容。其放大倍数为

$$A_v = 1 + \frac{R_F}{R_1} \tag{5-16}$$

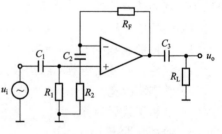

图 5-8 交流放大电路

R_1 一般取几十千欧；耦合电容 C_1、C_3 可根据交流放大器的下限频率 f_L 来确定，即

$$C_1 = C_3 = (3 \sim 10)/(2\pi R_L f_L)$$

5.2.2 输入信号与放大器输入阻抗的匹配

图 5-9 表示测量放大器输入端与一个具有 u_s 电压的信号源相连接的电路。显然当放大器的输入阻抗 Z_i 是无穷大,信号源的输出阻抗 Z_s 相对甚小,则输入电压 u_i 等于信号电压 u_s,但是在一般情况下,Z_i 不可能为无穷大,只是比 Z_s 大得多。两者的关系为

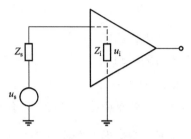

图 5-9 放大器接于信号源

$$u_i = u_s \frac{Z_i}{Z_i + Z_s} \tag{5-17}$$

通常阻抗 Z_s 和 Z_i 分别为复数 $a+jb$ 和 $c+jd$,即

$$\frac{Z_s}{Z_i} = \frac{a+jb}{c+jd} \tag{5-18}$$

代入式 (5-17),则得输入电压与信号源电压之比为

$$\left|\frac{u_i}{u_s}\right|^2 = \frac{c^2 + d^2}{(a+c)^2 + (b+d)^2} \tag{5-19}$$

这样,进行电压测量时,由于输入阻抗 Z_i 的介入而引起的电压测量误差 Δ_i 为

$$\Delta_i = \left(1 - \left|\frac{u_i}{u_s}\right|\right) \times 100\% \tag{5-20}$$

下面分析在几种不同阻抗组合情况下,误差 Δ_i 的大小。

1. 阻抗 Z_s 和 Z_i 均为纯电阻

这时,$Z_s = R_s$,$Z_i = R_i$,根据式 (5-19),则 $b = d = 0$,$a = R_s$,$c = R_i$,则

$$\left|\frac{u_i}{u_s}\right| = \frac{R_i}{R_s + R_i}$$

得

$$\Delta_i = \left(1 - \frac{R_i}{R_i + R_s}\right) \times 100\% \tag{5-21}$$

若欲使 $\Delta_i \leq 1\%$,则应使 $\frac{R_s}{R_i} \leq 0.01$。

2. Z_s 为纯电阻,Z_i 为复阻抗

这时 $Z_s = R_s$,设放大器由输入电阻 R_i 和并联电容 C_i(包含放大器输入电容以及电缆电容)组成的输入阻抗为

$$Z_i = \frac{R_i}{1 + j\omega R_i C_i}$$

式中 ω——信号的圆频率。

$$\frac{Z_s}{Z_i} = \frac{R_s (1 + j\omega R_i C_i)}{R_i} = \alpha (1 + j\omega R_i C_i) \tag{5-22}$$

式中 $\alpha = \frac{R_s}{R_i}$。

与式 (5-18) 比较,$a = \alpha$,$b = \alpha\omega R_i C_i$,$c = 1$,$d = 0$,因而有

$$\left|\frac{u_i}{u_s}\right| = \frac{1}{\sqrt{(\alpha+1)^2 + (\alpha\omega R_i C_i)^2}} \tag{5-23}$$

$$\Delta_i = \left\{ 1 - \frac{1}{\sqrt{(1+\alpha)^2 + (\alpha\omega R_i C_i)^2}} \right\} \times 100\% \qquad (5-24)$$

如果将这样的阻抗组合看成某假想的中间环节，它的输入电压为 u_s，输出电压为 u_i，则式（5-23）相当于这个假想环节的幅频特性，可见这个假想环节与 RC 低通滤波器的幅频特性 $A(f) = [1+(2\pi f\tau)^2]^{-\frac{1}{2}}$ 相类似。这也就是说，这种阻抗组合形式呈现低通滤波器的特性。若希望低通滤波器具有较宽的带宽，较高的截止频率，则 $R_i C_i$ 值应当尽可能小，而从减小测量误差来看，又必须使 $\alpha = \frac{R_s}{R_i} \ll 1$ 和 $R_s C_i$ 值尽量小。因此，为了既提高截止频率，又减小误差，就应当使 $R_s C_i$ 尽量小。

3. Z_s 为容抗，Z_i 为复阻抗

这种情况下，设 $Z_s = \frac{1}{j\omega C_s}$，$Z_i = \frac{R_i}{1+j\omega R_i C_i}$，即信号源等效于一个电压源和一个电容 C_s，放大器的阻抗包括输入电阻 R_i 和并联输入电容 C_i，这时有

$$\frac{Z_s}{Z_i} = \frac{1+j\omega R_i C_i}{R_i (j\omega C_s)} \qquad (5-25)$$

与式（5-18）比较，$a=1$，$b=\omega R_i C_i$，$c=0$ 和 $d=R_i\omega C_s$，并令 $\beta = \frac{C_s}{C_i}$，可得

$$\left|\frac{u_i}{u_s}\right| = \frac{\beta\omega R_i C_i}{\sqrt{1+\omega^2 R_i^2 C_i^2 (1+\beta)^2}} \qquad (5-26)$$

$$\Delta_i = \left\{ 1 - \frac{\beta\omega R_i C_i}{\sqrt{1+\omega^2 R_i^2 C_i^2 (1+\beta)^2}} \right\} \times 100\% \qquad (5-27)$$

为使误差减小，必须使 $\beta = \frac{C_s}{C_i}$ 尽量大，也即 C_i 应尽量小。式（5-26）与高通滤波器的幅频特性 $A(f) = \frac{2\pi f\tau}{\sqrt{1+(2\pi f\tau)^2}}$ 相似，这种阻抗组合形式呈现出高通滤波器的特性。要使它具有较好的低频特性，其截止频率应尽量小，为此必须使放大器输入电阻 R_i 尽可能大。总之，应当从增加放大器输入电阻 R_i 和适当减小并联输入电容 C_i 来兼顾两方面的性能。

5.2.3 放大器及其负载的阻抗匹配

放大器的输出用来推动负载。负载获得功率 P 的大小，表明放大器带动负载的能力。若负载的阻抗以复数形式表示为 $Z_L = R_L + jX_L$，放大器的输出阻抗为 $Z_o = R_o + jX_o$，则负载获得的功率为

$$P = \frac{u_o^2 R_L}{|Z_L + Z_o|^2} = \frac{u_o^2 R_L}{(R_L + R_o)^2 + (X_L + X_o)^2} \qquad (5-28)$$

式中 u_o——输出电压的均方根值。

从式（5-28）可以看出，若负载电阻为常数，R_o 一定时，当 $X_L = -X_o$ 时，P 取最大值；当 $X_L = -X_o$，R_L 变化时，经用 $\frac{R_L}{(R_L+R_o)^2}$ 对 R_L 求导数，并令其等于零，可得 $R_L = R_o$。

时，P 取最大值。也就是说，当负载的阻抗与放大器输出阻抗互为共轭复数时，负载获得最大功率，通常将满足这一条件的情况，称为阻抗匹配。在实际中，电阻部分容易做到匹配，而且电抗不匹配的程度随频率的增加而增大，严重时可能影响整个装置的工作状态。

5.3 信号的调制与解调

传感器的输出往往是一些缓变的微小电信号，如果直接采用级间直接耦合式直流放大器对微小电信号进行放大，将会受到零点漂移的影响。当漂移信号大小接近或超过被测信号时，经过逐级放大后，被测信号会被零点漂移淹没。如果直接用阻容耦合式交流放大器放大，虽然可以抑制零点漂移，但交流放大器的低频特性不好，会导致被测信号失真。可见，对于微小电信号采用级间直接耦合式直流放大器或阻容耦合式交流放大器进行放大都会遇到困难，所以，一般先把缓变信号变为适当频率的交流信号，然后用交流放大器放大，最后再恢复原来的缓变信号。信号的这种变换过程就是调制与解调。

一般说来，利用信号来控制或改变高频振荡波的某个参数（幅值、频率或相位），使它随着被测信号作有规律变化的过程称为调制过程，简称调制。当被控制的量是高频振荡的幅值时，称为调幅（AM）；当被控制的量是高频振荡的频率或相位时，则分别称为调频（FM）或调相（PM）。测试技术中常用的是调幅和调频。

一般将控制高频振荡的缓变信号称为调制信号，载送缓变信号的高频振荡波称为载波；经过调制后的高频振荡波称为已调波，根据调幅、调频的不同，分别称为调幅波、调频波，如图 5-10 所示。

解调则是对已调波进行鉴别以恢复缓变的测量信号。

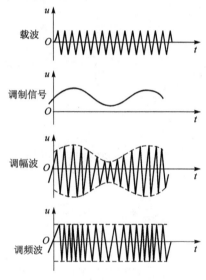

图 5-10 载波调制信号及已调波

5.3.1 调幅及其解调

1. 调幅原理

调幅是将一个高频正（余）弦信号与被测信号 $x(t)$ 相乘，使高频信号的幅值随测试信号的变化而变化。现以频率为 f_0 的余弦高频信号 $y(t) = \cos 2\pi f_0 t$ 作为载波来讨论调幅与解调原理。

由傅里叶变换性质可知，两个时域信号相乘，则对应在频域中这两信号的傅里叶变换进行卷积，即

$$x(t)y(t) \Leftrightarrow X(f) * Y(f)$$

余弦函数的频域图形是一对脉冲谱线，即

$$\cos 2\pi f_0 t \Leftrightarrow \frac{1}{2}\delta(f-f_0) + \frac{1}{2}\delta(f+f_0)$$

一个函数与单位脉冲函数卷积的结果，就是将其图形由坐标原点平移至该脉冲函数处。所以，若以高频余弦信号做载波，把信号 $x(t)$ 和载波信号 $y(t)$ 相乘即为调幅波 $x_m(t)=x(t)y(t)$，其结果就相对于把原信号频谱由原点平移至载波频率 f_0 处，其幅值减半。这一过程就是调幅，如图 5-11 所示，即

$$F[x(t)\cos 2\pi f_0 t] = \frac{1}{2}X(f) * \delta(f-f_0) + \frac{1}{2}X(f) * \delta(f+f_0) = \frac{1}{2}X(f-f_0) + \frac{1}{2}X(f+f_0)$$

(5-29)

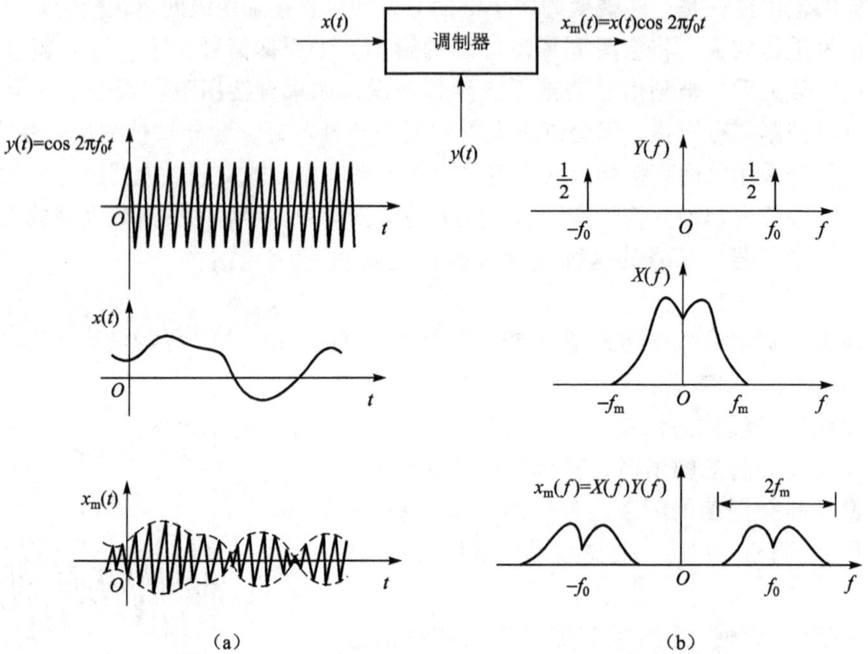

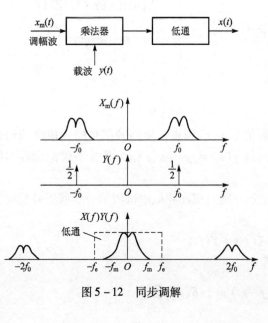

图 5-11 调幅过程
(a) 时域；(b) 频域

若把调幅波 $x_m(t)$ 再次与原载波信号 $y(t)$ 相乘，则频域图形将再一次进行平移，即 $x_m(t)$ 与 $y(t)$ 相乘积的傅里叶变换为

$$\begin{aligned} F[x_m(t)y(t)] &= F[x(t)\cos 2\pi f_0 t \cdot \cos 2\pi f_0 t] \\ &= F\left[x(t) \cdot \frac{1}{2}(1+\cos 4\pi f_0 t)\right] \\ &= \frac{1}{2}X(f) + \frac{1}{4}X(f+2f_0) + \\ &\quad \frac{1}{4}X(f-2f_0) \end{aligned}$$

(5-30)

若用一个低通滤波器滤去中心频率为 $2f_0$ 的高频成分，其输出将可以恢复原信号的频谱（只是其振幅减小一半，这可用放大处理来补偿）。这一过程称为同步解调，如图 5-12 所示。

图 5-12 同步调解

"同步"指解调时所乘的信号与调幅时的载波信号具有相同的频率和相位。在时域分析中也可以看到

$$x(t)\cos 2\pi f_0 t \cos 2\pi f_0 t = \frac{1}{2}x(t) + \frac{1}{2}x(t)\cos 4\pi f_0 t$$

低通滤波器将频率为 $2f_0$ 的高频成分滤去,则得到 $\frac{1}{2}x(t)$。

2. 相敏检波

图 5 - 13 (a)、(b) 和 (c) 表示了载波、调制信号及调幅后经放大的调幅波形。从图中可以看出载波随调制信号变化的结果,调幅波的包络线接近于调制信号。为使调幅波的包络线不失真地描述被测信号,必须使载波频率远远大于调制信号(被测信号)的频率,实际载波频率常至少数倍甚至数十倍于调制信号的频率。

上面已经提及为了解调可以使调幅波再次与载波相乘,相乘后经过低通滤波器,但这样需要性能良好的线性乘法器。通常,在测量电路中采用相敏检波器作为解调器,只是把调幅波简单地整流,再滤波,如图 5 - 13 (d)、(e) 所示,就可恢复原调制信号了。相敏检波器又称相敏整流器,是一种能够辨别调制信号极性的解调器。调幅波经过相敏检波后,既能反映出信号电压的幅值,又能反映调制信号电压的极性。

常用的检波电路有全波相敏检波电路和半波相敏检波。图 5 - 14 所示的为一全波相敏检波电路。

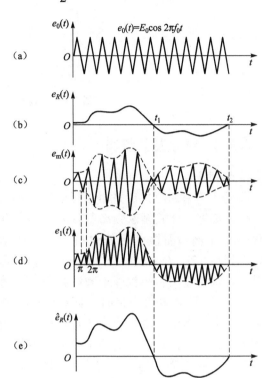

图 5 - 13 由电桥调幅及相敏检波解调的波形变换
(a) 载波;(b) 调制信号;(c) 放大后的调幅波;
(d) 相敏检波后的波形;(e) 滤波后的波形

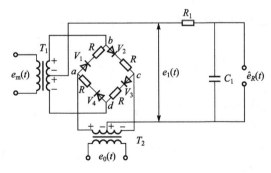

图 5 - 14 全波相敏检波器

动态电阻应变仪(图 5 - 15)是具有电桥调幅与相敏检波的典型电路。贴在试件上的电阻应变片在外力 $F(t)$ 作用下,产生相应的电阻变化 $x(t) = K\varepsilon(t)$,并接于电桥。振荡器供给电桥等幅高频(一般频率为10 kHz 或 15 kHz)振荡电压 $y(t) = E_0 \cos 2\pi f_0 t$。根据电桥的工作原理,它相当于一个乘法器,其输出 $x_m(t)$ 为信号 $x(t)$ 与载波信号 $y(t)$ 的乘积,即 $x_m(t) = x(t)y(t) = KE_0\varepsilon(t)\cos 2\pi f_0 t$,$x_m(t)$ 为调制信号,经过放大和相敏检波器后得到 $\hat{x}_m(t)$,再经过低通滤波器后即得到所需被测信号 $\hat{x}(t)$。

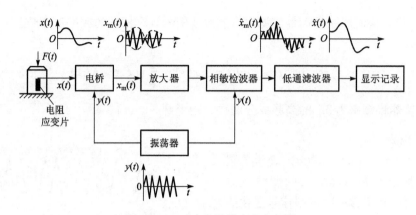

图 5-15 动态电阻应变仪方框图

5.3.2 调频及其解调

1. 调频原理

调频(频率调制)就是用信号电压的幅值控制一个振荡器,使其振荡频率与信号电压幅值的变化成正比例,而振荡幅值保持不变,表示为 $y(t) = A\cos\{2\pi[f_0 + x(t)]t + \varphi\}$。当信号电压为零时,调频波的频率就等于载波频率(又称是中心频率)。信号电压为正时,调频波的频率高于中心频率,当信号电压达到正峰值时,已调波的频率达到最大值;信号电压为负时,调频波的频率低于中心频率,当信号电压达到负峰值处,调频波的频率降至最小值。调频波是随信号幅值而变化的疏密不等的等幅波,如图 5-16 所示。为保证测试精度,载波中心频率应远高于信号中的最高频率成分。

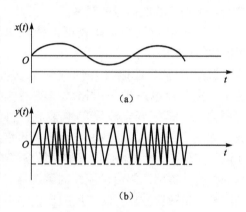

图 5-16 调制信号与调频波
(a) 调制信号; (b) 调频波

信号经过调频后大大提高了抗干扰能力。由于信号是储存在频率变化之中的,所以信号不易跌落,也不易错乱或失真,便于远距离传输和采用数字技术。

在测量中,常常采用谐振式调频器将被测量转换为频率的变化。谐振电路是由电容、电感(或电阻)元件构成的电路。测试中常用并联谐振电路,由电感 L 和电容器 C 并联后再接高频振荡电源的电路,如图 5-17 所示。电路的谐振频率为

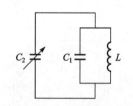

图 5-17 并联谐振电路

$$f = \frac{1}{2\pi\sqrt{LC}} \qquad (5-31)$$

式中 L——电感量,H;

$C = C_1 + C_2$——可调电容的电容量,F。

当谐振频率随电容、电感值发生变化时并联谐振电路输出的信号频率将发生变化,得到

调频波。若谐振电路中的可调电容器电容值随被测信号 $x(t)$ 线性变化时,得到的调频波的频率近似与 $x(t)$ 线性变化。

无信号输入时,$x(t)=0$,$C=C_0$($C_0=C_{20}+C_1$,C_{20} 为输入信号为零时,可变电容器的初始值),谐振电路的谐振频率为

$$f_0 = \frac{1}{2\pi\sqrt{LC_0}} \tag{5-32}$$

有信号输入时,$x(t) \neq 0$,谐振电路的谐振频率的绝对变化量可由上式微分求得,即

$$\frac{\partial f}{\partial C} = \left(-\frac{1}{2}\right)\frac{1}{2\pi}(LC)^{-\frac{3}{2}} = \left(-\frac{1}{2}\right)\frac{f}{C}$$

在载波频率 f_0 附近有 $C=C_0$,在被测参数小范围变化时,有

$$\Delta f = -\frac{f_0}{2}\frac{\Delta C}{C_0} \tag{5-33}$$

电路谐振频率的表达式为

$$f = f_0 + \Delta f = f_0\left(1 - \frac{\Delta C}{2C_0}\right) \tag{5-34}$$

上式表明,回路的振荡频率将和调谐参数的变化呈线性关系,即在小范围内,它和被测量的变化有线性关系。无信号输入时谐振电路的输出电压为

$$e_y = E\cos(2\pi f_0 t + \varphi)$$

有信号输入时谐振电路的输出电压为

$$e_y = E\cos\left[2\pi f_0\left(1 - \frac{\Delta C}{2C_0}\right)t + \varphi\right] \tag{5-35}$$

可见,谐振电路的输出为等幅波,但电压的频率受输入调制而达到调频的目的。

2. 解调(鉴频)

调频波的解调电路又叫鉴频器。它的作用是将调频波频率的变化变换成电压幅值的变化。鉴频器有多种,在一些测试仪器中,常常采用变压器耦合的谐振回路方法,如图 5-18 所示。

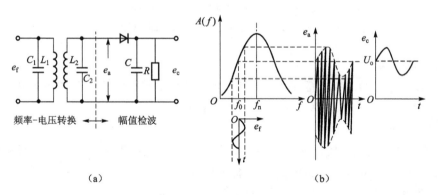

图 5-18 谐振鉴频器原理
(a) 变压器耦合谐振回路;(b) 非线性特性

通常将这种变换分两步完成,如图 5-18(a)所示。第一部分是频率-电压线性变换部分,将等幅的调频波变成幅值随频率变化的调频-调幅波;第二部分是幅值检波部

分,用于检出幅值的变化,从而得到原调制信号。图中 L_1、L_2 是变压器耦合的初级、次级线圈,与 C_1、C_2 组成并联谐振回路。在初级线圈输入等幅调频电压 e_f,在回路的谐振频率 f_n 处,线圈 L_1、L_2 中的耦合电流最大,次级线圈输出电压 e_a 也最大。当输入电压 e_f 的频率偏离回路谐振频率 f_n 时,输出电压 e_a 也随之下降。e_a 的频率和 e_f 的频率保持一致,但 e_a 的幅值却随频率而变化,如图 5-18(b)所示。通常利用 e_a-f 特性曲线的直线段部分(亚谐振区)实现频率-电压变换的线性变换,从而达到将调频波变换为调幅波的目的。

将调频波变换为调幅波 e_a 后,输入同步解调器,完成幅值检波功能,如图 5-18(a)所示,对 e_a 进行检波即可将测量信号恢复出来。

5.4 滤 波 器

滤波器是一种选频装置。它可以使信号中特定的频率成分通过,而极大地衰减其他频率成分。利用滤波器的选频作用,可以滤除干扰噪声或进行频谱分析。本节重点介绍测试系统中常用滤波器的原理,这些电路可构成各种模拟滤波器。

5.4.1 滤波器的分类

滤波器按选频作用可分为四类,即低通、高通、带通和带阻滤波器,图 5-19 表示了这四种滤波器的幅频特性。

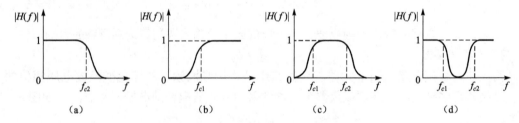

图 5-19 四种滤波器的幅频特性
(a)低通;(b)高通;(c)带通;(d)带阻

1)低通滤波器

在 $0 \sim f_{c2}$ 频率之间,幅频特性是平直的,可以使信号中频率低于 f_{c2} 的成分几乎不受衰减地通过,而频率高于 f_{c2} 的频率成分将被极大地衰减。

2)高通滤波器

与低通滤波器相反,从频率 $f_{c1} \sim +\infty$,其幅频特性是平直的。它允许信号中频率高于 f_{c1} 的频率成分通过,而低于 f_{c1} 的频率成分都被抑制。

3)带通滤波器

它的通频带在 $f_{c1} \sim f_{c2}$ 之间,仅仅使信号中频率高于 f_{c1} 而低于 f_{c2} 的成分通过,而使信号中频率低于 f_{c1} 和高于 f_{c2} 的频率成分被极大地抑制。

4)带阻滤波器

与带通滤波器相反,阻带在 $f_{c1} \sim f_{c2}$ 之间,它使信号中频率高于 f_{c1} 和低于 f_{c2} 的频率成分被极大地抑制,其余频率成分几乎不受衰减地通过。

除了上述的按幅频特性分类外,滤波器还可按有源和无源分为有源滤波器和无源滤波器。由电阻、电容和电感等元件构成的滤波器不用电源就可进行滤波,这类滤波器就称为无源滤波器。但在实际应用中,由于损耗能量和带负载能力差等原因,在不少场合受到限制,目前采用由运算放大器和阻容滤波网络构成的有源滤波器就可克服上述无源滤波器的不足。按电路的元件类型,滤波器还可分为 RC 滤波器和 LC 滤波器等。

5.4.2 理想滤波器

理想滤波器是一个理想化的模型,是根据滤波网络的某些特性理想化而定义的,在物理上是不能实现的系统,但对了解滤波器的传递特性是有作用的。

在第3章曾介绍过,对于一线性测试系统,不失真传输条件就是其输出 $y(t)$ 和 $x(t)$ 输入应满足:

$$y(t) = A_0 x(t - \tau_0) \tag{5-36}$$

式中 A_0,τ_0 为常数。

上式表明,该系统的输出波形精确地与输入波形相似,只不过对应瞬时值放大了 A_0 倍和滞后了时间 τ_0。

该系统的频率响应函数、幅频特性和相频特性分别为

$$H(f) = A_0 e^{-j2\pi f\tau_0} \tag{5-37}$$

$$|H(f)| = \begin{cases} A_0 & f_{c1} \leqslant f \leqslant f_{c2} \\ 0 & 其他 \end{cases} \tag{5-38}$$

$$\varphi(f) = -2\pi f \tau_0 \tag{5-39}$$

式(5-38)、式(5-39)表明,该系统的幅频特性在通带内为常数,通带外为零,相频特性的斜率为常数,是一条通过原点,斜率为 $-2\pi\tau_0$ 的斜线。

若滤波器的频率响应 $H(f)$ 满足下列关系:

$$H(f) = \begin{cases} A_0 e^{-j2\pi f\tau_0} & f_{c1} \leqslant f \leqslant f_{c2} \\ 0 & f < f_{c1}, f > f_{c2} \end{cases} \tag{5-40}$$

则称为理想的带通滤波器。f_{c1}、f_{c2} 分别为截止频率,两截止频率之间的频率范围称为滤波器的通频带或带宽。若式(5-40)中的 $f_{c1}=0$,则相应的滤波器称为理想的低通滤波器;若式(5-40)中的 $f_{c2}\to +\infty$,则相应的滤波器称为理想的高通滤波器。理想滤波器的幅频特性如图 5-20 所示。

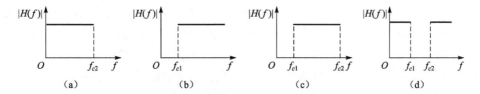

图 5-20 理想滤波器的频率响应特性

(a)理想低通滤波器;(b)理想高通滤波器;(c)理想带通滤波器;(d)理想带阻滤波器

5.4.3 实际滤波器

实际滤波器与理想滤波器不同，其幅频特性如图 5-21 所示。对于理想的滤波器只需规定截止频率就可以完全说明它的性能，因为在截止频率之间的幅频特性为常数，截止频率以外的幅频特性为零。实际滤波器的通带与阻带之间没有严格的界线，幅频特性也不是常数。在通带与阻带之间有一个过渡带（如图 5-22 所示），在过渡带内的频率成分会受到不同程度的衰减，因此需要更多的参数来描述实际滤波器的性能。

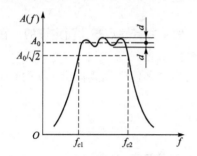

图 5-21 实际带通滤波器的幅频特性

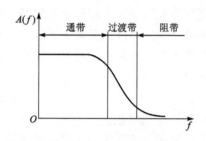

图 5-22 通带、过渡带和阻带的示意图

用于描述实际滤波器的参数主要有纹波幅度、截止频率、带宽、品质因数、倍频程选择特性和滤波器因数等。

1) 纹波幅度 d

实际滤波器在通频带内的幅频特性不像理想滤波器那样平直，而是波动变化的，上下波动量为纹波幅度 d。纹波幅度 d 与平均值 A_0 相比，应越小越好，一般 $d \ll A_0/\sqrt{2}$。

2) 截止频率

定义幅频特性值等于 $A_0/\sqrt{2}$ 所对应的频率称为滤波器的截止频率。A_0 为幅频特性曲线的峰值，以 A_0 为参考，截止频率即为幅值衰减 -3 dB 的频率点，正好也是半功率点。

3) 带宽 B 与品质因数 Q

滤波器上下截止频率之间的频率范围称为带宽 B，或 -3 dB 带宽，单位为 Hz。带宽决定着滤波器分离相邻频率成分的能力——频率分辨力。

通常把中心频率 f_0 ($f_0 = \sqrt{f_{c1} \cdot f_{c2}}$) 和带宽 B 之比称为滤波器的品质因数 Q。Q 值越大，表明滤波器分辨力越高。

4) 倍频程选择特性

实际滤波器在两截止频率外侧，有一个过渡带，这个过渡带幅频特性曲线的倾斜程度表明了幅频特性衰减的快慢，也决定着滤波器对带宽外频率成分衰减的能力，即选择性。所谓倍频程选择性，是指在上截止频率 f_{c2} 与 $2f_{c2}$ 之间，或者在下截止频率 f_{c1} 与 $f_{c1}/2$ 之间幅频特性的衰减量，即频率变化一个倍频程的衰减量，显然，此衰减量越大越好。

频率变化一个倍频程时的衰减量为

$$W = 20 \lg \frac{A\left(\frac{f_{c1}}{2}\right)}{A(f_{c1})} \qquad (5-41)$$

或
$$W = 20 \lg \frac{A(2f_{c2})}{A(f_{c2})} \qquad (5-42)$$

倍频程衰减量以 dB/oct 表示（octave，倍频程）。对于远离截止频率的衰减率也可用 10 倍频程衰减数表示，即 dB/10 oct。显然，衰减越快，滤波器的选择性越好。

5) 滤波器因数 λ

滤波器选择性的另一种表示方法是用滤波器因素 λ，λ 是滤波器幅频特性的 -60 dB 带宽与 -3 dB 带宽的比值，即

$$\lambda = \frac{B_{-60\,\mathrm{dB}}}{B_{-3\,\mathrm{dB}}} \qquad (5-43)$$

理想滤波器 $\lambda = 1$，通常使用的滤波器 $\lambda = 1 \sim 5$。

5.4.4　RC 滤波器

1. RC 低通滤波器

汽车测试系统中常用 RC 滤波器，这是因为信号的频率一般不高，RC 滤波器有较好的低频特性，而且它比 LC 滤波器制造简单，选用标准元件容易实现。

以 RC 低通滤波器为例，其电路如图 5-23 所示。设滤波器电路的输入信号电压为 e_x，输出信号电压为 e_y，电路的微分方程为

$$RC\frac{\mathrm{d}e_y}{\mathrm{d}t} + e_y = e_x \qquad (5-44)$$

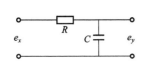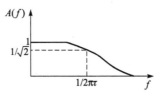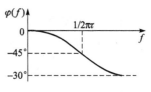

图 5-23　RC 低通滤波器电路及其幅、相频率特性

令 $\tau = RC$，称为时间常数。由上式可得电路的频率响应函数为

$$H(\mathrm{j}\omega) = \frac{1}{1 + \mathrm{j}\omega\tau} \quad 或 \quad H(f) = \frac{1}{1 + \mathrm{j}2\pi f\tau} \qquad (5-45)$$

幅频特性和相频特性分别为

$$A(f) = \frac{1}{\sqrt{1 + (2\pi f\tau)^2}}, \quad \varphi(f) = -\arctan(2\pi f\tau) \qquad (5-46)$$

当 $f \ll \frac{1}{2\pi RC}$ 时，$A(f) \approx 1$，$\varphi(f) \approx 0$，此时，可以认为 RC 低通滤波器是一个不失真传输系统。

当 $f = \frac{1}{2\pi RC}$ 时，$A(f) \approx \frac{1}{\sqrt{2}}$，$\varphi(f) = -45°$，此即滤波器的 -3 dB 点，此时对应的频率即为上截止频率 $f_{c2} = \frac{1}{2\pi RC}$。此式表明，适当改变 $\tau = RC$ 参数时，就可以改变滤波器的截止频率。

当 $f \gg \dfrac{1}{2\pi RC}$ 时，$A(f) \approx \dfrac{1}{2\pi f\tau}$，输出 e_y 与输入 e_x 的积分成正比，即

$$e_y = \dfrac{1}{RC}\int e_x dt \qquad (5-47)$$

此时 RC 低通滤波器起着积分器的作用。

2. RC 高通滤波器

图 5-24 所示为 RC 高通滤波器及其幅频、相频特性。其微分方程式为

$$e_y + \dfrac{1}{RC}\int e_y dt = e_x$$

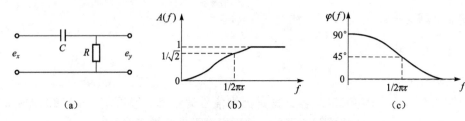

图 5-24　RC 高通滤波器及其幅、相频率特性
(a) RC 高通滤波器；(b) 幅频特性；(c) 相频率特性

频率响应函数为

$$H(j\omega) = \dfrac{j\omega\tau}{1+j\omega\tau} \text{ 或 } H(f) = \dfrac{j2\pi f\tau}{1+j2\pi f\tau} \qquad (5-48)$$

式中　$\tau = RC$——时间常数。

幅频特性和相频特性分别为

$$A(\omega) = \dfrac{\omega\tau}{\sqrt{1+(\omega\tau)^2}},\ \varphi(\omega) = \arctan\left(\dfrac{1}{\omega\tau}\right) \qquad (5-49)$$

或

$$A(f) = \dfrac{2\pi f\tau}{\sqrt{1+(2\pi f\tau)^2}},\ \varphi(f) = \arctan\left(\dfrac{1}{2\pi f\tau}\right) \qquad (5-50)$$

当 $f = \dfrac{1}{2\pi RC}$ 时，$A(f) \approx \dfrac{1}{\sqrt{2}}$，$\varphi(f) = 45°$，即此滤波器的 -3 dB 截止频率为 $f_{c1} = \dfrac{1}{2\pi RC}$。

当 $f \gg \dfrac{1}{2\pi RC}$ 时，$A(f) \approx 1$，$\varphi(f) = 0$，此时信号几乎不受衰减地通过，即当 f 相当大时，幅频特性接近于 1，相移趋于零，此时可将高通滤波器视为不失真传输系统。

可以证明，在当 $f \ll \dfrac{1}{2\pi RC}$ 时，$A(f) \approx 2\pi f\tau$，RC 高通滤波器的输出与输入的微分成正比，起着微分器的作用，即

$$e_y = RC\dfrac{de_x}{dt} \qquad (5-51)$$

3. RC 带通滤波器

RC 带通滤波器可看成是由 RC 低通滤波器和高通滤波器串联组成（见图 5-25）。在 $R_2 \gg R_1$ 时，低通滤波器对前面的高通滤波器影响极小，因此带通滤波器的频率响应可以看

成是高通和低通滤波器频率响应的乘积。如高通滤波器的频率响应函为 $H_1(f)$，低通滤波器的频率响应函数为 $H_2(f)$，则串联之后，带通滤波器的频率响应函数为

$$H(f) = H_1(f)H_2(f) \quad (5-52)$$

幅频特性和相频特性分别为

$$A(f) = A_1(f)A_2(f) \quad (5-53)$$
$$\varphi(f) = \varphi_1(f) + \varphi_2(f) \quad (5-54)$$

串联后所得的带通滤波器以原高通滤波器的截止频率为下截止频率，即

$$f_{c1} = \frac{1}{2\pi R_1 C_1}$$

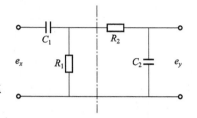

图 5-25　带通滤波器

相应的，其上截止频率为原低通滤波器的截止频率，即

$$f_{c2} = \frac{1}{2\pi R_2 C_2}$$

分别调节高、低通环节的时间常数（$\tau_1 = R_1 C_1$ 及 $\tau_2 = R_2 C_2$），就可得到不同的上、下截止频率和带宽的带通滤波器。但是，要注意高、低通两级滤波器串联时，应消除两级耦合时的相互影响。带通滤波器的各级电路之间常用射极输出器或者运算放大器进行隔离。

4. RC 有源滤波器

上述仅由阻容元件组成的 RC 无源滤波器，具有线路简单、体积小、成本低的优点，但它们都是低阶系统，由于过渡带衰减慢，因此选择性差。将几个一阶滤波器串联起来可以提高阶次，但极间耦合的负载效应会使信号逐级减弱，采用有源滤波器可以克服这些缺点。

RC 有源滤波器是用 RC 无源网络和运算放大器等有源器件结合在一起构成的。运算放大器既可起级间隔离作用，又可起信号幅值的放大作用。RC 网络则通常作为运算放大器的负反馈网络。

图 5-26 是基本的一阶有源 RC 低通滤波器。很明显，图 5-26（a）是将简单一阶低通滤波网络接到运算放大器的输入端，运算放大器起到隔离负载影响、提高增益和提高带负载能力的作用，其截止频率为 $f_c = 1/(2\pi RC)$，放大倍数为 $K = 1 + R_F/R_1$。

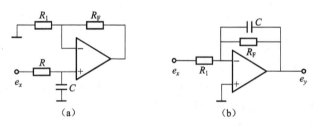

图 5-26　一阶有源 RC 低通滤波器
(a) 滤波网络接到放大器的输入端；(b) 滤波网络作负反馈

图 5-26（b）则把高通网络作为运算放大器的负反馈，结果获得低通滤波的作用，其截止频率为 $f_c = 1/(2\pi R_F C)$，直流放大倍数 $K = R_F/R_1$。

为了使通带外的高频成分衰减更快，应提高低通滤波器的阶次。图 5-27 是二阶低通滤波器，高频衰减率为 -40 dB/10 oct。不难看出，图 5-27（a）是图 5-26（a）和图 5-26（b）的简单组合。图 5-27（b）是图 5-27（a）的改进，形成多路负反馈以削弱 R_F 在调谐频率附近的负反馈作用，滤波器的特性将更接近"理想"的低通滤波器。关于有源低通滤波器的其他电路形式以及关于一、二阶有源高通滤波器的电路可以参阅有关书籍。

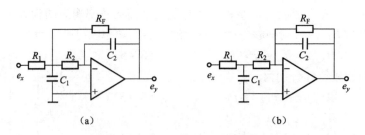

图 5-27 二阶有源 RC 低通滤波器
(a) 两个一阶低通滤波器的简单组合；(b) 多路负反馈的低通滤波器

5.5 信号的传输及干扰抑制

5.5.1 信号的传输

一个测量系统，由于某种原因使得各组成部分的位置相隔一定距离，它们之间必须通过某种通道来传输信息。有时，即使各部件相互靠得较近，由于系统的一个部分相对于另一部分而运动，也存在信号传输问题。这里将讨论信号的导线传输、集流环（或称集流器）和无线传输。

1. 导线传输

测量系统的各组成部分通常是用导线或电缆连接来传输电信号的。长的传输导线，由于内部或外部原因而影响测量精度，有时甚至使测试工作难以进行。

导线传输回路通常有电阻、分布电容和电感等阻抗。而长导线中电阻、电容和电感等参数并不是集中的，当需精确分析传输线路的特性时，常采用分布参数的方法。一般说来，每米长芯线的电阻值大约为 0.033 Ω，而电容值则大约为 30 pF。

此外，测量系统的电干扰是测量实践中经常遇到的问题。电干扰是由于外部环境对导线传输引入的干扰信号，或称干扰电压。它主要是干扰源以电压、电流、辐射电磁场的形式，通过电磁感应、静电（电容）耦合于传输导线，是与所传递的信息无关的电能。在测量系统中，传感器输出的模拟电信号常常频率较宽、电平较低，这样低的电平信号对电干扰十分敏感，所以在组成测试系统时，要避开干扰源和采取各种可能的抑制干扰的措施。

2. 集流环（或集流器）

如果传感器必须安装在旋转着的被测试件上，例如测试汽车半轴转矩、应变片贴在旋转的半轴上，就必须提供某种方法，在旋转部件和静止部件（如测试仪器）之间，把激励电流输入传感器并取走输出信号，实现数据传输和激励电源的传输。如果涉及的转角比较小，则可采用连续的柔软导体。在有的情况下，旋转运动只有几圈，则可让连接导线在旋转轴上绕圈或退绕。但是，当被测试件高速连续旋转时，就需要在旋转部件和静止部件之间采用集流环，如图 5-28 所示。集流环通常可分为接触式（如滑环式、水银槽式）和非接触式（如旋转变压器式集流环）。

3. 信号的无线传输

测量系统的每一组成部分通常都是用导线连接的。而对于高速旋转部件和不易接触的移动部件的测试，在传感器和测量记录仪器之间常常难以实现导线连接，有时因测距太远或地

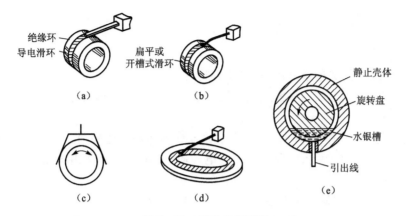

图 5-28 接触式集流环

(a) 块状电刷；(b) 丝状电刷；(c) 双向转动电刷；(d) 扁平环状电刷；(e) 水银槽式集流环

形和空间的限制，也很难用导线直接连接，这时宜采用无线传输方式，即采用无线电波传输的无线电遥测。虽然对旋转部件的测试可采用集流环，但由于目前大规模集成电路和微型电路的迅速发展，装在转动机械上的传感器、放大器及发射机具有体积小、质量轻、耗电少、便于安装、使用可靠及测试精确等优点，所以普遍采用无线电遥测来取代集流环。

无线电遥测系统的组成如图 5-29 所示。它是由安装在被试部件上或其附近的发射机和设置在地面接收站（或遥测车）中的接收机、记录仪器等组成。遥测系统的基本工作原理，是把被测装置

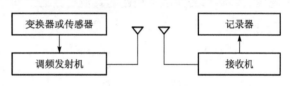

图 5-29 无线电遥测系统

上各项动态参数通过传感器、中间变换器变换成电压信号，经过发射机进行频率调制和功率放大，再由发射机的天线向外发射电磁波，接收天线收到这种电磁波，经鉴频后把频率变化恢复为被测信号的电压变化，然后再经放大送至记录器记录。

无线电遥测系统，根据传输方式可分为直接式和载波式两种。直接式就是把被测物理量变成电压或电流信号，不经调制，直接由发送线圈传送磁力线，使并列安装的接收线圈产生磁感应电压，即用变压器的电磁耦合进行无线传输的测试方法。该方法简单，但只能作近距离传输，且不利于多路传输。为实现远距离传输，多采用载波式遥测系统。所谓载波式就是把由被测量变换而来的电信号，再经调制到声频以上的载波上去传送。

5.5.2 干扰抑制

信号的干扰存在于各种测试系统中，因此测试信号在测试系统不断地变换和传递过程中，各种干扰信号也随被测信号一起变换和传递，所获测试结果总是不可避免地受到干扰，严重的干扰甚至会使测试系统不能正常工作。信号干扰的类型很多，不同类型的干扰有不同的抑制方法，在测试过程中，对测试精度的要求不同，所采取的抑制措施也不一样。

按照干扰形成的原因，可分为自然干扰和人为干扰。按照干扰源的位置来分，有外部干扰和内部干扰。外部干扰来源于设备（受感器）之外，与本设备的设计无关。内部干扰是由于设计不良或功能原理所产生的。按照干扰原理分，有电场干扰、磁场干扰与电磁场

干扰。

1. 干扰的传播途径

1) 静电感应

任何通电导体之间或通电导体与地之间都存在着分布电容 C_x 干扰，电压通过分布电容的静电感应作用耦合到有效信号就造成干扰，如图 5-30（a）所示。

2) 电磁感应

电磁感应干扰，如图 5-30（b）所示，由于干扰电流产生磁通，当此磁通随时间变化，它可通过互感 M，作用在测量电路引起感应电动势，当印刷电路板中两根导线平行敷设时，就会有互感存在。

3) 辐射电磁干扰的漏电流耦合

在电能频繁交换的地方和高频换能装置周围存在着强烈的电磁辐射，会对仪器产生干扰电压；而电器元件绝缘电阻 R 的漏电流或功率元器件间距不够也会产生漏电现象，由此引入干扰，如图 5-30（c）所示。

4) 共阻抗耦合

共阻抗耦合，如图 5-30（d）所示，是指同一检测系统内部的各个部分之间传播干扰。两个或两个以上电路有公共阻抗 Z_C 时，一个电路电流的变化会在公共阻抗上产生电压，这个电压会影响与公共阻抗相连的其他电路的工作，成为干扰电压。

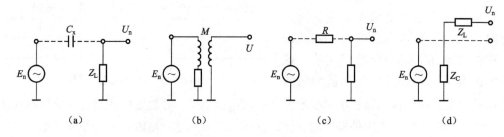

图 5-30 干扰的传播途径

(a) 静电感应；(b) 电感耦合；(c) 漏电流耦合；(d) 共阻抗耦合

E_n——干扰噪声源；U_n——噪声电压；Z_L——负载阻抗；Z_C——公共阻抗

2. 常用抗干扰技术

由于信号的干扰无处不在，要保证系统可靠工作，进行抗干扰设计是一项不可忽视的工作。合理屏蔽、接地、隔离和平衡等都是有效的抗干扰措施，下面逐一进行介绍。

1) 屏蔽技术

屏蔽技术是利用金属材料对电磁波具有良好的吸收和反射能力来抗干扰的，一般分为三种：静电屏蔽、电磁屏蔽和磁屏蔽。

静电屏蔽盒或屏蔽套的材料一般选用低电阻材料如铜、铝或镀银铜板，同时屏蔽盒或屏蔽套应有良好的接地。图 5-31 所示为用屏蔽线防止静电干扰的一种接法。噪声电流 I_n 通过屏蔽线到地，而不是通过 R_s。

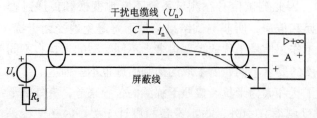

图 5-31 单芯屏蔽线防止静电干扰

电磁屏蔽主要是抑制高频电磁场的干扰。高频电磁场会在导电性能良好的金属导体内产生涡流。涡流产生的反磁场可以被用来抵消高频磁场，从而实现电磁屏蔽。

磁屏蔽主要用来防止低频磁通干扰。上述的电磁屏蔽材料如铜、铝和镀银铜板对低频磁场干扰的屏蔽效果很差，因此在强低频磁场的工作现场，必须用高导磁材料如玻莫合金制成屏蔽罩。

2）接地技术

正确的接地能够有效地抑制外来干扰，同时可以提高仪器本身的可靠性，减少仪器自身产生的干扰因素，也是屏蔽技术的重要保证。常见的接地方法有安全接地、信号接地、电缆屏蔽层的接地等。为了人身和设备的安全，电子设备的机壳、底座都应接大地。

(1) 信号接地。

在相当多的电路中，常以直流电源的正极线或负极线作为信号地线，但是交流零线不能作为信号地线。因为一段交流零线两端可能有数百微伏至数百毫伏的电压，这对低电平信号是一个非常严重的干扰。

(2) 电缆屏蔽层的接地。

当放大器与传感器距离较远时，信号传输线都要采用屏蔽导线，并且屏蔽层应接地，以防止外界干扰。频率低于 1 MHz 时，屏蔽层应一端接地，以防止电流在屏蔽层流通造成对信号的干扰，同时还可避免屏蔽与地形成环路，从而可防止磁场干扰。

3）隔离技术

接地是为了在信号传输、处理过程中取得一个公共的参考点，然而可能引入共阻耦合干扰和地环路电流干扰。抑制这类干扰的方法是采用隔离技术。

(1) 隔离变压器。

两个不同的接地点总会存在一定的电位差，由此会形成地环路电流，从而对信号电路直接形成干扰。而采用隔离变压器可以阻隔地环路电流。电路输出信号经变压器耦合到下级电路，则地环路被截断。应该指出，变压器不能传输直流信号或接近直流的低频信号，而电屏蔽层对高频信号会产生涡流，形成对高频信号的磁屏蔽，不利于信号的传输，因此这种办法只在一定频率范围内适用。

(2) 光电耦合。

采用光电耦合可以截断两电路之间的地环路。如图 5-32 所示，发光二极管的发光强度随电路 1 输出电流大小而变化。光强的变化使光电晶体管电流变化，从而将电路 1 信号传到电路 2。光电器件的发光管和晶体管之间无导线连接，因此它既传输信号又截断了地环路。

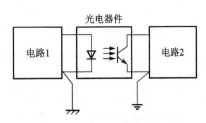

图 5-32 光电耦合截断地回路

光电耦合传输信号的精度较差，在模拟系统中很少采用；对于数字信号，因为只考虑逻辑电平，其电平精度无关紧要，因此在数字系统中普遍采用。特别是数据采集系统中，在 A/D 转换之后通过光电耦合与数字系统连接，从而将模拟地与数字地分开。

(3) 隔离放大器。

在模拟系统前端用隔离放大器能避免形成地环路。隔离放大器可以抗 300 V 以上的共模干扰，而且使输入电路、输出电路、电源电路三者无公共地线。

4）平衡技术

平衡技术是指在双线电路中设计平衡电路，使得两根导线以及连接这两根导线的所有元件对地都具有相同的阻抗。如果两根线所拾取的干扰相等，总干扰将因相互抵消而为零。常见的双绞线采用的就是平衡结构。信号线采用双绞线时，双绞线每个小环路的电磁感应相互抵消，如图5-33所示。

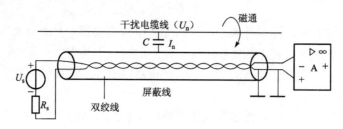

图5-33 双芯屏蔽线防止静电和磁场干扰

5.6 信号的显示与记录装置

在汽车测试过程中或测试结束后，需要将信号显示出来或记录下来，能方便地对研究对象实现在线或离线分析、处理。常用的显示记录仪器很多，可分为模拟式记录仪器和数字式记录仪器。常用的模拟式记录仪器有笔式记录仪、光线示波器和磁带记录仪等。目前广泛应用的数字式记录仪器有数字磁带机、数字函数记录仪、数字存储示波器、磁盘存储器和光盘存储器等。

由于各种记录仪器的结构性能、工作方式、使用范围都不同，在选择记录仪器时应根据具体情况合理选择。本节主要介绍笔式记录仪、光线示波器、磁带记录仪和数字存储示波器。

5.6.1 笔式记录仪

笔式记录仪如图5-34所示，是在指针式仪表的基础上，将记录笔代替指针，用笔尖（墨水笔、电笔等）在记录纸上描绘被测量相对于时间或某一参考量之间函数关系的一种记录仪器。一般笔式记录仪根据其结构可分为可动线圈式、可动铁芯式和感应式等几种。

笔式记录仪结构简单，指示与记录能同时进行，但其灵敏度较低。由于笔式记录仪的活动部分具有一定的转动惯量，致使其工作频率不高。因此，这种记录仪只适合于长时间慢变化信号、要求指示与记录同时进行的场合。

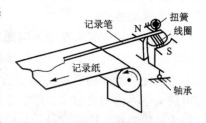

图5-34 笔式记录仪

5.6.2 光线示波器

光线示波器是利用细光束在感光相纸或感光胶卷上感光记录信号，是一种可以显示和记录各种电量与物理量变化过程波形曲线的仪器。它利用电磁转换原理将变化的信号通过光线记录在记录纸上。光线示波器的工作原理如图 5-35 所示。它主要由振动子系统、光学系统、记录纸传动系统及时标系统等组成。振动子相当于一个磁电式检流计。振动子中的可动线圈上下各用一根张紧丝拉紧在壳体上,用弹簧来保持一定的张紧力。在张紧丝上贴有一个小反射镜。一组(几个到几十个)振动子插在一个公共的磁场中。当有电流经过张紧丝流过线圈时,线圈在磁场中受到电磁转矩的作用,带着小反射镜一起偏转。由光源射到小反射镜上的光束经光学系统被反射到感光纸带上形成光点,该光点随反射镜的偏转而产生横向位移,于是在等速移动着的感光纸上描绘出与信号电流相应的波形。由于纸带作

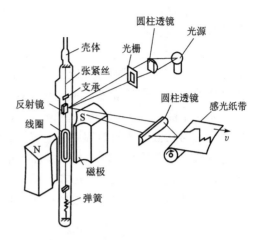

图 5-35 光线示波器构造图

等速运动,移动距离与时间成正比,故所描绘出的波形表达了被测电流随时间变化的关系。

振动子的选择和使用:振动子是将被测参数的电流变化转变为光束偏移的一个机构。其可动部分一般由线圈和小反射镜组成,并处在一个恒定磁场中,用电磁或液体阻尼的方法来保持最佳阻尼状态。振动子系统中还设有热恒温器,以保证其处于恒温 (45 ± 5) ℃ 环境中。对于振动子固有频率 ω 的选择,应充分估计信号中可能的最高频率 ω_m,使 $\omega_m/\omega < 0.5 \sim 0.6$,而此时根据不失真测量的要求,振动子的阻尼比应选取为 0.7 左右。

与其他记录仪器相比,光线示波器的工作频率较高,而且具有较高的电流灵敏度、较低的记录误差和仪器轻、体积小等优点,尤宜制成能同时记录几个或几十个不同参数的多线示波器,但波形图要经过一定处理后才能显现,且所用的记录纸较贵。

5.6.3 磁带记录仪

磁带记录仪又称磁带机,是利用铁磁性材料的磁化来进行记录的仪器。磁带记录仪的基本组成如图 5-36 所示。它由放大器、磁头和磁带传动机构三部分组成。磁带是一种坚韧的塑料薄带,其上涂有一层硬磁性材料。磁头是一个环形铁芯,上绕线圈,在与磁带贴近的前端有一数微米的缝隙,称为磁隙。记

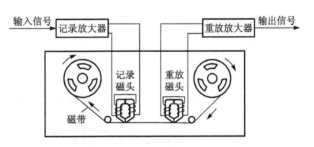

图 5-36 磁带记录仪的基本构成

录时,输入信号首先被放大,再供给记录磁头,记录磁头线圈内的信号电流在磁头的铁芯中产生磁力线,由于磁隙磁阻较大,大部分磁力线都绕过气隙,通过磁带表层的磁性材料而闭合,从而使磁头底下的一小部分磁层磁化。随着磁带的移动,被磁化的磁层离开记录磁头,因磁滞效应,磁带的磁化材料产生了与磁场强度相应的剩磁。因为磁场强度与输入线圈的信号电流成正比,所以剩磁也与信号电流成正比。这就是磁带记录过程。

由于重放磁头铁芯的磁阻很小,当记录有剩磁通的磁带经过重放磁头的磁隙时,剩磁通穿过铁芯形成回路,与磁头线圈交链耦合,在线圈中产生感应电动势,其大小与剩磁通变化

率成正比。这样，经过重放磁头，剩磁通的变化率则转换成磁头线圈的输出电压，这就是磁带信号的再现过程。

磁带记录按信号记录方式不同可以分为模拟和数字两类。在模拟记录方式中最常用的是直接记录（DR）和调频记录（FM）两种，数字记录也分多种制式。直接记录方式的优点是结构简单，工作频带宽；缺点是当磁带和磁头接触不良时，输出信号会显著变化，低频响应较差，不能记录50 Hz以下的信号。调频记录方式的优点是可以记录低频甚至静态信号，频率变化对相位偏移的影响极小，记录波形失真小；缺点是易产生速度偏差，即当磁带速度不稳时会引起载波频率的偏移，使输出信号产生误差。此外，工作频带比直接记录方式窄。数字记录方式的优点是准确可靠，记录带速的不稳定对记录精度基本没有影响；其缺点是在进行模拟信号记录时需要作模数转换，其记录密度只有调频记录方式的1/10。

5.6.4 数字存储示波器

数字存储示波器（Digital Storage Oscilloscope，DSO），具有取样与存储波形的能力，可以方便地对模拟信号进行长期存储，并能利用机内微处理器系统对存储的信号作进一步的处理。

图5-37所示为数字存储示波器的组成框图。工作时，数字存储示波器利用A/D变换器将输入的模拟信号变换成数字信号，然后存储于数字存储器中，需要时再将存储器中存储的内容调出，通过相应的D/A变换器，再将数字信号恢复为模拟信号，显示在示波器荧光屏上。在该类示波器中，信号处理功能和信号显示功能是分开的。其性能指标完全取决于进行信号处理的A/D和D/A变换器和数字存储器。当开关S_1、S_2打在位置1时，接通模拟信号显示方式，示波器与普通示波器工作原理相同；当开关S_1、S_2打在位置2时，接通数字存储工作方式，输入的被测信号通过A/D变换器变成数字信号，由地址计数脉冲选通存储器的存储地址并将该数字信号存入存储器。存储器中的信息每256个单元组成一页，即一个地址页面。当显示信息时，给出页面地址，地址计数器则从该页面的0号单元开始，读出数字信息送到D/A变换器变换成模拟信号送往垂直放大器进行显示。同时，地址信号亦经过X方向的D/A变换器送入水平放大器，以控制Y方向信号显示的水平位置。

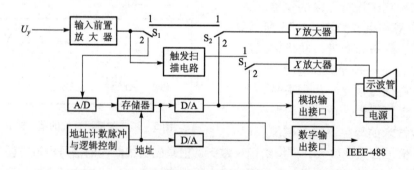

图5-37 数字存储示波器的组成框图

数字存储示波器的工作过程如图5-38所示。当被测信号输入时，首先对模拟量进行实时取样，实时取样是对一个周期内信号的不同点的取样。图5-38（a）中的$A_0 \sim A_7$点即对应于被测信号U_y的8个取样点。8个取样点得到的数字量（即二进制数字0和1数列）$D_0 \sim D_7$分别存储于地址号为00H~07H的8个存储单元中。在显示时，取出存储单元中的$D_0 \sim D_7$数据，进行 D/A 变换，同时存储单元地址号 00H~07H 也经过 D/A 变换，形成图 5-38（d）所示的阶梯波。阶梯波加到 X 水平系统控制扫描电压，最终将被测波形 U_y 重现于荧光屏上，如图 5-38（e）所示。事实上，只要 X 方向和 Y 方向的量化程度足够精细，图 5-38（e）所示波形即能够准确代表图 5-38（a）所示的被测波形。

数字存储示波器的功能特点：数字存储示波器使用简单、方便，可观测触发前的信号。观测极慢信号时无闪烁现象，准确度高，带有 IEEE-488 接口，可以很方便地与数字接口相连，同时具有记录输出功能，可驱动外部 X-Y 绘图仪，将已存储波形输出。此外，也可把存储在示波器中的波形数据保存在外部存储器中，或进行全面的脉冲参数分析及傅里叶变换。对这种可通过总线编程的示波器，还可使用专用的仪器控制器或通用的微型计算机对其面板操作及内部功能进行自动控制。数字存储式示波器已成为现代显示与记录装置中的主流技术。

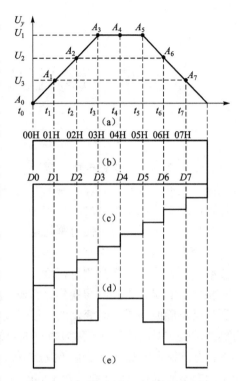

图 5-38 数字存储示波器的工作过程

思 考 题

5-1 直流电桥的平衡条件是什么？什么是电桥灵敏度？哪种电桥灵敏度最高？

5-2 以阻值 $R=120\ \Omega$、灵敏度 $K=2$ 的电阻丝应变片与阻值为 120 Ω 的固定电阻组成电桥，供桥电压为 3 V，并假设负载电阻为无穷大，当应变片的应变为 2 με 和 2 000 με 时，分别求出单臂、双臂电桥的输出电压，并比较两种情况下的灵敏度。

5-3 如何对电桥进行温度补偿？在实际工作中，如何布片和接桥？

5-4 在受拉（压）、弯曲载荷的试件上，如何布片和连接电桥，以消除弯曲的影响而只测出拉（压）？

5-5 什么是调制和解调？为什么要对信号进行调制和解调？

5-6 常用的调幅、调频电路有哪些？相应的解调电路各是什么？

5-7 低通、高通、带通及带阻滤波器各有什么功能？并画出它们的理想幅频特性。

5-8 描述实际带通滤波器的参数有哪些？如何改善滤波器的选择性？

5-9 什么是输入阻抗、输出阻抗？为什么要进行阻抗匹配？

5-10 常用抗干扰技术有哪些？

5-11 常见的信号记录装置有哪些？各有什么特点？如何选用？

第6章 测量误差分析与试验数据处理

在生产实际和科学研究中，需要对测试对象进行相关物理量的测量。测量是对被测量进行检测、变换、分析、处理、判断和控制等的综合过程。由于测试系统不可能绝对精确、测量原理的局限、测量方法的不尽完善、环境因素和外界干扰的存在，以及测量对象可能会影响被测量的原有状态等，使得测量结果不能准确反映被测量的真值，而不可避免地会产生偏差，这个偏差就是测量误差。对测量误差进行分类，确定测量误差的来源，以便在测试中尽可能减小测量误差，提高测量精度。

根据被测量是否随时间变化，将测试技术分为静态测试和动态测试两大类。静态测试的被测量是不随时间或空间变化的，或其变化量可以忽略不计。测试仪器的输入量为常值，所得到的试验数据也是常值，称为静态试验数据。动态测试的被测量是随时间或空间而变化的，测试仪器的输入值及试验结果（数据或信号）也是随时间而变化的，称为动态试验数据。对于不同类型的试验数据需要采用不同的数据分析方法，才能确定反映事物之间的内在关系。

本章将介绍测量误差的一些基本概念、常用误差处理方法，静态试验数据处理与结果表达方法，动态试验数据的时域、幅值域和频域的分析与处理方法。

6.1 测量误差概述

在测量与试验所得数据和被测量的真值之间，不可避免地存在着差异，这在数值上即表现为误差。随着科学技术的日益发展和人们认识水平的不断提高，虽然可以将误差控制得越来越小，但完全消除它是不可能的。误差存在的必然性和普遍性，已为大量实践所证明，为了充分认识并进而减小或消除误差，必须对测量过程和科学实验中始终存在着的误差进行研究。

6.1.1 测量误差的基本概念

1. 真值和示值

一个量严格定义的理论值通常称为理论真值。许多量由于理论真值在实际工作中难以获得，常用约定真值或相对真值来代替理论真值。

根据国际计量委员会通过并发布的各种物理参量单位的定义，利用当今最先进科学技术复现这些实物单位基准，基准被认为国际或国家基准，称为约定真值。例如，保存在国际计量局的 1 kg 铂铱合金原器就是 1 kg 质量的约定真值。

如果高一级检测仪器（计量器具）的误差仅为低一级检测仪器误差的 1/10~1/3，则可认为前者是后者的相对真值。

示值是指测试仪器（或系统）指示或显示（被测量）的数值，也叫测量值或读数。由于传感器不可能绝对精确，信号调理、数/模转换不可避免地存在误差，加上环境因素和干扰等因素，都可使得示值与实际值存在偏差。

2. 测量误差的定义及表示方法

测试系统（仪器）的误差通常有以下几种表示形式：

1）绝对误差

被测量的测定值 X 和真实值 X_0 之间的代数差，称为绝对误差，通常称为误差，即

$$\Delta x = X - X_0 \tag{6-1}$$

2）相对误差

绝对误差与被测量的真实值的比值，称为相对误差，常用百分数表示，即

$$\delta = \frac{\Delta x}{X_0} \times 100\% = \frac{X - X_0}{X_0} \times 100\% \tag{6-2}$$

3）引用误差

测试系统测量值的绝对误差 Δx 与测量范围上限或量程 L 之比值，称为测试系统测量值的引用误差 γ，通常以百分数表示。引用误差是一种简化和实用方便的仪器仪表示值的相对误差，即

$$\gamma = \frac{\Delta x}{L} \times 100\% \tag{6-3}$$

6.1.2 测量误差的分类及来源

1. 测量误差的分类

根据测量误差的性质（或出现的规律），测量误差可分为系统误差、随机误差和粗大误差三类。

1）系统误差

在相同条件下，多次重复测量同一被测量时，其测量误差的大小和符号保持不变，或在条件改变时，误差按某一确定的规律变化，这种测量误差称为系统误差。

系统误差产生的原因大体上有：测量所用的工具本身性能不完善或安装、布置、调整不当而产生的误差；在测量过程中因温度、湿度、气压、电磁干扰等环境条件发生变化产生的误差；因测量方法不完善或所依据的理论本身不完善等原因所产生的误差；因操作人员视读方式不当造成的读数误差等。总之，系统误差的特征是测量误差出现的有规律性和产生原因的可知性。系统误差产生的原因和变化规律一般可通过实验和分析查出，因此系统误差可被设法确定并消除。

2）随机误差

在相同条件下，多次重复测量同一被测量时，其测量误差的大小和符号均无规律变化，这种测量误差称为随机误差。

随机误差主要是由于检测仪器或测量过程中某些未知或无法控制的随机因素（如仪器的某些元件性能不稳定，外界温度、湿度变化等）综合作用的结果。随机误差的变化通常难以预测，因此也无法通过实验方法确定、修正和消除。但是，通过足够多的测量比较可以发现随机误差服从某种统计规律（如正态分布、均匀分布等）。

3) 粗大误差

粗大误差是指明显超出规定条件下预期的误差。其特点是误差数值大，明显歪曲了测量结果。

粗大误差一般由外界重大干扰或仪器故障或不正确的操作等引起的。存在粗大误差的测量值称为异常值或坏值，一般容易发现，发现后立即剔除。也就是说，正常的测量数据应是剔除了粗大误差的数据，所以，我们通常研究的测量结果误差中仅包含系统和随机两类误差。

系统误差和随机误差虽然是两类性质不同的误差，但两者并不是彼此孤立的。它们总是同时存在并对测量结果产生影响。许多情况下，我们很难把它们严格区分开来，有时不得不把没有完全掌握或者分析起来过于复杂的系统误差当作随机误差来处理。

2. 测量误差的来源

测量过程中，误差的来源主要有以下几个方面：

（1）仪器误差：由于仪器结构、制造不完善或调整、校正不当等原因而引起的误差。

（2）环境误差：由于各种环境因素与要求的标准状态不一致而引起的测量装置和被测量本身的变化所造成的误差，如温度、湿度、气压、振动以及电磁场等所引起的误差。

（3）方法误差：由于测量方法或计算方法不完善所引起的误差，如由于知识的不足或研究不充分引起的误差、操作和试验不合理等引起的误差。

（4）人员误差：由于测量者受生理上分辨能力的限制，因工作疲劳引起的视觉器官的生理变化，固有习惯引起的读数误差以及精神上的因素产生的一时疏忽等引起的误差。

以上各种测量误差来源有时是联合起作用的，在误差分析时，必须进行全面分析，力求不遗漏、不重复，特别要注意对误差影响较大的那些因素。

3. 测量精度和不确定度

反映测量结果与真实值接近程度的量称为精度。精度的高低是用误差大小来衡量的。误差小则精度高。精度包括精密度、准确度和精确度。

精密度与真实值无关，是指在相同条件下进行多次重复测量时，所得测定值彼此间重复的程度，或称为测量结果彼此间的分散性，是随机误差的反映。测量精密度高，说明各测定值比较接近和集中，说明随机误差小，但由于系统误差情况不确定，故测量精密度高不一定测量准确度就高。

准确度与真实值有关，是测定值的平均值偏离真实值的程度，是系统误差的反映，测量的准确度高，说明测量的平均值与真实值偏离较小。但由于随机误差情况不确定，即测定值不一定都集中于真实值附近，可能是分散的。故测量准确度高不一定测量精密度高。

精确度是指测定值集中于真实值附近的程度，是测量结果的精密度和准确度的综合评价。测量的精密度和准确度都好，测量的精确度就高，即测量结果的系统误差和随机误差小，测量值精确。测量的精确度高，说明测量的平均值接近真实值，且各次测量数据又比较集中，即测量的系统误差和偶然误差都比较小，测量得既准确又精密。因此，测量的精确度才是对测理结果的综合评价。

不确定度是指由于测量误差的存在而对被测量值不能肯定的程度，是一个描述尚未确定的误差特征的量，表征测量范围的一个评定，而被测量的真实值就在其中。不确定度按误差性质可分为系统不确定度和随机不确定度。

图6-1表示了不同精密度和准确度时的测点分布情况，图6-1（a）随机误差大，精

密度不高,但系统误差小,准确度高;图6-1(b)随机误差小精密度高,但系统误差大,准确度差;图6-1(c)随机误差小,系统误差也小,所以,精密度高,准确度也高。

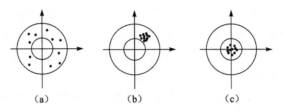

图6-1 精密度和准确度的示意图

6.2 异常数据的取舍

在一个测量列中,可能出现个别过大或过小的测定值,这种包含巨大误差的测定值,通常称为异常数据。异常数据往往是由过失误差(指由于测量工作中的误差、疏忽大意等原因引起的误差)引起的,也可能是由巨大的随机误差引起的。异常数据的取舍必须十分慎重,不要不加分析就轻易将该数据直接从测量列中删除,应该有充分的依据判定异常数据是由过失误差引起的,则应舍弃。对于原因不明的异常数据,只能用统计学的准则决定取舍。

用统计学的方法决定异常数据的取舍,其基本思想是:数值超过某一界限的测定值(或残差),出现的概率很小,是个小概率事件。如果在一个不大的测量列中居然出现了这种测定值,则有理由认为,这是由于过失误差引起的异常数据,因而予以舍弃。对异常数据取舍的准则有:来伊达准则(3σ 准则)、肖维纳(Chauvenet)准则和格拉布斯(Grubbs)准则。这三种方法的区别在于所考虑的样本数量和置信水平的不同。

6.2.1 来伊达准则(3σ 准则)

最常用也最简单的判别粗大误差的准则是 3σ 准则。它是以测量次数充分大为前提。在测量次数较少时,此准则只是一个近似的准则。对于一个测量列,如各测量值只含有随机误差,则根据随机误差的正态分布规律,其残余误差落在 $\pm 3\sigma$ 以外的概率约为 0.27%,也就是说在 370 次测量中只有 1 次测量的残余误差大于 3σ。

某个测量值 X_k 的残差值 $|\Delta x_k|$,如果超过标准误差的 3 倍,即认为测量值 X_k 为异常数据,可写成

$$|\Delta x_k| = |X_k - \overline{X}| > 3\sigma$$

式中 $\overline{X}$——包括异常测量值在内的所有测量值的算术平均值,$\overline{X} = \dfrac{1}{N}\sum_{i=1}^{N} X_i$,$N$ 为测量值的个数;

σ——包括异常测量值在内的所有测量值的标准误差。

由于等精度测量次数不可能无限多,因此,工程上实际应用的来伊达准则表示为

$$|\Delta x_k| = |X_k - \overline{X}| > 3\hat{\sigma} \tag{6-4}$$

式中 $\hat{\sigma}$——包括异常测量值在内的所有测量值的标准误差估计值,且有

$$\hat{\sigma} = \sqrt{\frac{1}{N-1}\sum_{i=1}^{N}(X_i - \overline{X})^2}$$

来伊达准则是以测量误差符合正态分布为依据的,但一般工程上等精度测量次数大都较少,测量误差分布往往和正态分布相差较大,因此,在实际工程应用中当等精度测量次数较少($n \leq 20$)时,采用来伊达准则,其可靠性将变差,且容易造成鉴别的界限值太宽而无法发现测量数据中的异常数据。

例 6-1 测量某零件尺寸得表 6-1 第一列数据 l_i,试按来伊达准则决定异常数据的取舍。

表 6-1 测量数据及残差

测量次序	测定值 l_i	残差 $v_i = l_i - \overline{L}$	v_i^2	v_{ci}	v_{ci}^2
1	20.42	0.016	2.56E−04	0.009	8.10E−05
2	20.43	0.026	6.76E−04	0.019	3.61E−04
3	20.40	−0.004	1.60E−05	−0.011	1.21E−04
4	20.43	0.026	6.76E−04	0.019	3.61E−04
5	20.42	0.016	2.56E−04	0.009	8.10E−05
6	20.43	0.026	6.76E−04	0.019	3.61E−04
7	20.39	−0.014	1.96E−04	−0.021	4.41E−04
8	20.30	−0.104	0.010 82	—	—
9	20.40	−0.004	1.60E−05	−0.011	1.21E−04
10	20.43	0.026	6.76E−04	0.019	3.61E−04
11	20.42	0.016	2.56E−04	0.009	8.10E−05
12	20.41	0.006	3.60E−05	−0.001	1.00E−06
13	20.39	−0.014	1.96E−04	−0.021	4.41E−04
14	20.39	−0.014	1.96E−04	−0.021	4.41E−04
15	20.40	−0.004	1.60E−05	−0.011	1.21E−04
$\sum_{i=1}^{15}$	306.06	0	0.014 96	—	0.003 37
		$L = 20.404$		$L_c = 20.411$	

解:算术平均值为

$$L = \frac{1}{n}(l_1 + l_2 + \cdots + l_n) = \frac{1}{n}\sum_{i=1}^{n}l_i$$

残差(或称偏差)为

$$v_i = l_i - L$$

测量列的标准差为

$$\hat{\sigma} = \sqrt{\frac{1}{n-1}\sum_{i=1}^{n}v_i^2} \left(v_i = l_i - L = l_i - \frac{1}{n}\sum_{i=1}^{N}l_i\right)$$

$$\hat{\sigma} = \sqrt{\frac{1}{15-1}\sum_{i=1}^{15}v_i^2} = \sqrt{\frac{1}{14}\times 0.014\ 96} = 0.033\ (\text{mm})$$

因 $|v_8| = 0.104 > 3\hat{\sigma} = 0.099$，故舍弃测定值 l_8。对剩下的 14 个测定值，再计算算术平均值 L_c、残差 v_{ci} 及 v_{ci}^2 列于表的右部，则

$$\hat{\sigma} = \sqrt{\frac{1}{14-1}\sum_{i=1}^{14}v_i^2} = \sqrt{\frac{1}{13}\times(0.003\ 37)} = 0.016\ (\text{mm})$$

这时，14 个测定值的残差绝对值均未超过 0.048，已无过失误差引起的异常数据。

6.2.2 肖维纳（Chauvenet）准则

对未知参数作 n 次重复测量，如残差超过某个极限值的测定值，出现的概率小于或等于 $\frac{1}{2n}$，可以认为是小概率事件。也就是说，在 n 次测量中，这种测定值出现的次数等于或小于 $\frac{1}{2}$，因而不应该发生。如果出现了这种测定值，可以认为是过失误差引起的异常数据而予以舍弃，这就是肖维纳准则。

某个测量值 X_k 的残差值 $|\Delta x_k|$，如果超过残差极限值 v_c，即

$$|\Delta x_k| = |X_k - \overline{X}| \geq v_c = K_n\hat{\sigma} \tag{6-5}$$

则认为该测量数据为异常数据，应予舍弃。

在实际工作中，根据测量次数 n，查表 6-2 即可得到 K_n 值。

表 6-2　K_n 的数值表

n	K_n	n	K_n	n	K_n	n	K_n
3	1.38	10	1.96	17	2.17	24	2.31
4	1.53	11	2.00	18	2.20	25	2.33
5	1.65	12	2.03	19	2.22	26	2.39
6	1.73	13	2.07	20	2.24	27	2.49
7	1.80	14	2.10	21	2.26	28	2.58
8	1.86	15	2.13	22	2.28	29	2.71
9	1.92	16	2.15	23	2.30	30	2.81

例 6-2　对例 6-1 的数据，按肖维纳准则决定异常数据的取舍。

解：根据 $n = 15$，查表得 $K_n = 2.13$，于是残差极限值为

$$v_c = K_n\hat{\sigma} = 2.13 \times 0.033 = 0.070\ (\text{mm})$$

因 $|v_8| = 0.104 > v_c$，故测定值 l_8 应予舍弃。

6.2.3 格拉布斯（Grubbs）准则

格拉布斯准则是以小样本测量数据，以 t 分布为基础用数理统计方法推导得出的。理论

上比较严谨,具有明确的概率意义,通常被认为实际工程应用中判定异常数据比较好的准则。

设测定值服从正态分布,即 $l \sim N(X, \sigma)$,根据贝塞尔方法,分布函数 σ 可用测定值的残差予以估计,即

$$\hat{\sigma} = \sqrt{\frac{1}{n-1}\sum_{i=1}^{n}v_i^2} \left(v_i = x_i - \bar{x} = x_i - \frac{1}{N}\sum_{i=1}^{N}x_i\right)$$

如果令 $G = \frac{v_i}{\hat{\sigma}}$,则 G 是一个随机变量。格拉布斯推导了随机变量 G 的概率密度函数,因而取信度(显著性水平)为 α,就可得到临界值 G_0,使得

$$P(G \geqslant G_0) = \alpha$$

临界值 G_0 是测量次数 n 和信度 α 的函数。它的值可以查表 6-3。

表 6-3 临界值 G_0

G_0 \ α \ n	0.05	0.025	0.01	G_0 \ α \ n	0.05	0.025	0.01	G_0 \ α \ n	0.05	0.025	0.01
3	1.15	1.15	1.15	13	2.33	2.46	2.61	23	2.62	2.78	2.96
4	1.46	1.48	1.49	14	2.37	2.51	2.66	24	2.64	2.80	2.99
5	1.67	1.71	1.75	15	2.41	2.55	2.71	25	2.66	2.82	3.01
6	1.82	1.89	1.94	16	2.44	2.59	2.75	30	2.75	2.91	3.10
7	1.94	2.02	2.10	17	2.47	2.62	2.79	35	2.82	2.98	3.18
8	2.03	2.13	2.22	18	2.50	2.65	2.82	40	2.87	3.04	3.24
9	2.11	2.21	2.32	19	2.53	2.68	2.85	45	2.92	3.09	—
10	2.18	2.29	2.41	20	2.56	2.71	2.88	50	2.96	3.13	—
11	2.23	2.36	2.48	21	2.58	2.73	2.91	60	3.03	3.20	—
12	2.29	2.41	2.55	22	2.60	2.76	2.94	70	3.09	3.26	—

某个测量值 X_k 的残差值 $|\Delta x_k|$,如果超过残差极限值 v_G,即

$$|\Delta x_k| = |X_k - \bar{X}| \geqslant v_G = G_0 \hat{\sigma} \tag{6-6}$$

则认为该测定值是一个包含过失误差的异常数据,应予舍弃。这样做,犯错误(把不是过失误差引起的异常数据弃去)的概率为 α。

例 6-3 测量数据同例 6-1,试按格拉布斯准则,决定异常数据的取舍。

解:选信度 $\alpha = 0.05$,根据 $n = 15$,查表得 $G_0 = 2.41$,于是残差的极限值 v_G 为

$$v_G = G_0 \hat{\sigma} = 2.41 \times 0.033 = 0.080 \text{ (mm)}$$

$|v_8| = 0.104 > v_G$,故测定值 l_8 应予舍弃。

l_8 舍弃后,$n_c = 14$,查表得 $G_{0(c)} = 2.37$,有

$$v_{G(c)} = G_{0(c)} \hat{\sigma}_c = 2.37 \times 0.016 = 0.038 \text{ (mm)}$$

剩下的 14 个测定值的残差均未超过 $v_{G(c)}$，已无过失误差引起的异常数据。

应该注意的是，如果查出多个异常数据时，不能将它们都一并剔除，每次只能舍弃误差最大的那个异常数据。如误差超过残差极限值 v_G 的两个异常数据数值相等，也只能先剔除一个，然后再重复上述判别，直到判明无异常数据为止。

格拉布斯准则是建立在统计理论基础上的，是对 $n<30$ 的小样本测量较为科学、合理的判断粗大误差的方法，因此目前国内外普遍推荐使用此法处理小样本测量数据中的粗大误差。

6.3 直接测量参数和间接测量参数测定值的处理

6.3.1 直接测量参数测定值的处理

通过测量仪器，将被测量参数与同一物理量的标准量直接比较，或者用事先经过标准量校正的测量仪器进行测量，从而直接求得被测量参数的数值，如用尺测量长度。直接测量是从测量结果直接获得被测量参数数值的一种测量方法。

对某参数进行等精密度直接测量时，设测定值 $x_1, x_2, \cdots, x_n$ 组成一个测量列，应首先消除系统误差，并消除由于过失误差引起的异常数据。

测定值的算术平均值为

$$\overline{X} = \frac{1}{n}\sum_{i=1}^{n} x_i$$

该测量列标准误差的估计值为

$$\hat{\sigma} = \sqrt{\frac{1}{n-1}\sum_{i=1}^{n}(x_i - \overline{X})^2}$$

测量列算术平均值的标准误差为

$$\hat{\sigma}_{\overline{X}} = \frac{\hat{\sigma}}{\sqrt{n}} = \sqrt{\frac{1}{n(n-1)}\sum_{i=1}^{n}(x_i - \overline{X})^2}$$

测定值可以表达为

$$X = \overline{X} \pm \hat{\sigma}_{\overline{X}} t_p(f)$$

式中 $t_p(f)$ 可由选定置信概率 p，然后按自由度 $f = n-1$，查 t 分布表得到。

上式的含义是：被测参数的真值 X 在置信区间 $[\overline{X} - \hat{\sigma}_{\overline{X}} t_p(f), \overline{X} + \hat{\sigma}_{\overline{X}} t_p(f)]$ 内的置信概率为 p，或者说，以置信概率 p 确信，用算术平均值 $\overline{X}$ 代替真值 X 时，误差不超过 $\hat{\sigma}_{\overline{X}} t_p(f)$。

显然，置信区间的宽度取决于给定的置信概率（或者说，置信概率取决于给定的置信区间），因此，表达测试结果时，必须注明相应的置信概率。

6.3.2 间接测量参数测定值的处理

间接测量是通过直接测量与被测量参数之间有一定函数关系的其他参数，并根据函数关系计算出被测量参数，如面积的测量、发动机输出功率的测量。

间接测量误差是在直接测量误差的基础上得到的。既然直接测量得到的结果不可避免地产生误差，那么，由这些含有误差的直接测量数据计算出来的结果也必然含有误差。

设间接测量参数 y 的一般形式为

$$y = f(x_1, x_2, \cdots, x_m)$$

式中 $x_1, x_2, \cdots, x_m$——彼此独立的可直接测量的参数。

因为经过有限次测量时无法求得各参数的真值,所以,函数的真值无法求得。通过各个参数的最可信赖值和精密度参数的确定,可以求得函数的最可信赖值和精密度参数。

1. 平均误差传递(积累)定律

已知 $y = f(x_1, x_2, \cdots, x_m)$,为了求得各个测量值的精密度参数,设对各个自变量都进行了 n 次等精度测量,以 $\sigma_{ij}(i=1,2,\cdots,m, j=1,2,\cdots,n)$ 表示第 i 个自变量 $x_i(i=1,2,\cdots,m)$ 的第 j 次测量的标准误差,以 σ_y 表示参数 y 的测量列的标准误差,则 σ_y 一定是 $\sigma_{ij}(i=1,2,\cdots,m, j=1,2,\cdots,n)$ 的某种组合。

根据多元函数的泰勒级数展开式,并考虑到测量误差值较小,因而可以忽略二次以上各项,可得

$$\Delta y_j = \sum_{i=1}^{m} \frac{\partial f}{\partial x_i}(\Delta x_{ij}) \quad (j=1,2,\cdots,n) \tag{6-7}$$

对上式两端平方,得

$$\Delta y_j^2 = \left[\sum_{i=1}^{m} \frac{\partial f}{\partial x_i}(\Delta x_{ij})\right]^2$$

$$= \left(\frac{\partial f}{\partial x_1}\right)^2 (\Delta x_{1j})^2 + \left(\frac{\partial f}{\partial x_2}\right)^2 (\Delta x_{2j})^2 + \cdots + \left(\frac{\partial f}{\partial x_m}\right)^2 (\Delta x_{mj})^2 +$$

$$2\frac{\partial f}{\partial x_1}\frac{\partial f}{\partial x_2}\Delta x_{1j}\Delta x_{2j} + 2\frac{\partial f}{\partial x_1}\frac{\partial f}{\partial x_3}\Delta x_{1j}\Delta x_{3j} + \cdots \quad (j=1,2,\cdots,n)$$

对 $x_i(i=1,2,\cdots,m)$ 进行 n 次重复测量,可得到 n 个方程式,将这 n 个方程式相加,若 $n \to \infty$ 由于正负误差可以抵消,因而上式中的非平方项相加等于零,于是有

$$\sum_{j=1}^{n} \Delta y_j^2 = \left(\frac{\partial f}{\partial x_1}\right)^2 \sum_{j=1}^{n}(\Delta x_{1j})^2 + \left(\frac{\partial f}{\partial x_2}\right)^2 \sum_{j=1}^{n}(\Delta x_{2j})^2 + \cdots + \left(\frac{\partial f}{\partial x_m}\right)^2 \sum_{j=1}^{n}(\Delta x_{mj})^2$$

$$= \sum_{i=1}^{m}\left(\frac{\partial f}{\partial x_i}\right)^2 \sum_{j=1}^{n}(\Delta x_{ij})^2$$

将上式两端乘以 $\frac{1}{n}$,则得

$$\sigma_y^2 = \left(\frac{\partial f}{\partial x_1}\right)^2 \sigma_1^2 + \left(\frac{\partial f}{\partial x_2}\right)^2 \sigma_2^2 + \cdots + \left(\frac{\partial f}{\partial x_m}\right)^2 \sigma_m^2 \tag{6-8}$$

令 $\frac{\partial f}{\partial x_i} = \alpha_i$,并称为误差传递(积累)系数,则上式改写为

$$\sigma_y = \sqrt{\alpha_1^2 \sigma_1^2 + \alpha_2^2 \sigma_2^2 + \cdots + \alpha_m^2 \sigma_m^2} = \sqrt{\sum_{i=1}^{m} \alpha_i^2 \sigma_i^2} \tag{6-9}$$

假设参数 y 的间接测量值 Y 服从正态分布,则上式可以扩展为

$$\xi_y = \sqrt{\alpha_1^2 \xi_1^2 + \alpha_2^2 \xi_2^2 + \cdots + \alpha_m^2 \xi_m^2} = \sqrt{\sum_{i=1}^{m} \alpha_i^2 \xi_i^2} \tag{6-10}$$

式中 ξ 可以代表测量列的精密度参数,也可以代表测量结果的精密度参数,也就是可以代表与 σ 有联系的任何误差。

式（6-10）称为平均误差传递（积累）定律。所谓"平均"误差，是指随机误差总体的精密度参数，而不是某个具体的随机误差。

2. 间接测量参数的最可信赖值

在函数 $y=f(x_1,x_2,\cdots,x_m)$ 式中，对各个自变量 $x_i(i=1,2,\cdots,m)$ 进行 n 次重复测量，可以得到 n 个函数 y 的间接测定值。在等精密度测量的情况下，函数 y 的最可信赖值就是间接测定值的算术平均值 $\bar{y}$。并且可以证明，将各个自变量的算术平均值 $\bar{x}_i(i=1,2,\cdots,m)$ 代入间接测量函数式，所得的数值等于间接测定值的算术平均值 $\bar{y}$，即

$$\bar{y}=f(\bar{x}_1,\bar{x}_2,\cdots,\bar{x}_m)$$

3. 间接测量结果的表达

在粗略的测量中，可用算术平均值 $\bar{y}$ 来近似地代替真实值 Y。这时，测量结果可以表达为

$$Y=\bar{y} \tag{6-11}$$

间接测量参数的真值 Y 的区间估计，比较复杂，与测量次数有关。

如果间接测定值的算术平均值服从正态分布，而且重复测量次数较多，那么 $(\bar{y}-Y)/\hat{\sigma}_{\bar{y}}$ 可以近似地看作标准化正态分布的随机变量，这时，间接测量结果可以表达为

$$Y=\bar{y}\pm\hat{\sigma}_{\bar{y}} \quad (P=0.68) \tag{6-12}$$

式中 $\hat{\sigma}_{\bar{y}}$——算术平均值 $\bar{y}$ 的标准误差估计值；

P——置信概率。

如果测量次数较少，则不宜用式（6-12）表示，用下式表示比较合适，即

$$Y=\bar{y}\pm\lambda_{\bar{y}\lim} \tag{6-13}$$

式中 $\lambda_{\bar{y}\lim}$ 为参数 y 的算术平均值 $\bar{y}$ 的绝对极限误差，用下式表示，即

$$\lambda_{\bar{y}\lim}=\left|\frac{\partial f}{\partial x_1}\lambda_{1\lim}\right|+\left|\frac{\partial f}{\partial x_2}\lambda_{2\lim}\right|+\cdots+\left|\frac{\partial f}{\partial x_m}\lambda_{m\lim}\right|=\sum_{i=1}^{m}|\alpha_i\lambda_{i\lim}|$$

式中 $\lambda_{i\lim}$——各自变量算术平均值 $\bar{x}_i(i=1,2,\cdots,m)$ 的绝对极限误差。

在极端的情况下，如果对每个自变量只进行一次测量，这时，只能根据测量仪器的精密度，估计各自变量的极限误差，并用式（6-13）表达间接测量结果。

6.4 静态试验数据分析

6.4.1 试验数据处理方法

静态试验数据一般是在等精密度或不等精密度条件下获得的离散的带有误差的测量列。测量的结果通常用表格法、图示法和经验公式三种方式表达。

1. 表格法

用表格来表示函数的方法，在自然科学和工程技术上应用得特别多。在科学实验中，一系列测量数据都是首先列成表格，然后再进行其他处理。表格法简单方便，但要进行深入的分析，有以下两点不足：首先，它不能给出所有的函数关系（尽管测量次数相当多）；其次，从表格中不易看出自变量变化时，函数的变化规律，而只能大致估计出函数是递增的，递减的或是周期性变化的。

将数据列成表格是为了表示出测量结果或为了以后的计算方便，同时也是图示法和经验公式法的基础。

2. 图示法

用图形来表示测量数据的方法是许多领域最普通的方法之一。

图示法的最大优点是一目了然，即从图形可以非常直观地看出函数的变化规律，如递增性或是递减性，最大值或是最小值，是否具有周期性变化规律等等。但是，从图形上只能得出函数变化关系而不能进行数学分析。

在直角坐标系中绘制测量数据的图形时，应以横坐标为自变量，纵坐标为与其对应的函数值，将各测量数据点描绘成曲线时，应该使曲线通过尽可能多的数据点，曲线以外的数据点尽量接近曲线，曲线两侧的数据点数目大致相等，最后得到的应是一条平滑的曲线。

曲线是否反映出函数关系，在很大程度上取决于图形比例尺的选取，即决定于坐标的分度是否适当。坐标比例尺的选择没有严格的规定，要根据具体情况分析而定。因为测量数据都有误差，在坐标系中描绘数据点时，常用正方形、矩形或圆形表示。它们的中心可看成测量数据的算术平均值，而正方形、矩形的边长或圆的半径则是各测量数据点的误差。

3. 经验公式法

测量数据不仅可用图形表示出函数之间的关系，而且可用与图形对应的一个公式来表示所有的测量数据。当然这个公式不可能完全准确地表达全部数据，因此，常把与曲线对应的公式称为经验公式。

经验公式表达法是利用回归分析方法确定经验公式的函数类型及其参数，把全部测量数据用一个公式来表示。它的优点是不仅简明紧凑，而且可以对公式进行必要的数学运算，以研究各自变量与函数之间的关系。

建立经验公式大致可归纳如下五个步骤：

（1）描绘曲线，将测量数据以自变量为横坐标，以函数为纵坐标描绘在坐标纸上。

（2）对所描绘的曲线进行分析，确定公式的基本形式。如果数据点描绘的基本上是直线，则可用一元线性回归方法确定直线方程；如果数据点描绘的是曲线，则要参考现成的数学曲线形状，根据曲线的特点判断曲线属于何种类型，可以确定公式的基本形式；如果数据点描绘的曲线很难判断属于何种类型，则可按多项式回归处理。

（3）采用变量代换将曲线转化为直线。如果测量数据描绘的曲线被确定为上述某种类型的曲线，可将该曲线转化为直线方程，然后按一元线性回归处理。

（4）确定公式中的参数。

（5）检验所确定公式的准确性，即用测量数据中自变量值代入公式计算出函数值，并与试验测量值进行比较，如果差别很大，说明所确定的公式可能有错误，应建立其他形式的公式。

根据一系列测量数据，所建立的公式应能正确表达测量数据的函数关系，这在很大程度上取决于测量人员的经验和判断能力，有时，还要经过多次反复才能得到与测量数据接近的公式。

6.4.2 一元线性回归和一元非线性回归

回归分析是根据最小二乘法原理确定经验公式的数理统计方法。处理两个变量之间的关系称为一元回归分析，处理多个变量之间的关系称为多元回归分析。

通过回归分析寻求经验公式，需要解决三个方面的问题：

(1) 确定经验公式的函数类型。
(2) 确定函数中的各参数值。
(3) 对所得到的经验公式的精度做出评价。

若两个变量 x 和 y 之间存在一定的关系，并通过测量获得 x 和 y 的一系列数据，用数学处理的方法得出这两个变量之间的关系式，这就是工程上所说的拟合问题。这也是回归分析的内容之一。

如果两变量之间的关系是线性关系，就称为直线拟合或一元线性回归；如果变量之间的关系是非线性关系，则称为曲线拟合或一元非线性回归。

1. 直线拟合——一元线性回归

1) 确定回归方程

一元线性回归是工程上和科研中常见的直线拟合问题。设两变量之间的关系为 $y = f(x)$，并有一系列测量数据为 x_i、y_i ($i = 1, 2, \cdots, n$，其中 n 为试验数据对个数)，如果上述测量数据相互间基本是线性的关系，则可用一个线性方程来表示，即

$$y = a_0 + a_1 x \tag{6-14}$$

该直线方程就称为上述测量数据的一元线性回归方程。所谓直线拟合，实际上就是根据一系列测量数据通过数学处理确定相应的直线方程，更确切地说是要求得直线方程中的两个系数 a_0 和 a_1。这里，介绍常用的拟合方法——最小二乘法。

最小二乘法在误差理论中的基本含义是：在具有等精度的多次测量中，求最可靠（最可信赖）值时，是当各测量值的残差平方和为最小时所求得的值。

根据上述原理，对测量数据的最小二乘法线性拟合时，是把所有测量数据点都标在坐标图上，用最小二乘法拟合的直线，其各数据点与拟合直线之间的残差平方和为最小。用数学表达式可写为

$$\min u = \sum_{i=1}^{n} v_i^2 \tag{6-15}$$

式中　v_i——第 i 个数据点与拟合直线之间的残差。

对于线性方程式 (6-14)，根据所有测量数据，可得残差平方和为

$$u = \sum_{i=1}^{n} [y_i - (a_0 + a_1 x_i)]^2$$

将上式分别对 a_0 和 a_1 取偏导数得

$$\frac{\partial u}{\partial a_0} = -2(y_1 - a_0 - a_1 x_1) - 2(y_2 - a_0 - a_1 x_2) - \cdots - 2(y_n - a_0 - a_1 x_n) \tag{6-16}$$

$$\frac{\partial u}{\partial a_1} = -2x_1(y_1 - a_0 - a_1 x_1) - 2x_2(y_2 - a_0 - a_1 x_2) - \cdots - 2x_n(y_n - a_0 - a_1 x_n) \tag{6-17}$$

按式 (6-15) 残差的平方和为最小，需满足下列必要条件为

$$\frac{\partial u}{\partial a_0}=0, \frac{\partial u}{\partial a_1}=0$$

整理式（6-16）、（6-17）可得

$$\left. \begin{array}{l} na_0 + \left(\sum_{i=1}^{n} x_i\right)a_1 = \sum_{i=1}^{n} y_i \\ \left(\sum_{i=1}^{n} x_i\right)a_0 + \left(\sum_{i=1}^{n} x_i^2\right)a_1 = \sum_{i=1}^{n} x_i y_i \end{array} \right\} \quad (6-18)$$

求得上述方程组的解为

$$a_0 = \frac{\sum_{i=1}^{n} y_i \sum_{i=1}^{n} x_i^2 - \sum_{i=1}^{n} x_i \sum_{i=1}^{n} x_i y_i}{n \sum_{i=1}^{n} x_i^2 - \left(\sum_{i=1}^{n} x_i\right)^2} \quad (6-19)$$

$$a_1 = \frac{n \sum_{i=1}^{n} x_i y_i - \sum_{i=1}^{n} x_i \sum_{i=1}^{n} y_i}{n \sum_{i=1}^{n} x_i^2 - \left(\sum_{i=1}^{n} x_i\right)^2} \quad (6-20)$$

上两式即为欲拟合的直线方程的系数。

2) 回归方程的精度

确定回归直线后，可以根据自变量的值预报或控制因变量的值，预报或控制的效果，就是回归方程的精度问题。表示回归直线的精度用残差标准误差 $\hat{\sigma}$，即

$$\hat{\sigma} = \sqrt{\frac{\sum_{i=1}^{n}\left[y_i - (a_0 + a_1 x_i)\right]^2}{n-2}}$$

$\hat{\sigma}$ 越小，回归直线的精度越高。

2. 曲线拟合——一元非线性回归

这种回归分析是试验数据处理中的曲线拟合问题。这种非线性回归应采用以下两个步骤，即：

(1) 根据测量数据描绘曲线，选取合适的函数类型。
(2) 求解相关函数中的回归系数和常数项。

一元非线性回归分为两种情况，即化曲线为直线的回归和多项式回归。

1) 化曲线为直线的回归

描绘测量数据的曲线，参考图 6-2 所示的常用的函数曲线。如果两个变量之间的关系呈某种曲线关系，就可以确定拟合公式的基本形式，对选取的曲线采用适当的变换，转化为直线方程，进而按一元线性回归方法处理。

常用的典型曲线通过变量转化为直线的经验公式如下：

(1) 双曲线 $\frac{1}{y} = a + \frac{b}{x}$。

令 $Y = \frac{1}{y}, X = \frac{1}{x}, A = a, B = b$，则

$$Y = A + BX$$

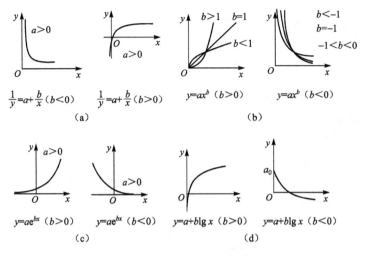

图 6-2 几种常用的函数曲线
(a) 双曲线；(b) 幂函数曲线；(c) 指数曲线；(d) 对数曲线

(2) 幂函数曲线 $y = ax^b$。

令 $Y = \lg y, X = \lg x, A = \lg a, B = b$，则

$$Y = A + BX$$

(3) 指数曲线 $y = ae^{bx}$。

令 $Y = \ln y, X = x, A = \ln a, B = b$，则

$$Y = A + BX$$

(4) 对数曲线 $y = a + b\lg x$。

令 $Y = y, X = \lg x, A = a, B = b$，则

$$Y = A + BX$$

采用上述的转换后，可以按直线回归的方法，确定相应的系数即可。但是，回归方程 $Y = A + BX$ 是对变量转换后的数据所作的最佳拟合，经过逆变换后所得的回归方程 $y = f(x)$，虽然在一般情况下，对原始数据具有较好的拟合精度，但不一定是最佳的拟合。因此，在可能的情况下，最好用不同类型的方程进行拟合并比较其精度，然后择优选用。

2) 多项式回归

如果描绘测量数据的曲线不是图 6-2 所示的某种类型曲线，则需要按多项式回归处理。设拟合的多项式为

$$y = a_0 + a_1 x + a_2 x^2 + \cdots + a_m x^m \tag{6-21}$$

一般采用最小二乘法确定上述多项式的系数，即实际测量值与回归多项式计算值的残差的平方和最小，可求得系数值为

$$\begin{cases} a_0 = D_0/D \\ a_1 = D_1/D \\ \vdots \\ a_m = D_m/D \end{cases} \tag{6-22}$$

式中

$$D = \begin{vmatrix} n & \sum_{i=1}^{n} x_i & \sum_{i=1}^{n} x_i^2 & \cdots & \sum_{i=1}^{n} x_i^m \\ \sum_{i=1}^{n} x_i & \sum_{i=1}^{n} x_i^2 & \sum_{i=1}^{n} x_i^3 & \cdots & \sum_{i=1}^{n} x_i^{m+1} \\ \sum_{i=1}^{n} x_i^2 & \sum_{i=1}^{n} x_i^3 & \sum_{i=1}^{n} x_i^4 & \cdots & \sum_{i=1}^{n} x_i^{m+2} \\ \vdots & \vdots & \vdots & & \vdots \\ \sum_{i=1}^{n} x_i^m & \sum_{i=1}^{n} x_i^{m+1} & \sum_{i=1}^{n} x_i^{m+2} & \cdots & \sum_{i=1}^{n} x_i^{2m} \end{vmatrix}$$

$$D_0 = \begin{vmatrix} \sum_{i=1}^{n} y_i & \sum_{i=1}^{n} x_i & \sum_{i=1}^{n} x_i^2 & \cdots & \sum_{i=1}^{n} x_i^m \\ \sum_{i=1}^{n} x_i y_i & \sum_{i=1}^{n} x_i^2 & \sum_{i=1}^{n} x_i^3 & \cdots & \sum_{i=1}^{n} x_i^{m+1} \\ \sum_{i=1}^{n} x_i^2 y_i & \sum_{i=1}^{n} x_i^3 & \sum_{i=1}^{n} x_i^4 & \cdots & \sum_{i=1}^{n} x_i^{m+2} \\ \vdots & \vdots & \vdots & & \vdots \\ \sum_{i=1}^{n} x_i^m y_i & \sum_{i=1}^{n} x_i^{m+1} & \sum_{i=1}^{n} x_i^{m+2} & \cdots & \sum_{i=1}^{n} x_i^{2m} \end{vmatrix}$$

$$D_1 = \begin{vmatrix} n & \sum_{i=1}^{n} y_i & \sum_{i=1}^{n} x_i^2 & \cdots & \sum_{i=1}^{n} x_i^m \\ \sum_{i=1}^{n} x_i & \sum_{i=1}^{n} x_i y_i & \sum_{i=1}^{n} x_i^3 & \cdots & \sum_{i=1}^{n} x_i^{m+1} \\ \sum_{i=1}^{n} x_i^2 & \sum_{i=1}^{n} x_i^2 y_i & \sum_{i=1}^{n} x_i^4 & \cdots & \sum_{i=1}^{n} x_i^{m+2} \\ \vdots & \vdots & \vdots & & \vdots \\ \sum_{i=1}^{n} x_i^m & \sum_{i=1}^{n} x_i^m y_i & \sum_{i=1}^{n} x_i^{m+2} & \cdots & \sum_{i=1}^{n} x_i^{2m} \end{vmatrix}$$

$$\vdots$$

$$D_m = \begin{vmatrix} n & \sum_{i=1}^{n} x_i & \sum_{i=1}^{n} x_i^2 & \cdots & \sum_{i=1}^{n} y_i \\ \sum_{i=1}^{n} x_i & \sum_{i=1}^{n} x_i^2 & \sum_{i=1}^{n} x_i^3 & \cdots & \sum_{i=1}^{n} x_i^m y_i \\ \sum_{i=1}^{n} x_i^2 & \sum_{i=1}^{n} x_i^3 & \sum_{i=1}^{n} x_i^4 & \cdots & \sum_{i=1}^{n} x_i^{m+1} y_i \\ \vdots & \vdots & \vdots & & \vdots \\ \sum_{i=1}^{n} x_i^m & \sum_{i=1}^{n} x_i^{m+1} & \sum_{i=1}^{n} x_i^{m+2} & \cdots & \sum_{i=1}^{n} x_i^m y_i \end{vmatrix}$$

式中 n 为试验数据对的个数。

3) 回归曲线方程的精度

与线性回归一样，曲线拟合的精度也可用残差标准误差 $\hat{\sigma}$ 来表示，即

$$\hat{\sigma} = \sqrt{\frac{\sum_{i=1}^{n}(y_i - \hat{y}_i)^2}{n-q}}$$

式中 q——回归方程中待定系数的个数；

$\hat{y}_i$——自变量为 x_i 时，回归曲线方程的计算值。

$\hat{\sigma}$ 越小，说明回归曲线的精度越高。

例 6-4 在一项测试工作中，对变量 x 和 y 进行测量，其数据如表 6-4 所示，试确定回归方程。

表 6-4 试验数据及一元回归计算表

序号	x	y	$X=\dfrac{1}{x}$	$Y=\dfrac{1}{y}$	$\hat{y}$
1	2	6.42	0.500	0.156	6.793 48
2	3	8.20	0.333	0.122	7.963 9
3	4	9.85	0.250	0.102	8.714 6
4	5	9.50	0.200	0.105	9.237 02
5	6	9.70	0.166 7	0.103	9.621 55
6	7	10.00	0.143	0.100	9.916 42
7	8	9.93	0.125	0.101	10.149 71
8	9	9.99	0.111	0.100	10.338 89
9	10	10.49	0.100	0.095	10.495 38
10	11	10.59	0.091	0.094	10.626 99
11	12	10.60	0.083	0.094	10.739 22
12	13	10.80	0.077	0.093	10.836 04
13	14	10.60	0.071	0.094	10.920 44
14	15	10.90	0.067	0.092	10.994 65
15	16	10.76	0.063	0.093	11.060 42

解：(1) 确定回归方程的函数类型。

将表 6-4 中的数据画在坐标纸上，如图 6-3 中的圆圈所示。从图中可以看出，数据点分布与图 6-2 (a) 所示的曲线接近，故初步判断回归方程是一条双曲线，于是，可用下式表示，即

$$\frac{1}{y} = a + \frac{b}{x}$$

(2) 通过变量转换，化曲线函数为直线函数。

令 $Y = \dfrac{1}{y}, X = \dfrac{1}{x}, A = a, B = b$，则双曲线函

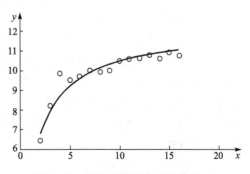

图 6-3 用双曲线拟合试验数据

数式变成

$$Y = A + BX$$

(3) 进行一元线性回归。

将表 6-4 的 x 和 y 取倒数后,分别得到 X 和 Y,列于该表的右侧,式(6-19)和(6-20)进行相应的计算,可求得系数为

$$A = 0.082\ 3, B = 0.129\ 8$$

得到回归直线为

$$Y = 0.082\ 3 + 0.129\ 8X$$

(4) 通过变量反转换,求回归曲线。

将 $Y = \dfrac{1}{y}$,$X = \dfrac{1}{x}$ 代入上式,则可得回归曲线为

$$\frac{1}{y} = 0.082\ 3 + \frac{0.129\ 8}{x}$$

根据回归曲线方程绘制的曲线见图 6-3。

(5) 确定回归曲线的精度。

将 x_i 代入回归曲线方程,可计算得到 $\hat{y}_i$,如表 6-3,进而可计算回归精度。

$$\hat{\sigma} \sqrt{\frac{\sum_{i=1}^{15}(y_i - \hat{y}_i)^2}{15 - 2}} = 0.388\ 4$$

6.5 动态试验数据分析

6.5.1 动态试验数据处理概述

试验数据通常是被测量的时间历程,隐含着事物内在规律,只有经过一定的处理和分析,才能从原始记录中获取有用的信息。

试验数据分类与第二章中介绍的信号分类一样,可以分为确定性的和随机性的两大类。

用试验数据的幅值随时间变化的表达式、图形或数据表来表示动态试验数据的特征,就称之为试验数据的时域描述,这种方法比较简单直观,但不能反映数据的频率结构。根据需要,经常对试验数据进行频域描述,就是研究试验数据的频率构成以及各频率成分的强度。

数据处理的一般步骤如下:

1. 数据准备

数据准备即数据预处理,其目的是检测和剔除在测量过程中由于严重的噪声、信号丢失等原因造成的异常数据。这项工作可以人工直观检查进行,也可用专门仪器来完成。采用模拟处理法分析时,经数据预处理后,还要进行数据标定,即将电压信号换算成被测量的工程单位。采用数字处理法分析时,在数据预处理后,还要进行波形采样、数据标定、均值零化以及消除趋势项等工作。

1) 异常数据的取舍

具体方法在上一节已介绍过了。

2) 消除趋势项

在随机信号的分析中,往往由于测试系统中某些因素的影响而产生随时间而变化的变值系统误差,其周期一般很长,这种周期大于记录长度的频率成分,称之为趋势项。如果不去掉这种趋势项,会使得相关函数及功率谱密度函数的处理图形产生畸变、低频谱值失真,必须设法消除。常用的方法有是最小二乘拟合法和平均斜率法,但平均斜率法没有最小二乘法精确。

工程上常采用最小二乘拟合法来消除趋势项。它既可以消除高阶多项式的趋势项,又可以消除线性趋势项,是一种精度较高的方法。具体的拟合方法与上一节中多项式回归的方法是相同的。一般来讲,用于消除趋势项的高阶多项式,很少有拟合阶次大于 3 的情况。

在作消除趋势项的处理时,还必须注意有些似乎是趋势项但实际不是,而是原始数据中含有的成分,不能作为趋势项来消除。因此,消除趋势项的工作要特别认真谨慎。

2. 数据检验

首先判断试验数据是确定性的还是随机性的,有效的方法是频谱分析。若一时间历程的频谱是离散的,它一定是确定性试验数据;若频谱是连续的,并多次重复测量能得到相同的结果,则它是确定性的瞬变数据,否则为随机性试验数据。

对于随机性试验数据一般对试验数据进行平稳性检验、周期性检验(可用图形检验法或方差定量检验法)和正态性检验(可用概率密度函数检验法或 χ^2 拟合优度检验法)。因为这三个特性对随机性数据的分析结果的解释有很大影响。

1) 平稳性检验

判断随机数据是否平稳,最简单的方法是根据产生此数据的现象和物理特性,结合时间历程的图形做出分析。如果产生数据的基本物理因素不随时间变化,就可以认为数据是平稳的;反之,数据是非平稳的。采取这种直观分析方法进行平稳性检验,需要一定的实际经验。在不能做出直观判断时,可运用统计检验原理——轮次(游程)检验法进行。

轮次检验法的基本思想是:把一个时间历程记录分成相等的 m 段,计算每一段的均值、方差和自相关函数,然后根据轮次检验法分别判断均值、方差和自相关函数是否存在潜含非平稳的趋势。如果没有非平稳的趋势存在,则数据是平稳的。

2) 周期性检验

为了判别随机信号中是否含有周期信号分量,或检验周期信号中是否混入了随机信号,必须做周期性检验,也称之为随机检验。工程中常用的周期性检验有图形检验法和方差定量检验法。

方差定量检验法的基本思想是:对于正弦等周期信号,由于不会出现统计误差,故在不同时间区间的功率谱密度计算值不会有多大差别;然而对于窄带随机信号,在不同时间区间的计算值,则会表现一定的分散性。因此,根据其分散性的大小便可以区分出信号中是否含有周期分量。

3) 正态性检验

检验平稳随机数据是否满足高斯分布的方法称为正态性检验。正态性检验有概率密度函数检验法和 χ^2 拟合优度检验法。

概率密度函数检验法是用观察样本数据的概率密度函数与理论的高斯分布相比较做出判断,也可以将观察样本数据的概率分布函数直接画在高斯分布纸上,看是否是一条直线。若是一条直线,则满足高斯分布;否则,不满足高斯分布。

由于采样记录不可能足够长，只能对采样数据做出估算，故概率密度函数检验法难以做到十分精确。如需精确估算，可用 χ^2 拟合优度检验法。

χ^2 拟合优度检验法是正态检验最方便，且精度高的一种方法。此法又可分为等频数法和等区间宽度法两种。

3. 数据分析

试验数据的类型不同，分析方法也不同。对于确定性数据，可以寻求数学函数式或经验公式来表达。而对于随机性数据，一般从以下三个方面进行分析。

(1) 幅值域分析——均值、均方值、方差及概率密度函数等。

(2) 时间域分析——自相关函数和互相关函数。

(3) 频率域分析——自功率谱密度函数和互功率谱密度函数等。

在工程技术测量中，有些随机性试验数据可简化成各态历经随机过程予以处理，因此，其统计特性可用单个样本函数上的时间平均来描述。

6.5.2 试验数据的幅值域分析与处理

描述各态历经随机信号的主要统计参数有均值、方差、均方值和概率密度函数等。

1. 均值、均方值和方差

1) 均值

均值是最常用的数据特性值，反映数据的平均性质。均值反映了随机信号的静态分量（直流分量）。各态历经随机信号的均值为

$$\mu_x = \lim_{T \to +\infty} \frac{1}{T} \int_0^T x(t) \, dt \qquad (6-23)$$

式中 $x(t)$ ——各态历经随机信号的样本时间历程；

T ——所处理信号的记录时间。

2) 方差

方差的大小反映了随机信号对于均值的离散程度，即代表了信号的动态分量（交流分量）。其定义为

$$\sigma_x^2 = \lim_{T \to +\infty} \frac{1}{T} \int_0^T [x(t) - \mu_x]^2 \, dt \qquad (6-24)$$

方差的正平方根称为标准差。

3) 均方值

均方值描述了随机信号的强度或平均功率。其定义为

$$\psi_x^2 = \lim_{T \to +\infty} \frac{1}{T} \int_0^T x^2(t) \, dt \qquad (6-25)$$

均方值的正平方根称为均方根值（或称有效值），有时也称为表头示值。

由式 (6-24) 有

$$\sigma_x^2 = \lim_{T \to \infty} \frac{1}{T} \int_0^T [x(t) - \mu_x]^2 \, dt$$

$$= \lim_{T \to +\infty} \frac{1}{T} \int_0^T [x^2(t) - 2x(t)\mu_x + \mu_x^2] \, dt$$

$$= \lim_{T \to +\infty} \frac{1}{T} \Big[\int_0^T x^2(t) \mathrm{d}t - 2\mu_x \int_1^T x(t) \mathrm{d}t \Big] + \mu_x^2$$
$$= \psi_x^2 - \mu_x^2$$

均值、方差和均方值之间有如下关系：
$$\psi_x^2 = \mu_x^2 + \sigma_x^2 \tag{6-26}$$

在实际的测试工作中，要获取观测时间 T 为无限长的样本函数是不可能的，用有限的长度样本记录而代之，这样计算的统计参数称为估计值，以加注"∧"来区分。均值、均方值和方差的估计值分别为

$$\hat{\mu}_x = \frac{1}{T} \int_0^T x(t) \mathrm{d}t \tag{6-27}$$

$$\hat{\sigma}_x^2 = \frac{1}{T} \int_0^T [x(t) - \hat{\mu}_x]^2 \mathrm{d}t \tag{6-28}$$

$$\hat{\psi}_x^2 = \frac{1}{T} \int_0^T x^2(t) \mathrm{d}t \tag{6-29}$$

在数字处理分析时，模拟信号经过时域采样后，得到的数值序列 $\{x_n\}$ ($n = 0, 1, \cdots, N-1$)。采样点数 $N = T/\Delta t$，T 为所处理信号的记录时间，Δt 为采样时间间隔。均值、均方值和方差的估计值分别为

$$\hat{\mu}_x = \frac{1}{N} \sum_{n=0}^{N-1} x_n \tag{6-30}$$

$$\hat{\sigma}_x^2 = \frac{1}{N-1} \sum_{n=0}^{N-1} (x_n - \hat{\mu}_x)^2 \tag{6-31}$$

$$\hat{\psi}_x^2 = \frac{1}{N-1} \sum_{n=0}^{N-1} x_n^2 \tag{6-32}$$

2. 概率密度函数

概率密度函数是表示信号瞬时值落在某指定区间内的概率。由于 $x(t)$ 是试验所得的随机记录的一个样本曲线，一般不可能有确定性的函数数学表达式，因此，只能把记录曲线分成许多 Δx 数值带，然后统计 $x(t)$ 落在每个 Δx 数值带内所占有的总时间 T_x。例如图 6-4 所示的信号 $x(t)$，其值落在区间 $(x, x + \Delta x)$ 内的总时间为

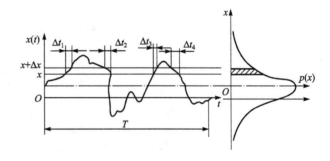

图 6-4 随机信号的概率密度函数的计算

$$T_x = \Delta t_1 + \Delta t_2 + \cdots + \Delta t_n = \sum_{i=1}^n \Delta t_i \tag{6-33}$$

当样本记录时间 T 趋于无限大时，T_x/T 的比值就是 $x(t)$ 幅值落在区间 $(x, x + \Delta x)$ 内的概率，即

$$P(x < x(t) \leq x + \Delta x) = \lim_{T \to +\infty} \frac{T_x}{T} \tag{6-34}$$

而概率密度函数定义为

$$p(x) = \lim_{\Delta x \to 0} \frac{P(x < x(t) \leq x + \Delta x)}{\Delta x} = \lim_{\Delta x \to 0} \frac{1}{\Delta x} \left[\lim_{T \to +\infty} \frac{T_x}{T} \right] \quad (6-35)$$

其估计值为

$$\hat{p}(x) = \frac{T_x}{T \Delta x} \quad (6-36)$$

式中 T_x——$x(t)$ 落在中心为 x，宽度为 Δx 的窄振幅窗中的时间。

概率密度函数反映了随机信号幅值分布的规律。由于不同的随机信号具有不同的概率密度函数图形，故可根据它识别信号。

3. 概率分布函数

概率分布函数是信号幅值 x 小于或等于某个值 R 的概率，定义为

$$F(x) = \int_{-\infty}^{R} p(x) \, dx$$

概率分布函数又称累积概率，表示落在某一区间的概率，也可以写成

$$F(x) = P(-\infty < x \leq R)$$

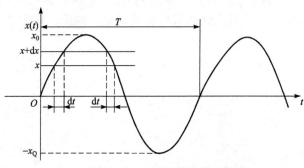

图 6-5 正弦函数波形示意图

例 6-5 设有一正弦函数 $x(t) = x_0 \sin \omega t$，如图 6-5 所示，求其概率密度函数和概率分布函数。

解：因为正弦函数是周期的，所以只需讨论一个周期即可。由图 6-5 可见，在一个周期内 $x(t)$ 落在 x 和 $x + dx$ 范围内所占有的时间为 $2dt$，而一个周期的时间为 T，所以 $x(t)$ 落在 x 和 $x + dx$ 范围内的概率为

$$P\{x \leq x(t) \leq x + dx\} = \frac{2dt}{T}$$

因为

$$x(t) = x_0 \sin \omega t$$

所以

$$dx = x_0 \omega \cos \omega t \, dt$$

$$dt = \frac{dx}{x_0 \omega \cos \omega t} = \frac{dx}{x_0 \omega \sqrt{1 - \sin^2 \omega t}} = \frac{dx}{\omega \sqrt{x_0^2 - x^2}}$$

因为

$$T = \frac{2\pi}{\omega}$$

所以

$$P\{x \leq x(t) \leq x + dx\} = \frac{2dt}{T} = \frac{dx}{\pi \sqrt{x_0^2 - x^2}} \quad (-x_0 \leq x(t) \leq x_0)$$

由式（6-35），得概率密度函数为

$$p(x) = \frac{1}{\pi \sqrt{x_0^2 - x^2}} \quad (-x_0 \leq x(t) \leq x_0)$$

概率分布函数为

$$F(x) = \int_{-\infty}^{R} p(x) \, dx = \int_{-x_0}^{R} \frac{1}{\pi \sqrt{x_0^2 - x^2}} \, dx$$

$$= \frac{1}{\pi}\arcsin\frac{x}{x_0}\bigg|_{-x_0}^{R} = \frac{1}{\pi}\arcsin\frac{R}{x_0} + \frac{1}{2}$$

6.5.3 试验数据的时域分析与处理

1. 相关

所谓"相关"是指变量之间的线性关系。在试验数据分析中，相关是一个重要概念。对于确定性的信号来说，两个变量之间可用函数关系来描述，两者一一对应且为确定的数值。而两个随机变量之间就不具有这样确定的关系，但是，如果这两个变量之间具有某种内涵的物理联系，那么，通过大量统计就能发现它们之间还是存在着某种虽不精确但却具有相应的表征其特征的近似关系。例如，人的体重和身高之间不能用确定性函数表示，但通过大量的统计可以发现身高的人体重也常常大一些，这两个变量之间有一定的线性关系。

图 6-6 表示由两个随机变量 x 和 y 组成的实际测试"数值对"的分布情况，每个数值对用直角坐标平面上的一个点来表示。图 6-6（a）中各点分布很散，可以说变量 x 和变量 y 之间是无关的，即不相关的；图 6-6（b）中 x 和 y 虽无确定关系，但从统计结果、总体上看，大的 x 值同大的 y 值相对应，小的 x 值同小的 y 值相对应，因此说它们之间有一定的相关关系，两变量是相关的。

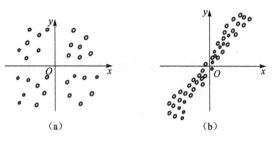

图 6-6 随机变量 x 和 y 的相关性
（a）不相关；（b）相关

变量 x 和 y 之间的相关程度用相关系数 ρ_{xy} 表示，即

$$\rho_{xy} = \frac{E[(x-\mu_x)(y-\mu_y)]}{\sigma_x \sigma_y} \tag{6-37}$$

当 $|\rho_{xy}|=1$ 时，说明 $x(t)$ 和 $y(t)$ 两变量是线性相关；$\rho_{xy}=0$ 时，表示 $x(t)$ 和 $y(t)$ 两变量之间完全无关；$|\rho_{xy}|<1$ 时，$x(t)$ 和 $y(t)$ 两变量之间的相关程度取决于 $|\rho_{xy}|$ 的大小。

2. 自相关函数

如果 $x(t)$ 是某各态经历随机过程的一个样本，$x(t+\tau)$ 和 $x(t)$ 时移差为 τ（如图 6-7 所示），那么 $x(t)$

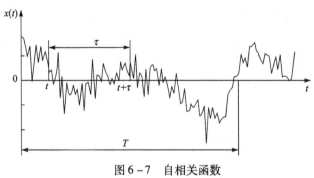

图 6-7 自相关函数

和 $x(t+\tau)$ 的相关系数为

$$\rho_{x(t)x(t+\tau)} = \frac{\lim\limits_{T\to+\infty}\frac{1}{T}\int_0^T [x(t)-\mu_x][x(t+\tau)-\mu_x]\mathrm{d}t}{\sigma_x^2}$$

$$= \frac{\lim\limits_{T\to+\infty}\frac{1}{T}\int_0^T x(t)x(t+\tau)\mathrm{d}t - \mu_x^2}{\sigma_x^2} \tag{6-38}$$

用 $R_x(\tau)$ 表示自相关函数，定义为

$$R_x(\tau) = \lim_{T \to +\infty} \frac{1}{T} \int_0^T x(t) x(t+\tau) \mathrm{d}t \qquad (6-39)$$

则
$$\rho_{x(t)x(t+\tau)} = \frac{R_x(\tau) - \mu_x^2}{\sigma_x^2} \qquad (6-40)$$

令 $\rho_x(\tau) = \rho_{x(t)x(t+\tau)}$，则有

$$R_x(\tau) = \rho_x(\tau) \sigma_x^2 + \mu_x^2 \qquad (6-41)$$

自相关函数的性质：

(1) 周期函数的自相关函数仍是周期函数，且频率相同。

例 6-6 求正弦信号 $x(t) = A\sin(\omega t + \varphi)$ 的自相关函数。

解：根据定义式 (6-39)，有

$$R_x(\tau) = \lim_{T \to \infty} \frac{1}{T} \int_0^T x(t) x(t+\tau) \mathrm{d}t$$

$$= \lim_{T \to \infty} \frac{1}{T} \int_0^T A\sin(\omega t + \varphi) A\sin(\omega t + \omega\tau + \varphi) \mathrm{d}t$$

正弦函数是周期函数，其各种平均值可以用一个周期内的平均值表示。该正弦函数的自相关函数可以写为

$$R_x(\tau) = \frac{1}{T_0} \int_0^{T_0} A\sin(\omega t + \varphi) A\sin(\omega t + \omega\tau + \varphi) \mathrm{d}t$$

$$= \frac{1}{T_0} \int_0^{T_0} \frac{A^2}{2} [\cos \omega\tau - \cos(2\omega t + \omega\tau + 2\varphi)] \mathrm{d}t$$

$$= \frac{A^2}{2} \cos \omega\tau$$

可见，正弦函数的自相关函数是一个余弦函数，在 $\tau = 0$ 时，具有最大值。它保留了幅值和频率信息，但丢失了相位信息。

利用自相关函数的这一性质，可以检测在随机信号中是否含有确定性周期信号。如图 6-8 所示，BJ212 汽车在搓板路上以 20 km/h 的车速行驶时，车身上的垂直加速度时间历程曲线和自相关函数曲线，可见，该车在搓板路上行驶时，车身上混有 9~10 Hz 的周期成分。

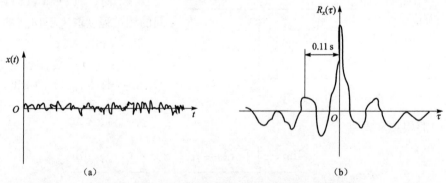

图 6-8　BJ-212 车身加速度时间历程及自相关函数
(a) 加速度时间历程；(b) 加速度的自相关函数

(2) 自相关函数是时移 τ 的偶函数，满足下式

$$R_x(\tau) = R_x(-\tau) \qquad (6-42)$$

当时移为 $-\tau$ 时，自相关函数为

$$R_x(-\tau) = \lim_{T \to +\infty} \frac{1}{T} \int_0^T x(t) x(t - \tau) \mathrm{d}t$$
$$= \lim_{T \to +\infty} \frac{1}{T} \int_0^T x(t + \tau) x(t + \tau - \tau) \mathrm{d}(t + \tau)$$
$$= R_x(\tau)$$

故知自相关函数 $R_x(\tau)$ 是偶函数，如图 6-9 所示。

(3) 当 $\tau = 0$ 时，$R_x(0)$ 的最大值为 $\sigma_x^2 + \mu_x^2$。

当 $\tau = 0$ 时，由式（6-39）和（6-40）可得

$$R_x(0) = \lim_{T \to +\infty} \frac{1}{T} \int_0^T x^2(t) \mathrm{d}t = \sigma_x^2 + \mu_x^2 = \psi_x^2$$
$$\rho_x(0) = 1$$

可见，$R_x(0)$ 的最大值为 $\sigma_x^2 + \mu_x^2$，如图 6-9 所示。

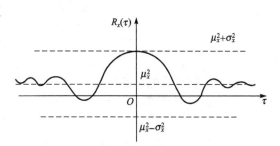

图 6-9　自相关函数的性质

当 $\tau \to \infty$ 时，$x(t)$ 和 $x(t+\tau)$ 之间就不存在内在联系了，即 $\rho_x(\tau \to \infty) \to 0$，$R_x(\tau \to \infty) \to \mu_x^2$，表示自相关函数随着时移的增大，逐渐趋近于均值。

对于变化迅速的信号（宽带随机信号），相关程度在 τ 很小时就完全丧失。信号中高频分量越多，则 $R_x(\tau)$ 衰减越快。对变化较缓慢的信号（窄带随机信号），则 $R_x(\tau)$ 衰减越慢，在 τ 很大以后，$x(t)$ 和 $x(t+\tau)$ 才不相关。

3. 互相关函数

对于各态历经随机过程，两个随机信号 $x(t)$ 和 $y(t)$ 的互相关函数 $R_{xy}(\tau)$ 定义为

$$R_{xy}(\tau) = \lim_{T \to +\infty} \frac{1}{T} \int_0^T x(t) y(t + \tau) \mathrm{d}t \tag{6-43}$$

则

$$R_{yx}(\tau) = \lim_{T \to +\infty} \frac{1}{T} \int_0^T y(t) x(t + \tau) \mathrm{d}t \tag{6-44}$$

互相关函数既非偶函数，也非奇函数，是可正可负的实函数。书写时应注意脚注符号的顺序，$R_{xy}(\tau) \neq R_{yx}(\tau)$，它在 $\tau = 0$ 处不一定具有最大值。图 6-10 为表示互相关函数的示意图。

在所处理信号的记录时间 T 内，相关函数的估计值分别表示如下：

$$\hat{R}_x(\tau) = \frac{1}{T} \int_0^T x(t) x(t + \tau) \mathrm{d}t \tag{6-45}$$

$$\hat{R}_{xy}(\tau) = \frac{1}{T} \int_0^T x(t) y(t + \tau) \mathrm{d}t \tag{6-46}$$

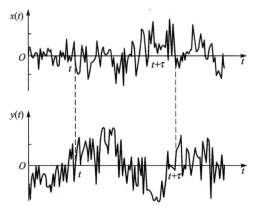

图 6-10　互相关函数

对两个各态历经随机过程，其时移为 τ 的相

关系数为

$$\rho_{xy} = \frac{\lim_{T\to\infty}\frac{1}{T}\int_0^T [x(t)-\mu_x][y(t+\tau)-\mu_y]\mathrm{d}t}{\sigma_x\sigma_y}$$

$$= \frac{\lim_{T\to\infty}\frac{1}{T}\int_0^T x(t)y(t+\tau)\mathrm{d}t - \mu_x\mu_y}{\sigma_x\sigma_y}$$

$$= \frac{R_{xy}(\tau) - \mu_x\mu_y}{\sigma_x\sigma_y} \tag{6-47}$$

因为
$$|\rho_{xy}(\tau)| \leq 1$$

所以
$$\mu_x\mu_y - \sigma_x\sigma_y \leq R_{xy}(\tau) \leq \mu_x\mu_y + \sigma_x\sigma_y \tag{6-48}$$

互相关函数具有如下性质：

(1) 互相关函数不是时移 τ 的偶函数，也不是奇函数，但满足下式：
$$R_{xy}(\tau) = R_{yx}(-\tau)$$

(2) $\tau = \tau_0$ 时，$R_{xy}(\tau_0)$ 的最大值为 $\sigma_x\sigma_y + \mu_x\mu_y$。

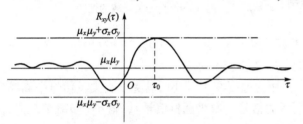

图 6-11 互相关函数的性质

如图 6-11 所示，在某个时刻 τ_0，$R_{xy}(\tau)$ 达到最大值，反映 $x(t)$ 和 $y(t)$ 之间主传输通道的滞后时间。如果两随机信号中具有频率系统的周期成分，那么在互相关函数中即使 $\tau\to\infty$ 也会出现该频率的周期成分。

(3) 对于两同频率的周期信号，其互相关函数仍然是同频率的周期信号，但保留了原信号的相位信息。

例 6-7 已知两个同频正弦信号为
$$x(t) = A\sin(\omega t + \varphi)$$
$$y(t) = B\sin(\omega t + \varphi - \theta)$$

求其互相关函数。

解：由于两个信号皆为周期函数，所以取一个周期内的时间平均，即

$$R_{xy}(\tau) = \frac{1}{T_0}\int_0^{T_0} x(t)y(t+\tau)\mathrm{d}t$$

$$= \frac{1}{T_0}\int_0^{T_0} A\sin(\omega t + \varphi)B\sin[\omega(t+\tau)+\varphi-\theta]\mathrm{d}t$$

$$= \frac{AB}{2T_0}\int_0^{T_0}\{\cos(\omega\tau-\theta) - \cos[2\omega(t+\varphi)+\omega\tau-\theta]\}\mathrm{d}t$$

$$= \frac{AB}{2}\cos(\omega\tau-\theta)$$

可见，两个周期同频正弦信号的互相关函数保留了这两个信号的频率、幅值和相位角的信息。

利用这一性质，可以检测系统对信号的传递时间。图 6-12 为某汽车转向脉冲试验的互相

关函数图。该车以 60 km/h 车速进行脉冲试验时，以方向盘转角 $x(t)$ 作为输入信号，汽车的回转角速度 $y(t)$ 作为输出。由图可知，峰值偏离纵坐标 0.15~0.18 s，即输出信号滞后于输入信号 0.15~0.18 s，这一滞后表明了该车操纵系统的快慢程度。

利用互相关分析可以测量运动物体的速度。如图 6-13 所示，为测量汽车行驶速度，在汽车前后列出设置传感器，感受路面的不平度，传感器获得的测量信号 $x(t)$ 和 $y(t)$，经互相关分析后可以得到 $x(t)$ 和 $y(t)$ 之间的滞后时间 τ_0。汽车的行驶速度 $v = l/\tau_0$，式中为两传感器之间的水平距离。同理，互相关分析还可以测定飞机、气流以及热轧钢板等运动物体的速度，也可测量地下管路裂损的位置。

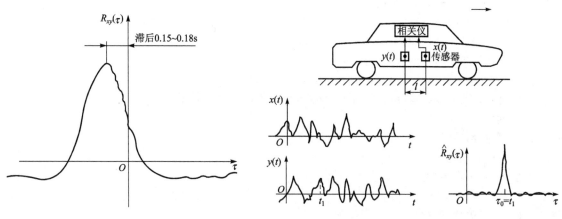

图 6-12　汽车转向脉冲试验互相关函数图　　　图 6-13　汽车行驶速度的测量

图 6-14 是用互相关方法确定地下输油管路漏损位置的示意图。漏损处 K 视为向两侧传播声响的声源，在漏损处 K 两侧的管道上分别设置传感器 1 和 2，由于两传感器距离漏损处的距离不等，漏油的声源传至两传感器有时差 τ_0，由 τ_0 就可确定漏损处的位置。两传感器中点距漏损处的距离为

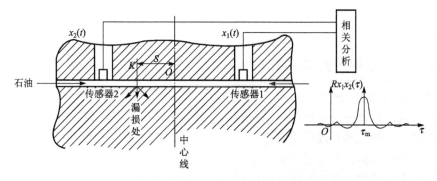

图 6-14　利用互相关方法确定输油管的漏油位置

$$S = \frac{1}{2} v \tau_0$$

式中　v——声音通过管道的传播速度。

（4）两个非同频的周期信号互不相关，可以根据正（余）弦函数的正交特性予以证明。

在 MATLAB 中，可以利用 xcorr 函数估计随机过程的自相关函数序列和两个随机过程的互相关函数序列。

以例 6 – 6、例 6 – 7 的计算结果，对于 $x(t) = \sin\left(\dfrac{1}{2}\pi t + \dfrac{\pi}{6}\right)$、$y(t) = \sin\left(\dfrac{1}{2}\pi t + \dfrac{\pi}{6} - \dfrac{\pi}{4}\right)$ 时，编写的 MATLAB 程序如下，绘制的自相关函数曲线、互相关函数曲线分别如图 6 – 15 和图 6 – 16 所示。

```
% 求自相关函数和自相关函数的 MATLAB 程序
clear all
Fs = 100;% Hz
Lag = 1000;% 相关信号的最大延迟量
t = 1:1/Fs:10;
x = sin(0.5* pi* t + pi/6);%  for example
y = sin(0.5* pi* t + pi/6 - pi/4);
[rx,lagx] = xcorr(x,Lag,'biased');% 有偏自相关函数计算
[rxy,lagxy] = xcorr(x,y,Lag,'biased');% 有偏互相关函数计算
figure(1)
plot(t,x,t,y)
figure(2)
plot(lagx/Fs,rx)
figure(3)
plot(lagxy/Fs,rxy)
```

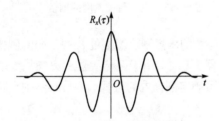

图 6 – 15　自相关函数曲线

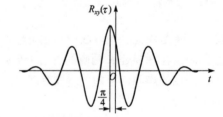

图 6 – 16　互相关函数曲线

6.5.4　试验数据的频域分析与处理

1. 周期性数据的频谱分析——谐波分析法

根据傅里叶级数理论，在满足狄里克利雷条件（分段连续和分段光滑）下，任何周期为 T 的时间历程 $x(t)$ 都可展开成傅里叶级数。这种把周期性数据展开成傅里叶级数的方法称为谐波分析法。具体的展开方法已在第二章中介绍过了。

离散性、谐波性和收敛性是周期性数据频谱具有的三个特点。根据周期性数据频谱的收敛性，在误差允许的范围内，可以忽略高次谐波分量。

2. 非周期性数据的频谱分析——傅里叶积分变换法

非周期性数据一般是在一定时间内，随时间变化的瞬变数据。对于非周期性数据的频谱分析，一般采用傅里叶变换法。瞬变数据的时间历程 $x(t)$ 满足傅里叶积分存在条件，即满足狄里克利雷条件和在无限区间上函数绝对可积的条件，可写为

$$X(f) = \int_{-\infty}^{+\infty} x(t) e^{-j2\pi ft} dt \qquad (6-49)$$

$$x(t) = \int_{-\infty}^{+\infty} X(f) e^{j2\pi ft} df \qquad (6-50)$$

3. 随机性数据的频谱分析——功率谱分析法

对于随机数据而言,其信号的时间历程不满足函数在无限区间上绝对可积的条件,因此描述其频率特性就不能直接利用傅里叶积分变换法,而通常采用功率谱分析法。

1) 自功率谱密度函数

假定 $x(t)$ 是各态历经随机过程的一个样本,其均值 $\mu_x = 0$,并且其中没有周期性分量,那么有

$$R_x(\tau \to +\infty) = 0 \qquad (6-51)$$

这样,自相关函数 $R_x(\tau)$ 可满足函数在无限区间上绝对可积的条件,即

$$\int_{-\infty}^{+\infty} |R_x(\tau)| d\tau < +\infty \qquad (6-52)$$

根据傅里叶变换公式,可以得到 $R_x(\tau)$ 的傅里叶变换 $S_x(f)$ 及其逆变换,即

$$S_x(f) = \int_{-\infty}^{+\infty} R_x(\tau) e^{-j2\pi f\tau} d\tau \qquad (6-53)$$

$$R_x(\tau) = \int_{-\infty}^{+\infty} S_x(f) e^{j2\pi f\tau} df \qquad (6-54)$$

$$R_x(\tau) \underset{\text{IFT}}{\overset{\text{FT}}{\rightleftharpoons}} S_x(f)$$

$S_x(f)$ 定义为 $x(t)$ 的自功率谱密度函数,简称功率谱密度函数、自功率谱或自谱。$S_x(f)$ 和 $R_x(\tau)$ 之间是傅里叶变换对,两者是一一对应的,因此 $S_x(f)$ 中包含了 $R_x(\tau)$ 的全部信息。$R_x(\tau)$ 为偶函数,$S_x(f)$ 也是偶函数。

当 $\tau = 0$ 时,根据 $R_x(\tau)$ 的定义和式 (6-54) 可得到

$$R_x(0) = \lim_{T \to \infty} \frac{1}{T} \int_0^T x^2(t) dt = \int_{-\infty}^{+\infty} S_x(f) df \qquad (6-55)$$

因为 $R_x(0) = \psi_x^2$,所以有

$$\psi_x^2 = \int_{-\infty}^{+\infty} S_x(f) df \qquad (6-56)$$

由此可知,$S_x(f)$ 曲线和频率轴所包围的面积就是信号的平均功率。而 $S_x(f)$ 就表示了信号的功率按频率分布的规律,所以称 $S_x(f)$ 为自功率谱密度函数。

通常把在 $(-\infty, +\infty)$ 频率范围内定义的功率谱 $S_x(f)$ 称为双边自功率谱密度函数。然而工程上,频率只能在 $[0, +\infty)$ 的范围内定义功率谱,这种功率谱称为单边功率谱,记为 $G_x(f)$(如图 6-17)。二者之间的关系为

$$G_x(f) = \begin{cases} 2S_x(f) & 0 \leq f < +\infty \\ 0 & \text{其余} \end{cases} \qquad (6-57)$$

2) 互谱密度函数

如果互相关函数 $R_{xy}(\tau)$ 满足傅里叶变换的条件,则定义信号 $x(t)$ 和 $y(t)$ 的互功率谱

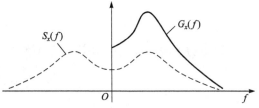

图 6-17 单边谱和双边谱

密度函数 $S_{xy}(f)$ 为

$$S_{xy}(f) = \int_{-\infty}^{+\infty} R_{xy}(\tau) e^{-j2\pi f \tau} d\tau \tag{6-58}$$

互功率谱密度函数简称互谱或互功率谱。根据傅里叶逆变换，有

$$R_{xy}(\tau) = \int_{-\infty}^{+\infty} S_{xy}(f) e^{j2\pi f \tau} df \tag{6-59}$$

同理可得

$$S_{yx}(f) = \int_{-\infty}^{+\infty} R_{yx}(\tau) e^{-j2\pi f \tau} d\tau \tag{6-60}$$

$$R_{yx}(\tau) = \int_{-\infty}^{+\infty} S_{yx}(f) e^{j2\pi f \tau} df \tag{6-61}$$

像功率密度函数一样，把在 $(-\infty, +\infty)$ 频率范围内定义的互谱密度函数 $S_{xy}(f)$，称为双边互谱，而在 $[0, +\infty)$ 频率范围内定义的互谱，称为单边互谱，并记为 $G_{xy}(f)$。两者关系为

$$G_{xy}(f) = 2S_{xy}(f) \quad 0 \leq f < +\infty \tag{6-62}$$

因为互相关函数为非偶函数，所以互谱是一个复数，即

$$G_{xy}(f) = M_{xy}(f) - jN_{xy}(f) \tag{6-63}$$

实部与虚部分别为

$$M_{xy}(f) = 2\int_{-\infty}^{+\infty} R_{xy}(\tau) \cos 2\pi f \tau \, d\tau \tag{6-64}$$

$$N_{xy}(f) = 2\int_{-\infty}^{+\infty} R_{xy}(\tau) \sin 2\pi f \tau \, d\tau \tag{6-65}$$

实部称为共谱（亦称协谱、余谱）密度函数；虚部称为正交谱（亦称重谱、方谱）密度函数。在实际中常用谱密度的幅值和相位来表示，即

$$G_{xy}(f) = |G_{xy}(f)| e^{-j\theta_{xy}(f)} \tag{6-66}$$

$$|G_{xy}(f)| = \sqrt{M_{xy}^2(f) + N_{xy}^2(f)} \tag{6-67}$$

$$\theta_{xy}(f) = -\arctan \frac{N_{xy}(f)}{M_{xy}(f)} \tag{6-68}$$

显然，互谱密度表示了幅值以及两个信号之间相位关系。互谱密度不像自谱密度那样具有功率的物理含义。在实际中，常利用测定线性系统的输出与输入的互谱密度来识别系统的动态特性。

3) 频率响应函数

对于一个线性系统，如果输入为 $x(t)$，输出为 $y(t)$，对应的傅里叶变换分别为 $X(f)$ 和 $Y(f)$，功率谱分别为 $S_x(f)$ 和 $S_y(f)$，互谱为 $S_{xy}(f)$，则系统的频率响应函数 $H(f)$ 为

$$H(f) = \frac{Y(f)}{X(f)} \tag{6-69}$$

如用功率谱形式表示频率响应函数时，其表达式为

$$|H(f)|^2 = \frac{S_y(f)}{S_x(f)} \tag{6-70}$$

$$H(f) = \frac{S_{xy}(f)}{S_x(f)} \tag{6-71}$$

可见，通过输入、输出自谱分析，就可得到系统的幅频特性。但在这种谱分析中丢失了相位信息，因此不能得到相位信息。通过输入的自谱和输入、输出的互谱分析，可以得到频率响应函数，不仅含有幅频特性，而且含有相频特性，这是因为互相关函数中包含着相位信息。

在 MATLAB 中用 psd 函数可以估计信号的功率谱密度，工具箱函数 csd 可以估计两信号的互谱密度。

例 6 – 8 若信号 $x(t) = \sin(2\pi f_1 t) + 2\cos(2\pi f_2 t) + \omega(t)$，式中 $f_1 = 50$ Hz，$f_2 = 120$ Hz，$\omega(t)$ 为白噪声（用 MATLAB 中的函数产生），设采样频率 $f_s = 1\ 000$ Hz，求该信号的功率谱。

解：取信号长度 N = 1 024，用 MATLAB 编程如下：

```
% MATLAB PROGRAM
clf
fs =1000;% Hz
N =1024;
Nfft =1024;
n =0:N-1;
t =n/fs;
window = hanning(256);
noverlap =128;
dflag ='none';
x = sin(2* pi* 50* t) +2* sin(2* pi* 120* t) + randn(1,N);
Pxx = psd(x,Nfft,fs,window,noverlap,dflag);
f = (0:Nfft/2)* fs/Nfft;
% subplot(2,1,2)
plot(f,10* log10(Pxx))
xlabel('f /Hz')
ylabel('G /dB')
title('PSD')
```

绘制的自功率谱图如图 6 – 18 所示。

4）相干函数

利用互谱密度函数可以定义相干函数 $\gamma_{xy}(f)$ 及系统的频率响应函数 $H(f)$，即

$$\gamma_{xy}^2(f) = \frac{|G_{xy}(f)|^2}{G_x(f)G_y(f)} \quad (6-72)$$

$$H(f) = \frac{G_{xy}(f)}{G_x(f)} \quad (6-73)$$

相干函数又称凝聚函数，它类似于时域相关系数 ρ_{xy}，因此可称 $\gamma_{xy}^2(f)$ 为谱相关系数。可以证明：

$$0 \leq \gamma_{xy}^2(f) \leq 1 \quad (6-74)$$

相干函数是谱相关分析的重要参数，特别是在系统辨识中，相干函数可以判明输出 $y(t)$ 与输入 $x(t)$ 之间的关系。当 $\gamma_{xy}^2(f) = 1$ 时，

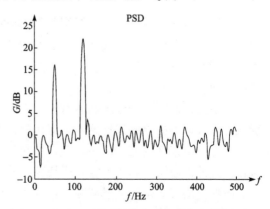

图 6 – 18 用 PSD 绘制的自功率谱密度曲线

说明输出 $y(t)$ 与输入 $x(t)$ 完全相干；当 $0 < \gamma_{xy}^2(f) < 1$ 时，表明测量过程中可能存在外界噪声干扰，也可能存在联系输入 $x(t)$ 和输出 $y(t)$ 的系统是非线性的，还有可能是输出 $y(t)$ 由输入 $x(t)$ 和其他输入的综合输出；当 $\gamma^2(f) = 0$，表示输出 $y(t)$ 与输入 $x(t)$ 不相干。

正弦函数、正弦函数加随机信号、窄带随机信号以及宽带随机信号是四种典型的信号。它们的时域波形、概率密度函数波形、自相关函数波形和功率谱密度函数的波形如图 6-19 所示。

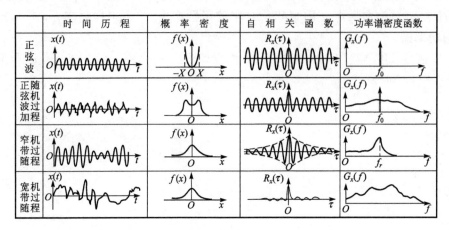

图 6-19　四种典型数据的时间历程及统计特征图

在图形检验法中，功率谱图形检验法、概率密度图形检验法、自相关图形检验法就是利用周期信号和随机信号的特征图形有明显差别的特点。如正弦波时间历程，具有明显的周期性，概率密度函数呈碗形，界限明显，自相关函数仍为同频率的周期函数；随机信号的概率分布为正态分布的钟形，在 $\tau \to \infty$ 时，其自相关函数趋近于均值的平方，当均值为零时，则趋近于零，同时，从自相关图形收敛的快慢程度可反映出随机过程中，频率成分丰富的程度，即频率成分越丰富，收敛的越快；随机数据中混有周期分量时，功率密度函数呈驼峰形，自相关函数呈连续振荡形，功率谱函数图形会出现一个尖峰。

6.6　数字信号分析与处理

随着计算机技术的发展，特别是 1965 年快速傅里叶变换算法问世以来，数字信号处理得到越来越广泛的应用。现在除了在通用计算机上发展各种数字信号处理软件以外，还发展了有专用硬件的数字信号处理芯片（DSP），其处理速度已近乎"实时"。数字信号处理技术已形成了一门新的学科。

数字处理的特点是处理离散数据，因此首先要把连续信号采样成离散的时间序列。尽管现在已发展了不少数字式传感器，但传感器所测试的大多数物理过程本质上仍是连续的，所以总是有一个采样过程。这一过程把连续信号改变成等间隔的离散时间序列，其幅值也经过量化。此外，数字计算机不管怎样快速，其容量和计算速度毕竟有限，因而处理的数据长度是有限的，信号必须要经过截断。这样数字信号处理就必然引入一些误差。很自然会提出这样的问题：如何恰当地运用这一技术，使之能够比较准确地提取原信号中的有用信息。本节将对用数字方法处理测试信号时的一些基本方法和概念作一些介绍。

6.6.1 信号的数字化

大部分传感器的输出信号都是随时间连续变化的模拟电量。若要采用数字式处理，则需要将连续模拟量转换成离散数字量，这可利用模/数转换装置（A/D 转换器）来实现。如图 6-20 所示为数字信号处理系统的简单框图。

图 6-20 数字信号处理系统的简单框图

完成 A/D 转换，要经过三个过程：采样、量化和截断。

1. 采样及采样定理

采样就是将连续变化的模拟信号离散化的过程。若将一个模拟信号 $x(t)$ 和一个等间隔的脉冲序列 $\delta_n(t) = \sum_{n=-\infty}^{+\infty} \delta(t - nT_S)$（$T_S$ 是采样间隔）相乘，由于 δ 函数的采样性质，相乘以后只有在 $t = nT_S$ 处有值。因此，采样后得到如图 6-21（c）所示的一系列在时间上离散的信号序列，$x(nT_S), n = 0, 1, 2, \cdots$。

由图还可以看出，采样间隔 T_S 越小，$x(nT_S)$ 越能如实反映原模拟信号 $x(t)$。而正确的采样必须保证采样得到的离散序列 $x(nT_S)$ 应该包含原信号 $x(t)$ 所隐含的主要信息。假如 T_S 过大，$x(nT_S)$ 相对于 $x(t)$ 会失真，也就是经过采样之后的信号 $x(nT_S)$ 不能完全恢复成原信号 $x(t)$ 所隐含的主要信息，因而影响数据分析的精度。T_S 过小，则数据的数量过多，使计算工作量急剧增加。因此，必须有一个选择采样间隔 T_S 的准则，以确定 $x(nT_S)$ 不失真的最大允许间隔 T_S，这个准则称为采样定理。

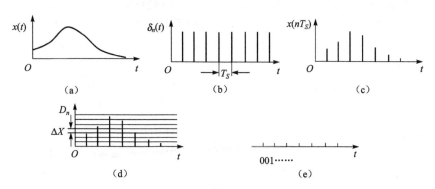

图 6-21 模拟信号-数字信号转换
(a) 模拟信号；(b) 采样信号；(c) 离散信号；(d) 信号量化；(e) 信号编码

1948 年 C·E·香农（C. E. Shannon）提出了采样定理，即

设连续信号 $x(t)$ 的频谱为 $X(f)$，以采样间隔 T_S 采样得到离散脉冲序列 $x_s(t) = \sum_{n=-\infty}^{+\infty} x(nT_S) \delta(t - nT_S)$，对应的频谱为 $X_s(f)$，若满足：

(1) 当 $|f| \geq f_C$ 时，$X(f) = 0$。

(2) $f_s = \dfrac{1}{T_S} \geqslant 2f_c$ 或 $T_S \leqslant \dfrac{1}{2f_c}$。

则有

$$X(f) = T_S X_s(f) \quad f \in [-f_c, f_c]$$

$$x(t) = \sum_{n=-\infty}^{+\infty} x(nT_S) \dfrac{\sin\left[\dfrac{\pi}{\Delta t}(t - nT_S)\right]}{\dfrac{\pi}{T_S}(t - nT_S)}$$

式中 $f_s = \dfrac{1}{T_S}$——采样频率；

f_C——信号的截止频率或 Nyquist 频率。

定理的条件（1）是对被采样信号 $x(t)$ 的频率带宽限制，即 $x(t)$ 中不得含有大于 f_c 的频率成分；定理的条件（2）是选择 T_S 的准则，即 f_s 的选择不得小于 2 倍的信号截止频率 f_C。只有满足上述两条件时，利用采样值 $x_s(t) = \{x_n\}$ 进行数字处理得到的频谱 $X_s(f)$，才含有原信号 $x(t)$ 的连续频谱 $X(f)$ 的信息。另外，对于频域有限信号的全部信息，包含在无限长的时域离散序列中，对样本作有限截取的序列，只能近似地恢复原信号自身。

由采样定理可知，一个连续的模拟波形，若它的最高频率分量为 f_C，则当采样频率 $f_s \geqslant 2f_C$ 时，采样后的信号可以无失真地恢复成原来的连续信号。

如果采样时间间隔 T_S 太大，即采样频率 f_s 太低，使 $f_s < 2f_c$ 时，将发生 $x(t)$ 中的高频成分 $\left(|f| > \dfrac{1}{2T_S}\right)$ 被折叠到低频成分 $\left(|f| < \dfrac{1}{2T_S}\right)$ 上去的现象，称为频率混叠。为了避免数据处理中混叠现象的发生，采样频率 f_s 必须大于或等于测试信号中最高频率 f_C 的两倍，即 $f_s \geqslant 2f_C$。在实际工作中，一般采样频率应选为处理信号的 3～4 倍。

如果连续时间信号 $x(t)$ 的记录长度为 T，则时间序列数据点数 $N = T/T_S$，也称为序列长度。频率采样间隔 Δf 是频率分辨率的指标，与记录长度 T 成反比，即 $\Delta f = f_S/N = 1/T = 1/(NT_S)$。显然，进行数字信号处理时候，需要综合考虑采样频率和采样长度的问题。

2. 量化与编码

数字信号只能以有限的字长表示其幅值，对于小于末位数字所代表的幅值部分只能采取"舍"或"入"的方法。

量化过程就是把采样取得的各点上的幅值与一组离散电平值比较，以最接近于采样幅值的电平值代替该幅值，并使每一个离散电平值对应一个数字量，如图 6 - 21（d）。若两相邻量化电平之间的增量为 Δx，则量化误差最大为 $\pm \Delta x/2$。由此可见，在量化过程中相邻量化电平之间的增量越小（供比较的离散电平值的数量越多），误差越小。

编码过程是把已量化的数字量用一定的代码表示并输出，通常采用二进制代码。经过编码之后，信号的每个采样值对应一组代码，如图 6 - 21（e）所示。

3. 信号的截断、能量泄漏及窗函数

数字信号处理的主要数学工具是傅里叶变换。值得注意的是，傅里叶变换是研究整个时间域和频率域的关系。然而，运用计算机实现工程测试信号处理时，不可能对无限长的信号进行运算，而是取有限的时间间隔进行分析，这就需要进行截断。

截断就是将无限长的信号乘以窗函数。"窗"的含义是指透过窗口能够"观测"到整个

"外景"（信号）的一部分，其余被遮蔽（视为零）。

最简单的窗是矩形窗，如图 6 – 22（a）所示。其函数为

$$w(t) = \begin{cases} 1 & |t| \le T \\ 0 & |t| > T \end{cases}$$

其相应的频谱函数为

$$W(f) = 2T\frac{\sin(2\pi fT)}{2\pi fT} = 2T\text{sinc}(2\pi fT) \tag{6-75}$$

对信号截取一段 $(-T, T)$，就相当于在时域中 $x(t)$ 乘以矩形窗函数 $w(t)$，得到截断信号 $x_T(t) = x(t)w(t)$，于是，截断信号 $x_T(t)$ 的谱 $X_T(f)$ 应为

$$X_T(f) = X(f) * W(f)$$

由于 $w(t)$ 是一个频带无限的函数，即使 $x(t)$ 是带限信号，而在截断以后也必然成为频带无限的函数，这说明原来的信号被截断以后，频谱发生了畸变，能量被分散到较宽的频带中去了，这种现象称之为泄漏。泄漏是由于窗函数 $w(t)$ 的频谱 $W(f)$ 有许多旁瓣而引起的，如图 6 – 22（b）所示，中间的主峰叫做主瓣，在主峰两侧出现的一系列小峰叫旁瓣。图6 – 23 是余弦信号在截断后发生的能量泄漏现象。

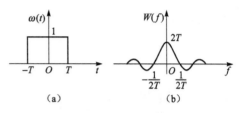

图 6 – 22　矩形窗及其频谱
(a) 矩形窗；(b) 矩形窗的频谱

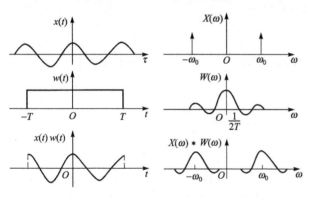

图 6 – 23　余弦信号的截断及能量泄漏现象

从上面的讨论可知，无论采样频率多高，只要信号一经截断就不可避免地引起混叠，因此信号截断必然引起一些误差。如果增大截断长度 T，即矩形窗口加宽，则其频谱 $W(f)$ 将被压缩变窄（$1/T$ 减小），幅值增大。虽然在理论上其频谱范围仍为无限宽，但实际上中心频率以外的频率分量衰减较快，因而泄漏误差将减小。当 T 趋于无限大时，则 $W(f)$ 将变为 $\delta(f)$ 函数，而 $\delta(f)$ 函数与 $X(f)$ 的卷积仍为 $X(f)$。这就说明：如果窗口无限宽，即不截断，就没有泄漏误差。

如果使旁瓣较小，而使能量相对集中在主瓣，就可以较为接近于真实的频谱，相应的泄漏误差也将减小。最理想的窗函数应该是主瓣宽度尽可能窄，旁瓣高与主瓣高之比尽可能小，旁瓣幅值衰减要快。为此，在时间域中可采用不同的窗函数来截断信号。

除矩形窗外，人们提出了许多实用的窗函数，工程上常用的是汉宁（Hanning）窗、哈明（Hamming）窗、三角窗和高斯窗。

(1) 汉宁窗的时域表达式为

$$w(t) = \begin{cases} \dfrac{1}{2}\left(1 + \cos\left(\dfrac{\pi t}{T}\right)\right) & |t| \le T \\ 0 & |t| > T \end{cases}$$

其频谱为

$$W(f) = T\left\{\frac{\sin(2\pi fT)}{2\pi fT} + \frac{1}{2}\left[\frac{\sin(2\pi fT + \pi)}{2\pi fT + \pi} + \frac{\sin(2\pi fT - \pi)}{2\pi fT - \pi}\right]\right\} \quad (6-76)$$

（2）哈明窗的时域表达式为

$$w(t) = \begin{cases} 0.54 + 0.46\cos\left(\dfrac{\pi t}{T}\right) & |t| \leqslant T \\ 0 & |t| > T \end{cases}$$

其频谱为

$$W(f) = T\left\{1.08\frac{\sin(2\pi fT)}{2\pi fT} + 0.46\left[\frac{\sin(2\pi fT = \pi)}{2\pi fT + \pi} + \frac{\sin(2\pi fT - \pi)}{2\pi fT - \pi}\right]\right\} \quad (6-77)$$

（3）三角窗的时域表达式为

$$w(t) = \begin{cases} 1 - \dfrac{1}{T}|t| & |t| \leqslant T \\ 0 & |t| > T \end{cases}$$

其频谱为

$$W(f) = T\left[\frac{\sin(\pi fT)}{\pi fT}\right]^2 \quad (6-78)$$

（4）高斯窗的时域表达式为

$$w(t) = \begin{cases} e^{-\alpha t^2} & |t| \leqslant T \\ 0 & |t| > T \end{cases} \quad (\alpha \text{ 为正的常数})$$

其频谱为

$$W(f) = \frac{1}{2}\sqrt{\frac{\pi}{\alpha}}e^{-\frac{f^2}{4\alpha}} \cdot \left\{\text{erf}\left[\frac{1}{2\sqrt{\alpha}}(2T\alpha + j2\pi f)\right] + \text{erf}\left[\frac{1}{2\sqrt{\alpha}}(2T\alpha - j2\pi f)\right]\right\} \quad (6-79)$$

式中　erf(x)为误差函数，表示为

$$\text{erf} = \frac{2}{\sqrt{\pi}}\int_0^x e^{-t^2}dt, \text{当} x \to \infty, \text{erf}(x) \to 1$$

图6-24是上述四种窗函数的时域图形。

矩形窗的频谱如图6-22（b）所示。矩形窗使用最多，习惯上不加窗就是使信号通过了矩形窗。其优点是主瓣比较集中；缺点是旁瓣较高，并有负旁瓣，导致变换中带进了高频干扰和泄漏，甚至出现了负谱现象。

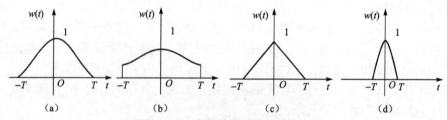

图6-24　常用的窗函数时域波形

(a) 汉宁窗；(b) 哈明窗；(c) 三角窗；(d) 高斯窗

汉宁窗和三角窗的频谱如图6-25所示。汉宁窗的频谱可以看作是三个矩形时间窗的频谱之和，而式（6-76）中方括号中的两项相对于第一个频率窗向左右各有位移 π/T。和矩

形窗相比，旁瓣小得多，因而泄漏也少得多，但是汉宁窗的主瓣较宽。而三角窗与矩形窗相比，主瓣宽约等于矩形窗的 2 倍，但旁瓣小，而且无负旁瓣。

哈明窗本质上和汉宁窗一样，只是系数不同。哈明窗比汉宁窗消除旁瓣的效果要好一些，而且

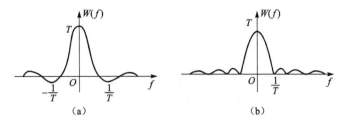

图 6-25 汉宁窗和三角窗的频谱
(a) 汉宁窗的频谱；(b) 三角窗频谱

主瓣稍窄，但是旁瓣衰减较慢是不利的方面。而高斯窗的频谱无负的旁瓣，主瓣较宽，故频率分辨力较低。高斯窗常被用来截断一些非周期信号，如指数衰减信号，但主瓣太宽，分辨率降低。

对于窗函数的选择，应考虑被分析信号的性质与处理要求。如果仅要求精确读出主瓣频率，而不考虑幅值精度，则可选用主瓣宽度比较窄而便于分辨的矩形窗，例如测量物体的自振频率等；如果分析窄带信号，且有较强的干扰噪声，则应选用旁瓣幅度小的窗函数，如汉宁窗、三角窗等；对于随时间按指数衰减的函数，可采用指数窗来提高信噪比。

6.6.2 离散傅里叶变换

随着数字计算机的普及和应用，人们越来越多地利用数字计算机来进行傅里叶变换，以提高处理速度和处理精度。数字计算机不能对一个连续的模拟信号进行处理。其原因是：第一，数字计算机仅能处理离散数据；第二，计算机的内存容量总是有限的，它不能存放无限多的采样数据。因此"数值离散"和"点数有限"是使用数字计算机进行傅里叶变换的两大特点，为了区别常见的傅里叶变换，称之为离散傅里叶变换（Discrete Fourier Transform，简称 DFT）。

离散傅里叶变换对为

$$X(k) = \sum_{n=0}^{N-1} x(n) e^{-j2\pi nk/N}, x(n) = \frac{1}{N}\sum_{k=0}^{N-1} X(k) e^{j2\pi nk/N} \quad (n, k = 0, 1, 2, \cdots, N-1) \quad (6-80)$$

式中 $x(n)$ 为 $x(t)$ 在 $t = 0, \Delta t, 2\Delta t, \cdots, (N-1)\Delta t$ 点的采样值；$X(k)$ 为 $x(n)$ 的傅里叶变换在 $f = 0, \Delta f, 2\Delta f, \cdots, (N-1)\Delta f$ 点的谱值，$\Delta f = \dfrac{f_s}{N}$。

设 $W_N = e^{-j\frac{2\pi}{N}}$，则离散傅里叶变换可以写成

$$X(k) = \sum_{n=0}^{N-1} x(n) W_N^{nk}, x(n) = \frac{1}{N}\sum_{k=0}^{N-1} X(k) W_N^{-nk} \quad (6-81)$$

也可以写成矩阵形式，即

$$\begin{Bmatrix} X(0) \\ X(1) \\ \vdots \\ X(N-1) \end{Bmatrix} = \begin{bmatrix} W_N^0 & W_N^0 & \cdots & W_N^0 \\ W_N^0 & W_N^{1\times 1} & \cdots & W_N^{(N-1)\times 1} \\ \vdots & \vdots & & \vdots \\ W_N^0 & W_N^{(N-1)\times 1} & \cdots & W_N^{(N-1)\times(N-1)} \end{bmatrix} \begin{Bmatrix} x(0) \\ x(1) \\ \vdots \\ x(N-1) \end{Bmatrix} \quad (6-82)$$

$$\begin{Bmatrix} x(0) \\ x(1) \\ \cdots \\ x(N-1) \end{Bmatrix} = \frac{1}{N} \begin{bmatrix} W_N^0 & W_N^0 & \cdots & W_N^0 \\ W_N^0 & W_N^{-1 \times 1} & \cdots & W_N^{-1 \times (N-1)} \\ \vdots & \vdots & & \vdots \\ W_N^0 & W_N^{-(N-1) \times 1} & \cdots & W_N^{-(N-1) \times (N-1)} \end{bmatrix} \begin{Bmatrix} X(0) \\ X(1) \\ \vdots \\ X(N-1) \end{Bmatrix} \quad (6-83)$$

例 6-9 若 $x(k) = \begin{cases} 2 & k=0,1 \\ 1 & k=2 \\ 0 & k=3 \end{cases}$，取 $N=4$ 时，试计算 $x(k)$ 的离散傅里叶变换 $X(n)$ 的值 $(n=0,1,2,3)$。

解：
$$X(n) = \sum_{k=0}^{4-1} x(k) e^{-j2\pi kn/N} = \sum_{k=0}^{4-1} x(k) W_N^{kn}$$

$$X(0) = \sum_{k=0}^{3} x(k) W_N^{kn} = 2W_N^0 + 2W_N^0 + 1W_N^0 + 0W_N^0 = 5$$

$$X(1) = \sum_{k=0}^{3} x(k) W_N^{kn} = 2W_N^0 + 2W_N^1 + 1W_N^2 + 0 = 2 + 2e^{-j\frac{2\pi}{4}} + e^{-j\pi}$$

$$X(2) = \sum_{k=0}^{3} x(k) W_N^{kn} = 2W_N^0 + 2W_N^2 + 1W_N^4 + 0 = 2 + 2e^{-j\pi} + e^{-j2\pi}$$

$$X(3) = \sum_{k=0}^{3} x(k) W_N^{kn} = 2W_N^0 + 2W_N^3 + 1W_N^6 + 0 = 2 + 2e^{-j\frac{3\pi}{2}} + e^{-j3\pi}$$

离散傅里叶变换是连续信号离散化处理的数学基础，在实际应用时，需要的计算量很大。如果做 N 个数据点的离散傅里叶变换，需要约 N^2 次复数乘法和 $N(N-1)$ 次复数加法，N 越大，计算量越大。由于计算机中，乘法速度远低于加法的速度，一般只计乘法的次数。如果 $N=1\,024$，DFT 的复数乘法次数约为 10^6 次复数乘法。由于一次复数乘法需 4 次实数乘法，可以看出，计算量很大，不可能用于对信号进行实时在线处理。只有进行算法改进，才能使数字信号处理实用化。

6.6.3 快速傅里叶变换

1965 年 J·W·库利（J. W. Cooley）和 J·W·图基（J. W. Tukey）研究了一种离散傅里叶变换（DFT）的快速算法，称为快速傅里叶变换（Fast Fourier Transform，简称 FFT）。它是在确定 DFT 的系数时，使所要求的乘法及加法次数减少。FFT 的算法有很多种，其中大多数已编制了程序，从而使应用于数字频谱分析、滤波器模拟及相关领域的计算技术产生了较大的发展。时间序列从时域到频域要用 FFT 变换，从频域到时域要用逆变换 IFFT。FFT 和 IFFT 的公式可以统一。

FFT 是 DFT 的快速算法。其基本思路是利用了三角函数的周期性和 DFT 算法的对称性。$W_N = e^{-j\frac{2\pi}{N}}$ 有以下特性：

(1) 周期性，即 $W_N^{nk} = W_N^{n(k+N)} = W_N^{k(n+N)}$。

(2) 对称性，即 $W_N^{(nk+\frac{N}{2})} = -W_N^{nk}$。

将 $x(n)$ 逐层分解为一系列短序列，对短序列进行 DFT 变换。此时要求 N 是 2 的幂次。其复数乘法的运算量为 $0.5\ N\log_2 N$。当 $N = 1\ 024$ 时，复数乘法约为 5 120 次，仅相当于 DFT 算法复数乘法的 0.5%。还有以 4、8 等为基底的 FFT 算法，计算速度还要快一些。

在 MATLAB 中可以利用工具函数 fft 进行计算。

例 6 – 10 模拟信号 $x(t) = 2\sin(30\pi t) + 5\sin(40\pi t)$，以 100 Hz 的频率进行采样，可求其 $N = 512$ 点 DFT 的幅值谱。

解：用 MATLAB 编写如下程序：

```
% MATLAB PROGRAM
clf
fs = 100;% Hz
NA = 64;
n = 0:NA - 1;
t = n/fs;
x = 2* sin(30* pi* t) + 5* sin(40* pi* t);
ya = fft(x,NA);
f = (0:length(ya) - 1)'* fs/length(ya);
subplot(2,1,1)
AA = max(abs(ya));
plot(f(1:NA/2),abs(ya(1:NA/2))/AA)
xlabel('f /Hz')
ylabel('G')
title('FFT N = 64')
%
NB = 1024;
n = 0:NB - 1;
t = n/fs;
x = 2* sin(30* pi* t) + 5* sin(40* pi* t);
yb = fft(x,NB);
BB = max(abs(yb));
f = (0:length(yb) - 1)'* fs/length(yb);
subplot(2,1,2)
plot(f(1:NB/2),abs(yb(1:NB/2))/BB)
xlabel('f /Hz')
ylabel('G')
title('FFT N = 1024')
```

为了便于对不同点数计算时的幅频谱进行比较，采用了归一化处理方法，绘制的曲线如图 6 – 26 所示，可见点数多可以提高频率的分辨力。

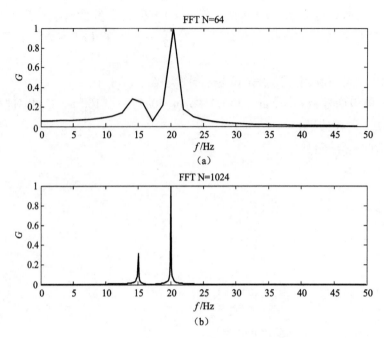

图 6-26 64 点和 1024 点的 DFT 幅值谱
(a) 128 点 DFT 幅频谱；(b) 1024 点 DFT 幅频图

思 考 题

6-1 说明测量误差的主要来源和减小测量误差应采取的措施。

6-2 说明在不同样本容量时，异常数据取舍准则的可信度。

6-3 在发动机处于稳定工作情况下，对输出转矩进行了 10 次测量，得到数据如下表，试决定异常数据的取舍。

序 号	1	2	3	4	5	6	7	8	9	10
测定值	143	143	145	143	130	144	143	145	143	145

6-4 在一定的径向载荷作用下，轮胎的气压 p 与静力半径 r 进行了测量，数据如下表：

$p/\times 10^5$ Pa	1.0	1.2	1.4	1.5	1.6	1.8
r/mm	633	635	637	639	641	643

试确定轮胎的静力半径 r 与气压 p 之间的经验公式，并计算回归精度。

6-5 简述动态测试数据的分类及处理过程。

6-6 简要说明试验数据的时域、幅值域和频域的分析方法。

6-7 求周期方波的自相关函数，其周期为 T，幅值为 A。

6-8 计算单边指数函数 $x(t) = Ae^{-\alpha t}$ （$\alpha > 0, t \geq 0$）的频谱。

6-9 已知窄带白噪声的功率谱密度为

$$S_x(f) = \begin{cases} N_0 & \omega_1 < \omega < \omega_2 \\ 0 & 其他 \end{cases}$$

求其自相关函数。

6-10 已知离散时间数值序列[1,1,1,1]，计算 $N=4$ 的 DFT。

第 7 章　计算机测试系统

随着计算机技术的飞速发展，及其在测试技术中的广泛应用，测试系统本身也发生着巨大的变化。传统的信号调理、处理、显示与记录设备等组成部分逐步地被具有信号调理与处理功能的扩展电路板或计算机所取代，由此产生了计算机测试系统。

计算机测试系统是计算机硬件、软件结合的综合技术，是当代传感器技术、电子技术、计算机技术、自动控制技术、微电子技术的综合应用。它不但具有测量功能，还是非常灵活的存储、复杂的计算和逻辑判断、先进控制技术的有机结合。在现代科学实验和生产过程中，计算机测试系统具有测量精度高、路数多、速度快、信息量大、储存方便、结果显示和打印形式多样化等特点。由计算机测试系统进一步发展而来的智能仪表和虚拟仪器等现代测试技术得到了迅猛发展，目前已成为测试技术发展的方向。

7.1　概　　述

计算机测试系统的任务，就是采集传感器输出的模拟信号经模/数转换器（A/D）转换成计算机能识别的数字信号，然后输入计算机，根据不同的需要由计算机进行相应的存储、处理以得到所需要的数据。与此同时，将计算机得到的数据进行显示或打印，以便实现对某些物理量的监视，其中一部分数据还将被计算机控制系统用来控制某些物理量。

7.1.1　计算机测试系统的功能

计算机测试系统的主要功能如下：

(1) 可实现自动测量：对于通用测量，预先把操作程序存入非易失性存储器中，操作人员只要按键盘上所规定的功能键，数据采集器就能按预先编制的程序自动测量；对于特定的测量，操作人员可以临时编制程序，存入机器内部，按新的程序工作，缩短了试验周期，减轻了试验人员的劳动强度。

(2) 具有多项选择功能：能按要求选择测量项目、信号通道、测量范围、增益和频率范围，并达到最佳工作状态，可提高测量精度。

(3) 可实现结果自动判断：数据采集系统可根据预先给定的指示标准，判断测试结果是否正确，并能自动记录显示。

(4) 能够实现自动校正：可进行自动调零，按预先给定的标准进行自校，消除温度、噪声及干扰等因素，把系统误差存储起来，便于从测试结果中去除。

(5) 具有数据处理功能：能把测量的数据进行分类处理，进行数学运算、模拟运算、误差修正、工程单位转换等。

(6) 具有自动控制功能：对被测对象进行实时控制和分时控制。

(7) 可实现故障报警：能进行自身的故障诊断报警，而且在测试过程中，如果有故障，同样也能报警。

7.1.2　计算机测试系统的特点

计算机技术的迅速发展以及高速度、高精度 A/D 转换器的问世，不断推动测试技术的进步。利用计算机来辅助测量，使得数据采集、处理和控制融为一体。就当代高性能的自动测量系统来看，大都具有通道多、精度高、速度快、功能强、操作简便等特点。计算机采集系统的优点如下：

1）测量自动化

由于计算机有信号存储、判断和处理能力，所以计算机就可按照命令自动控制开关通断、量程自动切换、系统自动核准、自动诊断故障、数据采集结果自动输出等等，使测量实现了自动化。

2）测量精度高

计算机测试系统可以通过软件滤波消除系统外部和内部引入的干扰；可以对传感器及测试线路的非线性进行校正；可以自动校准以消除零漂、温漂、增益不稳定等系统误差，多次重复测量可削弱随机误差；另外，采用自动显示或打印结果，可消除人为的判读误差。

3）功能可以订制

先进的测试采集系统都具有多种功能，可以根据用户需要订制，满足各类用户的需要。典型的功能包括选择功能、自诊断、自校准、数据处理、波形显示和特定格式输出等。

4）测量通道多，缩短测试周期

计算机测试系统可以配备多路信号通道，有的多达上千路，多通道信号同时测量，而且计算机处理信号速度很快，大大提高了工作效率。

5）降低了测量系统成本

由于软件可以代替硬件，计算机可以完成各种运算器、比较器、滤波器、线性化器、定时器的功能，节省大批硬件，从而降低系统的成本。

6）系统的可靠性高

计算机作为过程控制的核心，从开始测量到将测量结果输出到外围设备，中间基本不需人工参与，大大减少了人为误差，提高了系统的可靠性。

7）技术更新快

作为数据采集系统控制中心的计算机，可以充分利用当代计算机的最新软件及硬件技术成果。

7.2　计算机测试系统的组成技术

尽管计算机测试系统有不同类型，但就其共性来说，一般包括硬件及软件两大部分。软件部分除了具有必要的计算机操作系统软件外，还应主要包括信号的采集、处理与分析等功能模块软件。硬件部分主要有：

(1) 信号调理：多路转换器、可调增益放大器和抗混叠（淆）滤波器。

(2) 采样/保持：采样/保持器（S/H）。

(3) 模/数转换：A/D 转换器和 V/F 变换器。

(4) 其他：定时/计数器和总线接口电路等。

除了上述构成微处理器或 PC 机（μp/PC）的前向通道的各单元外，有时计算机测试系统还设置有数据输出的后向通道，其主要器件是数/模转换器（D/A），它的功能是将 μp/PC 输出的数字量转换为模拟量输出。由 D/A 与 μp/PC 相结合，也可以构成多种与测量有关的仪器，如程控电压源和电流源、正弦波发生器、函数发生器、调节阀控制器等等。这种测试系统中含有 A/D、D/A 数据采集卡，可直接插入 IBM – PC AT 总线兼容的计算机内任一总线扩展槽中，构成各种智能化、虚拟、集成化测量仪器系统。计算机测试系统的组成如图 7 – 1 所示。

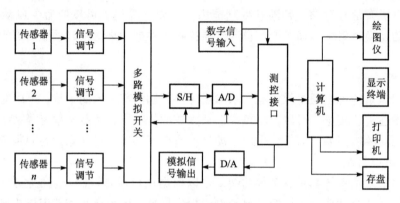

图 7 – 1　计算机测试系统组成

计算机只能识别和处理数字量，而几乎所有工程信号都是以连续可变的模拟量形式出现的，因此要测量和处理这些物理量，必须要把模拟量变换成数字量。这就涉及信号的采样与量化的基本原理，即经过模/数转换。另一方面，由计算机输出的处理结果，需要通过数/模转换，才能适合实际的需要。

在计算机测试系统中，往往需要同时采集多个传感器的参数，这种多线巡回采集系统，从降低成本的角度出发，一般仅采用一个 A/D 转换器将模拟量转变为数字量，由计算机对各参数分时进行采样。为此，需要有一个多路开关，轮流把各传感器输出的模拟信号切换到 A/D 转换器，这种完成从多路到一路的转换开关，称为多路模拟开关。

但是，A/D 转换器的转换过程需要一定时间，因而要求采样值在 A/D 转换过程中要能够保持不变，以确保转换精度。有效的措施是在 A/D 转换器前级设置采样/保持电路（简称 S/H）。另一方面，在控制执行机构时，必须进行数字量到模拟量的转换，即数/模转换（D/A 转换），模拟量输出系统也是分时工作的，对于每一个输出信号，也需要保持输出值在一定时间内不变。能够完成这一工作的电路，称之为采样保持电路。

本节先介绍多路模拟开关以及采样/保持（S/H）电路，再分别讲述 D/A 转换和 A/D 转换的基本工作原理。

7.2.1　多路模拟开关与采样/保持（S/H）电路

1. 多路模拟开关

在计算机测试系统中，往往需要同时采集多个传感器的模拟测量信号。如果对一个传感器专用一个模/数转换器，显然将使系统成本大大增加。通常的办法是使几个传感器多路共用一个公共的模数转换器，即几个传感器采用分时方式使用同一个模/数转换器。可见，多路模拟开关就是可控多路"通/断"的电子开关，即完成由多到一的转换，或者把计算机的输出按一定顺序输出到不同的控制回路（或外设），从而完成由一到多的转换，此时称为反多路开关。这两种多路开关有的只能实现一种用途，称为单向多路开关，如 AD7501（8路）、AD7506（16路）；有的则既能作为多路开关，又能作为反多路开关，称为双向多路开关，如 CD4015。从输入信号的连接方式来分有的是单端输入，有的是双端（或差动）输入，如 CD4051 就是双端 8 通路式的多路开关。可见，多路模拟开关就是用来控制模拟信号"通/断"的电子开关，每次使其中一个模拟通道与后面的模/数转换器接通。

对于多路模拟开关的主要技术指标是导通电阻、导通时间、关断时的泄漏电阻和关断时间。在交流应用时还有带宽和寄生电容等，此外还要求各输入通道之间有良好的隔离，以免互相干扰。

随着大规模集成电路的发展，各种新型多路开关（统称为集成模块电路模拟开关）不断出现，其共同的特点是结构紧凑、内部带有通道选择译码器、使用方便、转换速度快、寿命长等，得到了十分广泛的应用。

2. 采样/保持（S/H）电路

A/D 转换期间，应保持 A/D 转换器的输入信号值不变，以免 A/D 转换的输出发生差错。这种保持 A/D 转换器转换期间输入信号不变的电路，称为采样保持电路。在 A/D 转换过程中，采样/保持器对保证 A/D 转换的精确度有着重要的作用。

实际上，采样/保持电路就是一个"电压存储器"，图 7-2 所示为采样/保持电路的原理图。图中 A_1 和 A_2 分别为理想的输入和输出缓冲放大器。控制信号在采样时使逻辑控制开关 S 闭合，放大器 A_1 的输出通过开关给电容器 C_H 快速充电，达到输入电压 V_x 的幅值，同时充电电压 V_c 对 V_x 进行跟踪。控制信号在保持阶段时使逻辑控制开关 S 断开，此时由于运算放大器 A_2 的输入阻抗极高，在理想状态（无电荷泄漏路径）下，电容器 C_H 上的

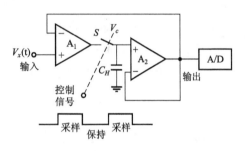

图 7-2 采样/保持（S/H）电路的原理

电压 V_c 可以维持不变，并通过 A_2 送至 A/D 转换器进行模数转换，以保证 A/D 转换器进行模数转换期间其输入电压是稳定不变的。在进入下一次转换过程时，采样保持电路又按逻辑控制命令重复上述步骤。

采样/保持电路能以一定时间间隔快速获取连续信号 $V_x(t)$ 的瞬时值。该瞬时值是保持控制指令下达时刻的电压 V_c 对 $V_x(t)$ 的最终跟踪值。该瞬时值保存在记忆元件——电容器 C_H 上，供模/数转换器进行量化。

采样定理指出，当采样频率大于两倍的信号最高次谐波频率时，就可用时间离散的采样点恢复原来的连续信号。所以采样/保持器是以"快采慢测"的方法实现了对快变信号进行测量的有效手段。

在采样期间，采样/保持电路中逻辑控制开关 S 的动作滞后，从保持命令下达时刻 t_1 到逻辑控制开关 S 完全断开时刻 t_2 之间的一段时间称为孔径时间，一般为 10~200 ns。它是采

样/保持电路的最重要的技术参数,必须远小于 A/D 转换时间(最高采样频率的倒数)。将保持命令提前孔径时间下达,可以消除孔径时间的延时影响。此外,采样/保持电路的技术参数还包括捕捉时间、孔径抖动、保持建立时间、衰减率和传导误差等。

7.2.2 数模转换技术

1. 数模转换的原理

将数字量转换成模拟量的器件或装置称为数/模转换器,它位于数据采集板计算机的输出通道,是计算机输出通道的主要环节,按工作方式可分为两种类型:并行 D/A 转换器与串行 D/A 转换器。其中并行 D/A 转换器的转换速度极高。

D/A 转换器的输入数字量 D(数字代码)、输出模拟电压 V_0 和参考电压 V_R 的关系式为

$$V_0 = D \cdot V_R \tag{7-1}$$

若 D 为二进制数字量,即

$$D = a_1 2^{-1} + a_2 2^{-2} + \cdots + a_i 2^{-i} + \cdots + a_n 2^{-n} \quad (a_i = 0 \text{ 或 } 1)$$

则

$$\begin{aligned} V_0 &= V_R(a_1 2^{-1} + a_2 2^{-2} + \cdots + a_i 2^{-i} + \cdots + a_n 2^{-n}) \\ &= V_R \sum_{i=1}^{n} a_i 2^{-i} \end{aligned} \tag{7-2}$$

或

$$V_0 = \frac{V_R}{2^n} \sum_{i=1}^{n} a_i 2^{n-i} \tag{7-3}$$

式中 a_1——最高有效位(MSB);

a_n——最低有效位(LSB);

n——D/A 转换器输入数字量的位数;

$\dfrac{V_R}{2^n}$——D/A 转换器的量化单位。

D/A 转换器的输出量是采样时刻的瞬时值,是时域离散信号。若要恢复原来的模拟信号波形,还需要经过波形复原过程,一般采用保持电路来实现。保持电路在 D/A 转换器的接口设备中相当于一个模拟存储器。其作用是在采样间隔的起始时刻,接收一个脉冲幅值,并保持到下一个采样间隔的开始。

对 D/A 转换器而言,当采样频率足够高、量化误差足够小时,可以精确地恢复原波形。

2. D/A 转换器的主要技术参数

1)分辨率

这是 D/A 转换器对微小输入量变化的敏感程度的描述,通常用数字量的位数来表示,如 8 位、10 位等。

2)稳定时间

这是指 D/A 转换器加上满刻度的变化(如全"0"变为全"1")时,其输出达到稳定(一般稳定到与 $\pm\dfrac{1}{2}$ LSB(最低有效位)值相当的模拟量范围内)所需时间,一般为几十毫微秒到几微秒。

3）输出电平

不同型号的 D/A 转换器的输出电平相差较大。一般电压型的 D/A 转换器输出电压为 0~5 V 或 0~10 V；电流型的 D/A 转换器，输出电流为几毫安至几安。

4）绝对精度

绝对精度是对应于给定的满刻度数字量，D/A 转换器实际输出与理论值之间的误差。该误差是由于 D/A 转换器的增益误差、零点误差和噪音引起的，一般应低于 $2^{-(n+1)}$ 或 $\frac{1}{2}$ LSB。

5）相对精度

相对精度是在满刻度已校准的情况下，在整个刻度范围内对应于任一数码的模拟量输出与理论值之差。对于线性的 D/A 转换器，相对精度就是非线性度。有两种方法表示相对精度：一种是将偏差用数字量的最低位的位数 LSB 表示；另一种是用该偏差相对满刻度的百分比表示。

6）线性误差

相邻两个数字输入量之间的差应是 1 LSB，即理想的转换特性应是线性的。在满刻度范围内，偏离理想的转换特性的最大值称线性误差。

7）温度系数

温度系数指在规定的范围内，相应于每变化 1 ℃，增益、线性度、零点及偏移等参数的变化量。温度系数直接影响转换精度。

7.2.3 模数转换技术

实际工程测量信号大多数是模拟信号，必须将它们转换为数字量才能为微处理器或计算机接受。因此 A/D 转换器是计算机测试系统的重要环节，它直接关系到测量的准确度、分辨率和转换速度。

1. A/D 转换器的主要技术特性

1）分辨率

分辨率反映 A/D 转换器对输入微小变化响应的能力，通常用数字输出量最低位（LSB）所对应的模拟输出的电平值表示。A/D 转换器的分辨率习惯上以输出二进制数或 BCD 码的位数表示。例如，8 位 A/D 转换器能对模入满量程的 $\frac{1}{2^8} = \frac{1}{256}$ 的增量作出反应。n 位 A/D 转换器能反应 $1/2^n$ 满程量的模入电平。由于分辨率直接与转换器的位数有关，所以一般也可简单地用数字量的位数来表示分辨率，即 n 位二进制，最低位所具有的权值，就是它的分辨率。例如，12 位 A/D 转换器 AD574 的分辨率为 12 位。

2）误差

误差有绝对误差和相对误差两种表示方法。

（1）绝对误差。

在一个转换器中，对应于一个数字量的实际模拟输入电压和理想的模拟输入电压之差并非是一个常数，把他们之间的差的最大值，定义为绝对误差。通常以数字量的最小有效位（LSB）的分数值来表示绝对误差，例如 ± LSB，$\pm \frac{1}{2}$ LSB，$\pm \frac{1}{4}$ LSB 等。绝对误差包括量化误差和其他所有误差。

(2) 相对误差。

相对误差是整个转换范围内，任一数字量所对应的模拟输入量的实际值与理论值之差，用模拟电压满量程的百分比表示。

例如，满量程为 10 V、10 位 A/D 转换器芯片，若其绝对精度为 $\pm \frac{1}{2}$LSB，则其最小有效位的量化单位 Δ = 9.77 mV，其绝对精度为 $\frac{1}{2}\Delta$ = 4.88 mV，其相对精度为 $\frac{4.88 \text{ mV}}{10 \text{ V}}$ = 0.048%。

3）转换时间

转换时间是指完成一次 A/D 转换所需时间，即由发出启动转换命令信号到转换结束信号开始有效的时间间隔。转换时间的倒数称为转换速率。例如 AD570 的转换时间为 25 μs，其转换速率为 40 kHz。

4）电源灵敏度

电源灵敏度是指 A/D 转换器的供电电源的电压变化时，产生的转换误差，一般用电源电压变化 1% 时相当的模拟量变化的百分数来表示。

5）量程

量程是指所能转换的模拟输入电压范围，分单极性、双极性两种类型。例如，单极性，量程为 0 ~ +5 V、0 ~ +10 V 和 0 ~ +20 V；双极性，量程为 -5 ~ +5 V，-10 ~ +10 V 和 -10 ~ +10 V。

6）输出逻辑电平

多数 A/D 转换器的输出逻辑电平与 TTL 电平兼容。在考虑数字量输出与微处理器的数据总线接口时，应注意是否要三态逻辑输出，是否要对数据进行锁存等。

7）工作温度范围

由于温度会对比较器、运算放大器、电阻网络等产生影响，故只在一定的温度范围内才能保证额定精度指标。一般 A/D 转换器的工作温度范围为 0 ℃ ~ 70 ℃，军用品的工作温度范围为 -55 ℃ ~ +125 ℃。

2. A/D 转换器选择原则

A/D 转换器选择原则是根据其分辨率、转换时间和精度来选择。一般位数越高、测量误差越小、转换精度越高，但是成本也越高。目前常用的 A/D 转换器多为 8 位、10 位和 12 位。16 位的 A/D 转换器虽也有应用，但价格高，仅在特殊场合才用到。

在实际选用 A/D 转换器时，不必去深入了解内部的具体结构原理，而应当着重了解其使用特性（或外特性），其中包括：模拟信号输入部分；数字量并行输出部分；启动转换的外部控制信号；转换精度与转换时间；稳定性及抗干扰能力等等。

7.2.4　A/D 通道方案的确定

在计算机测试中，经常要采集多个模拟信号，而且采集要求不尽相同，例如有些模拟信号之间没有什么严格关系，可以一个一个地分别采集；有些模拟信号之间有相位的要求，对这类模拟信号采集时要求同时进行。因此，系统的数据输入通道方案多种多样，应该根据被测对象的具体情况确定。

目前，常见的 A/D 通道方案主要有两种，即带采样/保持器的 A/D 通道和不带采样/保持器的 A/D 通道。由于不带采样/保持器的 A/D 通道只能测量直流或低频信号，所以在汽车测试中应用有限。这里主要介绍适于变化较快的信号或多路同步采样测量的带采样/保持器的 A/D 通道。

1. 多通道分时共享采样/保持电路（S/H）与 A/D 转换器

图 7-3 所示为多通道分时共享采样/保持电路和 A/D 转换器的结构。该系统采用分时转换的工作方式，使用芯片数量少，多个被测量分别由各自的传感器检测并输入各自的信号调理电路，形成多个通道。多路转换开关在计算机控制下，分时轮流选通各个通道，将各通道信号送入共用的采样/保持电路和 A/D 转换器，最后送入计算机。为了使得传感器的输出变成适合计算机测试系统的标准输入信号，并有效地抑制串模和共模以及高频干扰，一般需要有信号放大电路和低通滤波器。由于各通道信号的幅值可能有很大差异，常在系统中设置程控放大器。

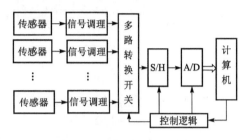

图 7-3 多通道分时共享 S/H 电路和 A/D 转换器

这种结构形式的特点是电路结构简单，成本低，但由于信号的采集是分时轮流切换进行的，不能获得多个信号在同一时刻的数据，所以测得的被测信号是断续的。该结构广泛用于多路中速和低速测试系统中。

2. 多通道共享 A/D 转换器

如图 7-4 所示，它是在多通道分时共享采样/保持电路和 A/D 转换器的结构基础上改进的。系统的每一通道在多路转换开关之前都有一个采样/保持器，而且由同一状态指令控制，这样，系统可同时采集多路模拟信号同一瞬时的数据，然后经多路转换开关分时轮流切换通过共用的采样/保持电路和 A/D 转换器输入计算机。

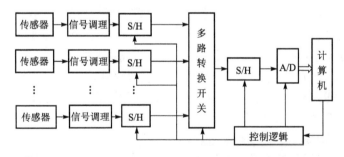

图 7-4 多通道同步采集共享采样/保持电路与 A/D 转换器

这种系统可以用来研究多路信号之间的相位关系或信号间的函数图形等，在高频系统或瞬态过程测量系统中特别有用，广泛用于振动分析、机械故障诊断等数据采集。但当测量通道数目较多时，会使采样间隔时间延长，导致采样/保持电路的信号由于电荷泄漏而衰减。

3. 多通道并行 A/D 转换

图 7-5 为多通道并行 A/D 转换结构，是由多个单通道输入电路并列而成。每一个通道中都有各自的采样/保持器和 A/D 转换器。它们只对本通道的模拟信号进行采样/保持和转换，A/D 转换器输出的数字量送至计算机。由于不用模拟多路开关，故可避免模拟多路开关所引起的静态和动态误差，可以实现完全的同步采集。但这种结构电路复杂、成本高，一

般适用于高速和同步采集要求较高的测试系统。

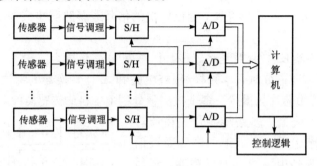

图 7-5 多通道并行 A/D 转换

这种系统主要适用于高速数据采集，采集后各通道被测信号是完整的，有利于分析同一时刻多路被测信号的相关关系。

上述各种通道方案的选择，应根据被采集信号的数量、特性（类型、带宽、动态范围等）、精度和转换速率的要求、各路模拟信号之间相位差的要求和工作环境的要求等实际情况而定，使之既在系统性能上达到或超过预期的指标，又造价低廉。

7.3 虚拟仪器系统开发平台 LABVIEW

7.3.1 虚拟仪器概述

虚拟仪器是在电子仪器与计算机技术更深层次结合的基础上产生的一种新的仪器模式。虚拟仪器是指在通用计算机上添加一层软件和/或必要的仪器硬件模块，使用户操作这台通用计算机就像操作一台自己专门设计的传统电子仪器一样。虚拟仪器技术强调软件的作用，提出了"软件就是仪器"的概念。这个概念克服了传统仪器的功能在制造时就被限定而不能变动的缺陷，摆脱了由传统硬件构成一件仪器再连成系统的模式，而变为由用户根据自己的需要通过编制不同的测试软件来组合构成各种虚拟仪器。其中许多功能直接由软件来实现，打破了仪器功能只能由厂家定义，用户无法改变的模式。虚拟仪器还可以很快地跟上计算机的发展，升级重建自己的功能。

虚拟仪器不强调每一个仪器功能模块就是一台仪器，而是强调选配一个或几个带共性的基本仪器硬件来组成一个通用硬件平台，通过调用不同的软件来扩展或组成各种功能的仪器或系统。

智能仪表都可以分成三个部分，即：

(1) 数据的采集：将输入的模拟信号波形进行调理，并经 A/D 转换器转换成数字信号以待处理。

(2) 数据的分析与处理：由微处理器按照功能要求对采集的数据作必要的分析和处理。

(3) 存储、显示或输出：将处理后的数据存储、显示或经 D/A 转换成模拟信号输出。

虚拟仪器是将上述一种或多种功能的通用模块组合起来，通过编制不同的测试软件来构成一个完整的测试系统。例如激励信号可先由微机产生数字信号，再经 D/A 变换产生所需的各种模拟信号，这相当于一台任意波形发生器。大量的测试功能都可通过对被测信号的采样、A/D 转换器转换成数字信号，再经过处理，即可直接用数字显示而形成数字电压表，或用图形显示而形成示波器,或者再对数据进一步分析即可形成频谱分析仪。其中,数据分析与处理以及显示等功能可以直接由软件完成。这样就摆脱由传统硬件构成一件件仪器然后再连成系统的模式,而变为由计算机、A/D 及 D/A 等带共性硬件资源和应用软件共同组成的虚拟仪器系统新的概念。许多厂家目前已研制出了多种用于构建虚拟仪器的数据采集(DAQ)卡。一块 DAQ 卡可以完成 A/D 转换、D/A 转换、数字输入输出、计数器/定时器等多种功能,再配以相应的信号调理电路组件,即可构成能生成各种虚拟仪器的硬件平台。目前由于受器件和工艺水平等方面的限制,这种通用的硬件平台还只能生成一些速度或精度不太高的仪器。现阶段的虚拟仪器硬件系统还广泛使用原有的能与计算机通信的各类仪器,例如 GP-IB 仪器、VXI 总线仪器、PC 总线仪器以及带有 RS-232 接口的仪器或仪器卡。图 7-6 示出了现阶段虚拟仪器系统硬件结构的基本框图。

基本硬件确定之后,要使虚拟仪器能按用户要求自行定义,必须有功能强大的应用软件。然而相应的软件开发环

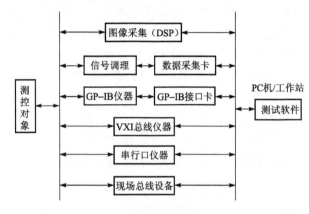

图 7-6 虚拟仪器硬件结构

境长期以来并不理想,用户花在编制测试软件上的工时与费用相当高,即使使用 C、C++ 等高级语言,也会感到与高速测试及缩短开发周期的要求极不适应。因此,世界各大公司在改进编程及人机交互方面都做了大量的工作。目前使用较多的是 NI 公司的 LabVIEW 和 LabWindows。

图 7-7 是 NI 公司开发的图形开发软件 LabVIEW 和 LabWindows 的软件系统体系结构。其中仪器驱动程序主要是完成仪器硬件接口功能的控制程序。有了仪器驱动程序,用户就不必精通这些仪器的硬件接口,而只要把这些仪器的用户接口代码及数据处理与分析软件组合在一起,就可以迅速而方便地构建一台新的虚拟仪器。

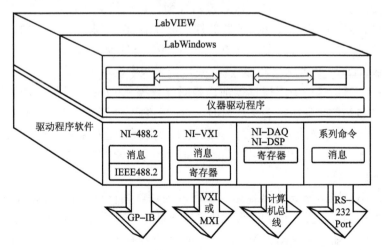

图 7-7 LabVIEW 和 LabWindows 软件体系结构

7.3.2 LabVIEW 虚拟仪器开发系统

LabVIEW（Laboratory Virtual Instrument Engineering Workbench）是美国 NI 公司研制的一个功能强大的仪器系统开发平台。经过十多年的发展，LabVIEW 已经成为一个具有直观界面、便于开发、易于学习且具有多种仪器驱动程序和工具的大型仪器系统开发工具。

LabVIEW 是一种图形程序设计语言。它采用了工程人员所熟悉的术语、图标等图形化符号来代替常规基于文字的程序语言，把复杂烦琐、费时的语言编程简化成简单、直观、易学的图形编程，同传统的程序语言相比，可以节省约 80% 的程序开发时间。LabVIEW 还提供了调用库函数及代码接口节点等功能，方便了用户直接调用由其他语言编制成的可执行程序，使得 LabVIEW 编程环境具有一定的开放性。

LabVIEW 的基本程序单位是 VI（Virtual Instrument，虚拟仪器）。LabVIEW 可以通过图形编程的方法，建立一系列的 VI，来完成用户指定的测试任务。对于简单的测试任务，可由一个 VI 完成；对于一项复杂的测试任务，则可按照模块设计的概念，把测试任务分解为一系列的任务，每一项任务还可以分解成多项小任务，直至把一项复杂的测试任务变成一系列的子任务，最后建成的顶层虚拟仪器就成为一个包括所有功能子虚拟仪器的集合。LabVIEW 可以让用户把自己创建的 VI 程序当做一个 VI 子程序节点，以创建更复杂的程序，且这种调用是无限制的。LabVIEW 中各 VI 之间的层次调用结构如图 7-8 所示。由图可见，LabVIEW 中的每一个 VI 相当于常规程序中的一个程序模块。

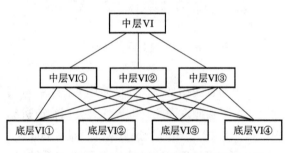

图 7-8 VI 之间的层次调用结构

LabVIEW 中的每一个 VI 均有两个工作界面：一个称之为前面板（Front Panel）；另一个称之为框图程序（Block Diagram）。

前面板是用户进行测试工作时的输入输出界面，诸如仪器面板等。用户通过 Control 模板，可以选择多种输入控制部件和指示器部件来构成前面板，其中控制部件是用来接收用户的输入数据到程序。指示器部件是用于显示程序产生的各种类型的输出。Control 控制模板包括 9 个子模板，图 7-9 表示从图形（Graph）子模板中选取了波形图表（Waveform Chart）这个指示器部件。当构建一个虚拟仪器前面板时，只需从 Control 模板中选取所需的控制部件和指示部件（包括数字显示、表头、LED、图标、温度计等），其中控制部件还可以输入或修改数值。当 VI 全部设计完成之后，就能使用前面板，通过点击一个开关、移动一个滑动旋钮或从键盘输入一个数据，来控制系统。前面板为用户建立了直观形象，使用户感到如同在传统仪器面前一样。

框图程序是用户用图形编程语言编写程序的界面。用户可以根据制定的测试方案通过 Functions 模板的选项，选择不同的图形化节点（Node），然后用连线的方法把这些节点连接起来，即可以构成所需要的框图程序。Functions 模板共有 13 个子模板，每个子模板又含有多个选项。这里的 Functions 选项不仅包含一般语言的基本要素，还包括大量与文件输入输出、数据采集、GP-IB 及串口控制有关的专用程序块。图 7-10 表示从数据采集（Data

Acquisition）子模块下的模拟输入 Analog Input 子模块中，选取了 AI Sample Channel 虚拟仪器功能框。该功能方框的功能是测量指定通道上信号的一个采样点，并返回测量值。

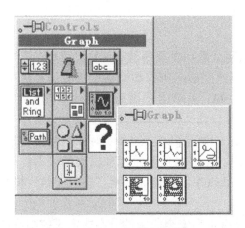

图 7 – 9　Control 模板的使用

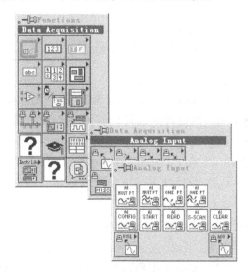

图 7 – 10　Functions 模板的使用

节点类似于文本语言程序的语句、函数或者子程序。LabVIEW 共有 4 种节点类型：功能函数、子程序、结构和代码接口节点（CINS）。功能函数节点用于进行一些基本操作，例如数值相加、字符串格式代码等；子程序节点是以前创建的程序，然后在其他程序中以子程序方式调用；结构节点用于控制程序的执行方式，如 For 循环控制、While 循环控制等；代码接口节点是为框图程序与用户提供的 C 语言文本程序的接口。

使用传统的程序语言开发仪器存在许多困难。开发者不但要关心程序流程方面的问题，还必须考虑用户界面、数据同步、数据表达等复杂的问题。在 LabVIEW 中这些问题都迎刃而解。一旦程序开发完成，用户就可以通过前面板控制并观察测试过程。LabVIEW 还给出了多种调试方法，从而将系统的开发与运行环境有机统一起来。

为了便于开发，LabVIEW 还提供了多种基本的 VI 库。其中具有包含 450 种以上的 40 多个厂家控制的仪器驱动程序库，而且仪器驱动程序的数目还在不断增长。用户可随意调用仪器驱动器图像组成的方框图，以选择任何厂家的任一仪器。LabVIEW 还具有数学运算及分析模块库，包括了 200 多种诸如信号发生、信号处理、数组和矩阵运算、线性估计、复数算法、数字滤波、曲线拟合等功能模块，可以满足用户从统计过程控制到数据信号处理等各项工作，从而最大限度地减少了软件开发工作量。

在虚拟仪器的面板中，当把一个控制器或指示器放置在面板上时，LabVIEW 也在虚拟仪器的框图程序中放置了一个相对应的端子。面板中的控制器模拟了仪器的输入装置并把数据提供给虚拟仪器的框图程序，而指示器则模拟了仪器的输出装置并显示由框图程序获得和产生的数据。

综上所述，对于建立虚拟仪器来说，LabVIEW 提供了一个理想的程序设计环境，大大降低了系统开发难度及开发成本。同时这样的开发结构增强了系统的柔性。当系统的需求发生变化时，测试人员可以根据具体情况，对功能方框作必要的补充、修改，或者对框图程序的软件结构进行调整，从而很快地适应变化的需要。

7.4 汽车车载网络系统（CAN）

7.4.1 CAN 总线概述

1. CAN 总线现状

CAN（Controller Area Network）即控制器局域网，最初由德国的 Bosch 公司为汽车内部测量与通信设计，以其良好的性能和低廉的费用迅速发展起来，如今被广泛应用在汽车工业、航空工业、工业控制、安全防护等领域中。1993 年形成了国际标准 ISO 11898，有 CAN2.0A 和 CAN2.0B 两个版本。

CAN 总线属于现场总线的范畴，是一种有效地支持分布式控制和实时控制的串行通信网络。CAN 总线自诞生以来，以其独特的设计思想，良好的功能特性和极高的可靠性越来越受到工业界青睐，目前已在许多行业获得应用，如汽车、机器人、楼宇自控、纺织机械、医疗器械、自动化仪表和传感器等。

CAN 总线采用串行通信协议，能有效地支持具有很高安全等级的分布式实时控制系统。CAN 的应用范围很广，从高速的网络到低价位的多路配线都可以使用 CAN 总线。在汽车电子行业，使用 CAN 连接发动机单元、传感器、防滑驱动系统等，其传输速度可达 1 Mbps。

2. CAN 总线的分层结构

CAN 具有以下的属性：报文的优先权，保证延迟时间，设置灵活，时间同步的多点接收，系统宽数据的连贯性，多主机，错误检测和标定，只要总线一处于空闲，就自动将破坏的报文重新传输，将节点的暂时性错误和永久性错误区分开来并且可以自动关闭错误的节点。CAN 协议采用分层结构，以实现设计的透明性和灵活性。其结构划分及功能如图 7-11 所示。CAN 协议中结构划分完全遵从 OSI 参考模型，分为数据链路层和物理层。其中数据链路层包括逻辑链路控制层（LLC）和介质访问控制子层（MAC）。逻辑链路控制子层（LLC）的作用范围如下：

（1）为远程数据请求以及数据传输提供服务。

（2）确定 LLC 子层接收的报文中哪些报文实际上被验收。

（3）为恢复管理和过载通知提供手段。

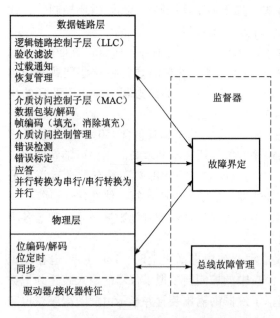

图 7-11 CAN 的 ISO/OSI 参考模型的层结构

介质访问控制子层（MAC）的作用主要是传送规则，也就是控制帧的结构、执行仲裁、错误的标定、故障的界定、判断总线是否空闲、发送接收报文的时间以及位定时等。物理层的作用是在不同节点之间根据所有的电气属性进行位的实际传输。

7.4.2 CAN 总线协议

CAN 技术规范包括 CAN2.0A 和 CAN2.0B 两个部分。其中，CAN2.0B 协议又称为 CAN 扩展标准，其兼容标准帧结构（标志符为 11 位）和扩展帧结构（标志符为 29 位），可实现更多的节点数目，具有更广阔的发展前景。

下面以 CAN2.0B 标准对 CAN 协议进行介绍。

1. 帧类型

CAN 总线上的数据采用不归零编码（NRZ）。总线数值为两种互补逻辑值之一，即显性和隐性。显性数值表示逻辑"0"，隐性数值表示逻辑"1"，当显性位和隐性位同时发送时，总线数值将为显性。

CAN 的数据传输有以下 4 种不同类型的帧：

(1) 数据帧（Data Frame）：数据帧将数据从发送器传输到接收器。

(2) 远程帧（Remote Frame）：总线单元发出远程帧，请求发送具有同一标识符的数据帧。

(3) 错误帧（Error Frame）：任何单元检测到总线错误就发送错误帧。

(4) 过载帧（Overload Frame）：用于提供相邻数据帧或远程帧之间的附加延时。

1) 数据帧

数据帧由以下 7 个不同的位域组成：帧起始、仲裁域、控制域、数据域、CRC 域、应答域和帧结尾。数据域的长度可以为 0，如图 7-12 所示。

图 7-12 数据帧格式

帧起始标志数据帧和远程帧的起始，仅由一个显性位组成，只在总线空闲时，才允许站点开始发送。所有的站必须同步于首先开始发送信息的站的帧起始前沿。

仲裁域在扩展格式里，仲裁域包括 29 位标识符、SRR 位、IDE 位和 RTR 位。标识符由 29 位组成，包含两个部分，11 位基本 ID 和 18 位扩展 ID。7 个 ID 的最高位不能全为隐性。RTR 位在数据帧里必须为显性，而在远程帧里必须为隐性，即 RTR 位为显性位和隐性位的区别。SRR 位是"替代远程请求位"，是一隐性位。IDE 位在扩展格式里为隐性，在标准格式里为显性。

控制域由 6 位组成，包括 DLC（数据长度码）和两个保留位。DLC 标志数据域的字节数，可以是 0~8 个字节，最多为 8 个字节。

数据域由数据帧里的发送数据组成，可以是 0~8 个字节，每字节包含 8 个位，首先发送高位（MSB）。

CRC 域包括 CRC 序列和 CRC 界定符。采用 CRC 校验形式是因为 CRC 码对 127 位以内的帧校验结果最佳。CRC 界定符由一个隐性位构成。

应答域包括应答间隙和应答界定符两位。发送站发送两个隐性位，正确接收到有效消息的接收站在应答间隙期间通过发送一个显性位将此信息报告给发送站。应答界定符必须是隐性位，因此应答间歇被两个隐性位包围。

每个数据帧或远程帧的帧结束均由 7 个隐性位组成。

2）远程帧

远程帧是被用来请求总线上某个远程点发送自己想要接收的某种数据，具有发送这种远程消息能力的节点收到这个远程帧后，就应尽力响应这个远地传送要求。所以对远程帧本身来说，是没有数据域的。在远程帧中，除了 RTR 位被设置成 1，表示被动状态外，其余部分与数据帧完全相同。远程帧的格式如图 7-13 所示。

图 7-13　远程帧格式

3）错误帧

错误帧用于标识总线错误，由总线上任何检测到错误的节点发送。错误帧由两个域组成，第一个域是来自各站的错误标记叠加，随后一个域是错误界定符。错误标志有两种：激活错误标志和认可错误标志。激活错误标志由六个连续的显性位组成；认可错误标志由 6 个连续的隐性位组成，除非被其他节点的显性位覆盖。

错误界定符由 8 个隐性位组成。每个节点发送错误标志后送出一个隐性位，同时监测总线状态，直到检测到一个隐性位，这表明所有节点已经按规定完成了错误标志发送，然后开始发送剩余的 7 个隐性位。

4）过载帧

过载帧用于提供相邻数据帧或远程帧之间的附加延时，由超载标志和超载界定符组成。超载标志由 6 个显性位构成，超载界定符由 8 个隐性位构成。

超载帧的发送由下列三种情况引起：

（1）接收器的内部原因，它需要延迟下一数据帧或远程帧的接收。

（2）在间歇的第一位和第二位检测到一个显性位。

（3）如果 CAN 节点在错误界定符或过载界定符的第 8 位采样到一个显性位，节点会发送一个过载帧。

2. 帧间空间

数据帧和远程帧与任何类型的前一帧（数据帧、远程帧、出错帧、超载帧）的分隔由帧间空间来完成。帧间空间由间歇域和总线空闲域组成。过载帧和出错帧前面以及多个过载帧之间不存在帧间空间。

思 考 题

7-1　简述计算机测试系统的典型结构及其各子系统的基本功能。

7-2　用示意图说明什么是采样/保持电路的采样状态和保持状态？

7-3　试述 A/D 转换器的主要技术指标，其中最重要的是哪两个？

7-4　现将最高频率为 1 000 Hz、幅值为 0~5 V 的模拟电压转换为数字量，要求具有

0.04%的分辨率,试确定:

(1) 数字电压信号的最少位数。

(2) 最低位对应的模拟电压值。

(3) 最大量化误差。

7-5 什么是虚拟仪器?虚拟仪器有什么特点?虚拟仪器的内部功能是如何划分的?

7-6 简述虚拟仪器软件开发平台 LabVIEW 的特点。

7-7 简述 CAN 总线概念及结构。

第8章 汽车性能试验

汽车工业的迅速发展与汽车试验技术密切相关。汽车是由上万个零部件构成的复杂系统,其功能和性能都非常复杂,影响产品质量的因素多,所涉及的技术领域也极为广泛。因此汽车性能试验有许多种类,可按试验目的、试验对象、试验方法、试验内容和评价方法的不同分成多种试验项目。其中按试验对象可分为整车试验、机构及总成试验和零部件试验。

本章主要介绍汽车的整车性能试验项目,包括汽车动力性能试验、燃油经济性试验、制动性能试验、平顺性试验、防公害性能试验(包括汽车噪声试验和汽车排放试验),每部分包括国家标准介绍及评价指标、试验系统的构成及试验方法。

8.1 汽车的分类与试验的一般要求

8.1.1 汽车的分类

GB/T 15089—2001《机动车辆及挂车分类》中,机动车辆和挂车分类见表 8–1。

表 8–1 机动车辆和挂车分类(GB/T 15089—2001)

分 类	定 义	细 类	说 明
M	至少有四个车轮并且用于载客的机动车辆	M_1	$P \leq 9$
		M_2	$P > 9$ 且 $T \leq 5\,000$ kg
		M_3	$P > 9$ 且 $T > 5\,000$ kg
N	至少有四个车轮并且用于载货的机动车辆	N_1	$T \leq 3\,500$ kg
		N_2	$3\,500$ kg $\leq T \leq 12\,000$ kg
		N_3	$T > 12\,000$ kg
O	挂车(包括半挂车)	O_1	$T \leq 750$ kg
		O_2	750 kg $< T \leq 3\,500$ kg
		O_3	$3\,500$ kg $< T \leq 10\,000$ kg
		O_4	$T > 10\,000$ kg
G	越野车	G	与 M、N 组合使用

注:P——座位数(包括驾驶员座位);T——最大设计总质量

8.1.2 汽车试验的一般要求

GB/T 12534—1990《汽车道路试验方法通则》规定了汽车道路试验方法中通用的试验条件和试验车辆的准备工作。该标准适用于各类汽车。GB 7258—2004《机动车运行安全技术条件》是我国机动车技术管理的最基本的技术性法规，是交通管理部门新车注册登记和在用车定期检验、事故车检验等安全技术检验的主要依据，同时也是我国机动车新车定型强制性检验、新车出厂检验及进口机动车检验的重要技术依据之一。对车辆进行试验，需要满足的试验条件包括试验条件和试验车辆准备两个方面。

1. 试验条件

1) 装载质量

(1) 无特殊规定时，装载质量均为厂定最大装载质量或使试验车处于厂定最大总质量状态。

(2) 装载质量应均匀分布，装载物应固定牢靠，试验过程中不得晃动和颠离；不应因潮湿、散失等条件变化而改变其质量，以保证装载质量的大小、分布不变。

(3) 乘员平均质量按表 8-2 计算，可用相同质量的重物代替。

表 8-2 乘员质量

车　型			每人平均质量/kg	行李质量/kg	代替重物分布质量/kg			
					座椅上	座椅前的地板上	吊在车顶的拉手上	行李箱/架
载货汽车、越野汽车、专用汽车、自卸汽车、牵引汽车			65	—	55	10	—	—
客车	长途		60	30	50	10	—	13
	公共	座客	60	—	50	10	—	—
		站客	60	—	—	55（地板上）	5	—
	旅游		60	22	50	10	—	22
轿车			60	5	50	10	—	5

2) 轮胎气压

试验过程中，轮胎冷充气压力应符合该车技术条件的规定，误差不超过 ±10 kPa（±0.1 kgf/cm²）。

3) 燃料、润滑油（脂）和制动液

试验汽车使用的燃料、润滑油（脂）和制动液的牌号和规格，应符合该车技术条件或现行国家标准的规定。除可靠性行驶试验、耐久性道路试验及使用试验外，同一次试验的各项性能测定必须使用同一批燃料、润滑油（脂）和制动液。

4) 气象条件

气象条件对整车性能试验的试验结果影响较大，所以应严格控制。试验时应是无雨无雾天气；相对湿度小于 95%；气温 0 ℃ ~ 40 ℃；风速不大于 3 m/s。

对气象有特殊要求的试验项目，由相应试验方法规定。

5) 试验仪器和设备

试验仪器和设备须经计量检定，在有效期内使用，并在使用前进行调整，确保功能正常，符合精度要求。

当使用汽车上安装的速度表、里程表测定车速和里程时，试验前必须按 GB/T 12548—1990《汽车速度表、里程表检验校正方法》进行误差校正。

6）试验道路

除另有规定外，各项性能试验应在清洁、干燥、平坦的，用沥青或混凝土铺装的直线道路上进行。道路长度 2~3 km，宽度不小于 8 m，纵向坡度在 0.1% 以内。

2. 试验车辆准备

1）接车检查

（1）记录试验样车的生产厂名、牌号、型号、发动机号、底盘号、各主要总成号和出厂日期等。

（2）检查车辆装备完整性及装配调整情况，使之符合该车装配调整技术条件及 GB 7258—2004《机动车运行安全技术条件》的有关规定。

（3）行驶检查，行驶里程不大于 100 km。

2）车辆磨合

根据试验要求，对试验车辆进行磨合。除另有规定外，磨合规范按该车使用说明书的规定。

3）预热行驶

试验前，试验车辆必须进行预热行驶，使汽车发动机、传动系及其他部分预热到规定的温度状态。

8.2　汽车动力性能试验

汽车的动力性能是指汽车在良好路面上直线行驶时，由汽车受到的纵向外力决定的、所能达到的平均行驶速度。动力性能是汽车各种性能中最基本、最重要的性能。

从获得尽可能高的平均行驶速度的观点出发，汽车的动力性能主要由三方面的指标来评定，即汽车的最高车速、汽车的加速时间和汽车能爬上的最大坡度。汽车动力性能可在道路或台架上进行试验。道路试验主要是测定最高车速、加速能力和最大爬坡度等评价参数。滑行距离能够表明底盘传动系统与行驶系的配合间隙与润滑等技术状况，且可确定汽车的滚动阻力系数，因此在进行动力性试验时常常也包括滑行试验。台架试验可测量汽车的驱动力和各种阻力。

8.2.1　试验标准

汽车动力性能检测项目主要有加速性能检测、最高车速检测、滑行性能检测、发动机输出功率检测和汽车底盘输出功率检测。

动力性能试验可依据的标准主要包括：GB/T 12534—1990《汽车道路试验方法通则》；GB/T 12544—1990《汽车最高车速试验方法》；GB/T 12543—1990《汽车加速性能试验方法》；GB/T 12547—1990《汽车最低稳定车速试验方法》；GB/T 12539—1990《汽车爬陡坡试验方法》；GB/T 12537—1990《汽车牵引力性能试验方法》。

8.2.2　试验设备及原理

汽车动力性能试验使用的设备主要包括汽车底盘测功机、第五轮仪、非接触式车速仪、汽车综合测试仪以及数据采集系统等。

1. 汽车底盘测功机

底盘测功又称底盘输出功率检测。其目的是评价汽车的动力性能，同时，与发动机输出功率进行对比，可求出传动效率，以便判定底盘传动系的技术状况。底盘测功需要在汽车底盘测功机上进行。在道路上行驶的汽车相对于静止的路面运动，在底盘测功机上是以滚筒的表面来取代路面，这时是滚筒的表面相对于静止的汽车做旋转运动。

在试验时，汽车底盘测功机能通过控制试验条件，使周围环境对试验的影响减至最小，而且通过功率吸收（加载）装置来模拟道路行驶阻力，在尽可能接近于实际行驶的工况下，进行各项测量，故能进行符合实际的复杂循环试验。近年来，由于电子计算机技术的快速发展以及各类专用软件的开发和应用，为道路的模拟、数据的采集、处理及试验数据分析提供了有效的手段，加速了底盘测功机的发展，得到了广泛的应用。

汽车底盘测功机有单滚筒和双滚筒之分，如图8-1所示。单滚筒底盘测功机支承每侧驱动车轮的滚筒为一个，滚筒直径较大（一般在1 500～2 500 mm之间），支承轴承少，台架的机械损失小。滚筒直径越大，车轮在滚筒上就越像在平路上滚动，轮胎与滚筒的滑转率小、滚动阻力小，因而测试精度高，但制造和安装费用大，一般用于制造厂和科研单位；双滚筒式底盘测功机支承每侧驱动车轮的滚筒为两个，滚筒直径小（一般在180～500 mm之间），与单滚筒底盘测功机相比，多了四个支承轴承和一个联轴器，在检测过程中，其机械损失较大。滚筒直径越小，车轮与滚筒的接触就与在平路上差别越大，轮胎与滚筒的滑转率增大、滚动阻力增大，所以测试精度较差；优点是设备成本低，使用方便，一般用于汽车使用、维修行业及汽车检测线或检测站。

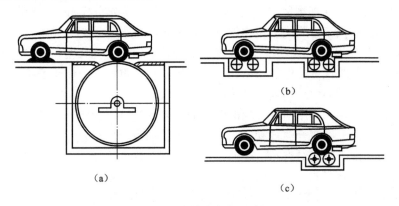

图8-1　滚筒式底盘测功机
(a) 单轮单滚筒式；(b) 双轮双滚筒式；(c) 单轮双滚筒式

汽车底盘测功机通过模拟汽车在道路上行驶时受到的阻力，测量其驱动轮输出功率以及加速、滑行等性能。有的底盘测功机还带有汽车燃料消耗量检测装置。底盘测功机具有如下功能：

(1) 测量汽车驱动轮输出功率。
(2) 检验汽车滑行性能。
(3) 检验汽车加速性能。
(4) 校验车速表。

（5）校验里程表。

（6）配备油耗仪的底盘测功机可以在室内模拟道路行驶，测量等速油耗。

汽车底盘测功机主要由道路模拟系统、信号采集与控制系统、安全保障系统及引导系统等构成。道路模拟系统如图8-2所示。

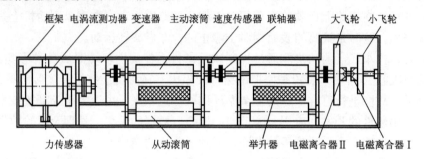

图8-2　普通型汽车底盘测功机道路模拟系统结构示意图

1）道路模拟系统

（1）滚筒装置：滚筒转动相当于连续移动的路面，被测汽车的车轮在其上滚动，利用滚筒来模拟路面。滚筒表面可以是光滚筒、滚花滚筒、带槽滚筒、带涂敷层滚筒等，可根据使用情况适当选择，尽量使滚筒的附着力接近于道路的实际情况。光滑滚筒是目前应用最多的一种形式。对于双滚筒的光滑滚筒，由于轮胎对滚筒的比压增大，虽然附着系数较低，但车轮与光滑滚筒间的附着能力可以产生足够的牵引力；带涂敷层的光滑滚筒，可以使附着力增大，是有前途的一种形式；对于滚花和带槽滚筒，因使用过程中打滑率不能保持恒定，很少使用。

（2）功率吸收装置（加载装置）：模拟汽车运行中所受的空气阻力、非驱动轮的滚动阻力及爬坡阻力等。在汽车检测线上所用的底盘测功机功率吸收装置的类型有：电涡流式、水力式和电力式。由于一般水力式功率吸收装置的可控性较电涡流式差，而电力测功机的成本较高，电涡流式加载装置可控性好、结构简单、体积小、重量轻、便于安装，因而国内所生产的汽车底盘测功机大多数采用电涡流式功率吸收装置。

（3）惯性模拟装置：利用惯性飞轮的转动惯量来模拟汽车旋转质量的转动惯量及汽车平移质量的惯量，采用电磁离合器自动或手动切换飞轮的组合，在允许的误差范围内满足汽车的惯量模拟。目前由于我国对汽车台架的惯量没有制订相应的标准，因而国产底盘测功机所装配的惯性飞轮的个数不同，且飞轮惯量的大小也不同，飞轮的个数越多，则检测的精度越高。成都弥荣公司生产的CDM—600型底盘测功机的惯性飞轮安装在滚筒机架左边，也是用离合器将飞轮与滚筒联结起来，飞轮根据被测车的质量选配，见表8-3。

表8-3　CDM-600型底盘测功机的惯性飞轮配置

汽车质量/kg	需配置的飞轮质量/kg
<800	不配置飞轮
800~1 400	700
1 400~2 100	1 200
>2 100	700+1 200

2）信号采集与控制系统

（1）车速信号采集：目前国内检测线使用的汽车底盘测功机采用的车速信号传感器可分为以下三种类型：光电式车速信号传感器、磁电式车速信号传感器和霍尔传感器。汽车底盘测功机驱动力传感器可分为两种：拉压传感器和位移传感器。

（2）汽车底盘测功机控制系统：汽车底盘测功机常见的位置控制信号有举升器升降控制或滚筒锁定控制、电磁阀控制、飞轮控制、车辆检测灯控制、手动或自动控制等信号。它们常常通过计算机或单片机 I/O 输出板（8155 或 8255 等），再经过信号放大、驱动来实现。

3）安全保障系统

安全保障系统包括左右挡轮、系留装置、车偃、发动机与车轮冷却风机。其作用如下：

（1）左右挡轮的目的是防止汽车车轮在旋转过程中，在侧向力的作用下驶出滚筒，对前轮驱动车辆更应注意；

（2）系留装置是指地面上的固定盘与车辆相连，以防车辆高速行驶时，由于滚筒的卡死飞出滚筒；

（3）车偃的作用之一是防止车辆在运行过程中，车体前后移动，同时也达到与系留作用相同的功能；

（4）发动机与车轮冷却风机是防止车辆在运行过程中发动机和车轮过热。

2. 第五轮仪

在进行车辆道路试验时，为了测量车辆的行驶距离和速度，尽管可以利用由传动系驱动的里程表和速度表，但不准确，因为车辆驱动轮的滚动半径直接受驱动力矩、地面对轮胎的切向反作用力、车轴载荷、轮胎气压及其磨损程度等的影响。此外，车用里程表和速度表的精度也较低。为消除这些因素对测量精度的影响，在车辆旁边或后边附加一个测量的轮子，对于四轮汽车来说，安装上去的充气车轮就像汽车的第五轮一样，故称为第五轮仪。第五轮仪是从动轮，行驶中无滑转，故能在平坦的路面上精确地测量车辆行驶距离和时间。

第五轮仪主要有机械式、电子式和微机式三种。

第五轮仪一般由传感器部分和记录仪两部分组成。传感器部分与记录仪部分由导线相连接。传感器部分的作用是把汽车行驶的距离变成电信号；记录仪部分的作用是把传感器部分送来的电信号和内部产生的时间信号，进行控制、计数并计算出车速，然后指示出来。

第五轮仪的传感器部分一般由充气车轮、传感器、支架、减振器和连接装置等组成，如图 8-3 所示。充气车轮为轮胎式，安装在支架上，支架通过连接装置固定在汽车的侧面或尾部的车身上。在减振器压簧的作用下，充气车轮紧贴地面，并随汽车的行驶而滚动。当充气车轮在路面上滚动一周时，汽车行驶了充气车轮周长的距离。在充气车轮中心处安装有传感器，可以把轮子在路面上滚动的距离通过传感器转变成电信号，常用的传感器有磁电式和光电式两种。

磁电式传感器由磁极、线圈、齿盘、支架等组成。由导磁材料制成的齿盘与第五轮轮轴固接并随之旋转，而由磁极和线圈组成的电磁头固定不动，电磁头端面与旋转盘上的齿顶间隙约为 $0.5 \sim 1$ mm。当第五轮仪旋转时，电磁头端面与磁盘周缘的间隙发生变化，使闭合磁路的磁阻发生变化，则通过线圈的磁通量发生变化，这样，旋转盘上的每个齿经过磁极时都会在线圈中感应出一个近似正弦波的信号，该信号经整形后呈矩形波脉冲信号进入记录仪。国产 WLY-5 型微机第五轮仪使用的齿盘上加工有 176 个齿，当轮子旋转一周时，便会产生

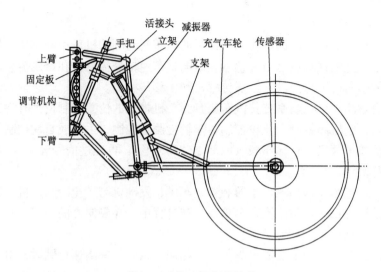

图 8-3 第五轮仪的结构

176 个信号。若轮子的周长为 1 760 mm，则每个脉冲信号就表示 10 mm 的距离（即 10 mm/脉冲）。轮胎圆周长与接地压力和气压有关，应予以修正。其脉冲数经修正圆周长后输入计数器，并由晶体振荡器控制时间，求得速度、距离、时间并显示在仪器上。

光电式传感器是在充气车轮的中心一侧固定有圆形的光孔板，其上沿圆周均布有若干小孔，在小孔的两侧分别装有光源和光敏管，光源和光敏管固定在支架上。当充气车轮转动时，光孔板随之转动。每转过一个小孔，光源的光线穿过小孔照射光敏管一次，光敏管就产生一个电脉冲信号，并通过导线送入记录仪。国产 PT5-3 型第五轮仪使用的光孔板加工有 155 个小孔，充气车轮旋转一周，传感器发出 155 个电脉冲信号。

3. 非接触式车速仪

第五轮仪有时因路面状态不好而打滑或跳离地面，也会因轮胎气压等原因使测试精度降低。第五轮仪因其结构上的限制，不适用于 180 km/h 以上的高速测试。非接触式车速仪采用光电相关滤波技术，是第五轮仪换代产品。

非接触式车速仪测试范围可达 1.5~250 km/h，不需要特殊的工夹具，只需将光电传感器安装在汽车前、后保险杠上，或用真空吸盘吸附于前、后车体上，方向对正汽车车身的纵轴线，光学镜头垂直对准灯光照明的地面。

非接触式车速仪由光电传感器和以计算机为核心部件的二次仪表组成，配以相应的 I/O 接口及外设，不需要接触路面或在路面上设置任何测量标记，如图 8-4 所示。光电传感器由照明组件、梳状光电器件、放大器及外壳支架等部件组成。照明组件的强光射在地面上，由于地面凹凸不平，形成明暗对比度不同的反射斑纹（凸凹斑或色斑等），由梳状光电器件接收，并产生感应电流。汽车运动时，地面的明暗变化引起梳状光电器件的感应电流变化，经

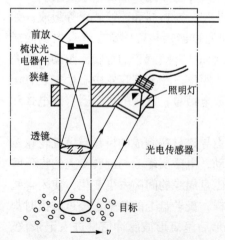

图 8-4 非接触式速度计的光路原理

滤波及整形等处理后,转换为脉冲输出,每一个脉冲就严格对应于汽车在地面上走过的一段距离,输入二次仪表进行速度运算和距离计数。

非接触式车速仪的传感器在路面有积雪或水的时候,会引起测量误差,目前已开始采用 GPS 进行速度测量。

4. 汽车综合测试仪

汽车综合测试仪是一种以微电脑为核心的智能化仪器,配以不同的传感器,可用于测定汽车、拖拉机、工程机械等车辆的动力性能(如滑行性能、加速性能、最高车速、最小稳定车速等)、经济性(如等速油耗、加速油耗、多工况油耗、100 km 油耗等)、制动性能、牵引性能等多种技术性能参数,并具有数据处理、显示、存储、打印等功能。图 8-5 是汽车综合测试仪的原理框图。

用于道路试验的汽车综合测试仪,因受汽车上空间条件的限制以及存在供电、振动、冲击和电磁干扰等方面的问题,所以多采用单板机或单片机,软件采用汇编语言编写。如目前常用的汽车综合测试仪

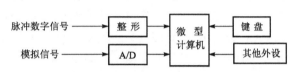

图 8-5 汽车综合测试仪的原理框图

的主机由单板计算机和接口电路板两个部分组成。与汽车综合测试仪配接的传感器包括第五轮仪、油耗传感器、拉力传感器和转速传感器等,具有操作灵活、携带方便、测量准确、动作稳定、读数直观等优点,可大大提高测试精度和效率。近来,计算机技术飞速发展,笔记本式计算机因具有不需外接电源、耐震动、耐冲击、体积小等优点而日益得到越来越广泛的应用。

8.2.3 试验方法

汽车动力性能试验方法可以分为道路试验与台架试验两种。

1. 试验准备

一般试验条件按 GB/T 12534—1990《汽车道路试验方法通则》有关规定执行。

动力性能的大部分试验在汽车试验场的综合性能道路或飞机场跑道上进行,要求路面平坦、坚硬、干燥、清洁,用沥青或混凝土铺装,直线段长度不少于 2 km,对于大型汽车,要求更长,宽度不小于 8 m,纵向坡度在 0.1% 以内。

最大爬坡度试验,要求坡道长度不少于 25 m,坡度均匀,坡前应有 8~10 m 的平直路段;坡度大于或等于 30% 的路面应用水泥铺装,小于 30% 的坡道可用沥青铺装,允许以表面平整、坚实、坡度均匀的自然坡道代替。

按试验车技术条件规定的额定装载量装载。

试验前,检查汽油发动机化油器的阻风阀和节气阀以保证应能全开;柴油发动机喷油泵齿条行程应能达到最大位置(必要时进行调整);允许更换空气滤清器和燃油滤清器的滤芯。

2. 道路试验

通过道路试验测试汽车动力性能,其结果接近实际运行情况。汽车动力性能在道路试验中的检测项目一般有高速挡加速时间、起步加速时间、最高车速、陡坡爬坡车速、长坡爬坡车速,有时为了评价汽车的拖挂能力,还进行汽车牵引力检测。另外,有时为了分析汽车动

力平衡问题，采用高速滑行试验测定滚动阻力系数及空气阻力系数，但道路试验受到道路条件、风向、风速、驾驶技术等因素的影响，而且这些因素可控性差。

1）最高车速试验

汽车的最高车速，是指汽车满载时在水平、路面良好的直线路段上（混凝土或沥青路面），所能达到并保持的最高车速。它不是瞬时值，而是可连续行驶一定距离的最高车速。

最高车速试验的速度测试路段要求200 m长，并且在两端用标杆准确标记。要求速度测量路段的后端留有足够的供制动的路段，一般此路段要求长200 m以上，并且有足够的加速行驶区段，因此，最高车速试验最好在汽车试验场的高速环形跑道上进行。

如果没有上述条件，在进行最高车速试验时，应在无干扰的直线跑道上进行，要求供加速用的直线路段长至少1~3 km（视汽车质量大小和加速性能而定）。

测量最高车速时，变速器挡位置于汽车设计最高车速的相应挡位，一般是最高挡。如果最高挡速比设置不能使汽车达到最大行驶车速（如某些超速挡），可以在次低挡进行测试。对于使用自动变速器的车辆，最高车速在"D"前进挡测量。试验汽车在加速路段行驶时，油门全开，以最佳的加速状态行驶。

最高车速反映了车辆依靠动力所能达到的车速极限，试验时，要关闭车窗和附加设施，如空调系统等。为了消除道路的微小坡度影响，提高测量准确性，应进行往返两个方向测试，行驶路段应重合，试验结果取平均值。

行驶时间$t(s)$和车速v（km/h）的关系如下：

$$v = \frac{200}{t} \times 3.6 = \frac{720}{t} \quad (\text{km/h}) \tag{8-1}$$

2）最低稳定车速试验

最低稳定车速一般指汽车以直接挡能够稳定行驶的最低车速，对未设直接挡的汽车指最接近直接挡速比的挡位能够稳定行驶的最低车速。最低稳定车速反映了汽车以直接挡作低速行驶时，发动机及传动系能够正常工作的最低限度。如果这一速度低，汽车在行驶中遇到情况减速后，可不必换入低挡而能够保持正常行驶，简化驾驶员的操作。

在试验路段上选定两段长100 m的测量路段，两段之间相隔200~300 m。

汽车挂直接挡，在测量路段前保持可以稳定行驶的最低稳定车速驶入测量路段，通过第五轮仪或车速行驶记录装置观察车速，测定通过第一个测量路段的时间；驶离第一个测量路段后，急速踩下油门踏板，发动机不应熄火，传动系不应颤动，加速至20~25 km/h，并在第二个测量路段前再稳定至最低稳定车速驶入测量路段，测量通过第二个测量路段的时间。根据试验情况，适当提高或降低驶入测量路段前的稳定车速，重复试验。

试验中，在测量路段上不允许切断离合器，使离合器打滑或使用制动。

试验往返各进行两次，按四次通过测量路段的时间取算术平均值，计算出汽车直接挡的最低稳定车速。

3）汽车加速性能试验

加速性能是指汽车从较低车速到较高车速时获得最短时间的能力。它主要用加速时间来衡量。表征汽车加速能力的指标有起步换挡加速时间和超车加速时间，相应的测试汽车加速性的试验方法有两种。

（1）最高挡和次高挡加速性能试验。

最高挡和次高挡加速性能反映了汽车在行进中提速的快慢程度。汽车在正常行驶时，以最高挡和次高挡行驶居多，汽车由较低车速过渡到较高车速时，动力性能好的车能在较短时间内达到预定的车速。

试验车经充分预热行驶后，变速器挂预定挡位，以稍高于该挡的最低稳定车速为初速度（选 5 的整倍数，如 20、25、30、35、40 km/h）匀速行驶，当车速稳定后（偏差 ±1 km/h），驶入试验路段，立即迅速将油门踏板踏到底，并保持此状态一直到加速结束，使汽车加速至该挡最高车速的 80% 以上，对于轿车，应加速至 100 km/h 以上，记录加速全过程。

试验时，汽车变速器置于预定挡位，加速中不换挡。

试验往返各进行一次，往返试验的路段应重合，试验结果取平均值。

(2) 汽车起步连续换挡加速试验。

汽车起步连续换挡加速试验是指汽车在平直道路上用汽车的起步挡位起步，并以最大的加速度迅速过渡至最高挡，或者使汽车达到某一速度或行驶一定距离的试验。汽车起步连续换挡加速性表征汽车从起步开始快速达到较高行驶车速的能力。

令换挡时发动机转速分别为发动机额定转速的 90%、95%、100%，试验车从起点开始，油门全开，按上述一种发动机转速换挡，测定汽车通过同一 500 m 路段的加速时间。每种换挡车速往返预试一次，取加速时间的算术平均值。加速时间最短者，其换挡车速最佳。

试验时，汽车停在加速试验路段起点（保险杠与标杆线重合），变速器预先置于起步挡位，然后迅速起步，并将加速踏板踩到底，使汽车尽快加速行驶。当发动机达到最大功率转速时，力求迅速无声地换至高一挡位（一般换挡时间 1~1.5 s），换挡后立即将加速踏板踩到底，直到车速升至最高挡最高车速的 80% 以上（对于轿车，应加速至 100 km/h 以上）。

试验往返各进行一次，往返试验的路程应重合，试验结果取平均值。

4) 爬陡坡试验

爬陡坡试验的评价指标是汽车的最大爬坡度。汽车的最大爬坡度是指汽车处于最大总质量状态时，变速器挂最低挡，在坚硬路面上所能克服的最大坡度（不允许动力冲坡）。

开始试验前，试验车预热行驶，使油温、水温达到正常的工作状态，而后停于接近坡道的平直路段上。将试验车的变速器置于最大牵引力输出挡（通常是第一挡）。汽车起步后，立即迅速将加速踏板踩到底，要保持节气门全开（或喷油泵齿条行程最大），不允许换挡，爬至坡顶。

如果试验车克服了该坡道，再到大一级坡度的坡道上进行上述试验。依此类推，直到汽车不能克服的坡道为止。如果第一次爬不上去，可进行第二次，但不允许超过两次。最后以能爬至坡顶的最陡的坡道的坡度作为该车的最大爬坡度。

3. 台架试验

台架试验与实车道路试验相比，有以下优点：

(1) 不受外界试验条件与环境条件的影响。

(2) 试验周期短。

(3) 节省人力。

(4) 精度高。

室内的动力性能试验主要是测定驱动力、传动系机械效率、轮胎滚动阻力系数及汽车空气阻力系数等参数，通常在底盘测功机上进行。汽车的动力性能、燃料经济性、制动性能和振动特性等,均可在底盘测功机上进行测定。

测功试验时,应选择几个有代表性的工况测试汽车驱动轮的输出功率或驱动力,如发动机额定功率所对应的车速(或转速)、发动机最大转矩所对应的车速(或转速)、汽车常用车速或经济车速,或根据交通管理部门的要求选择检测点。

在动力性能检测过程中,控制方式处于恒速控制,当车速达到设定车速(误差±2 km/h)并稳定5 s后(如时间过短,检测结果重复性较差),计算机方可读取车速与驱动力数值,并计算汽车底盘输出功率。

检测发动机额定功率和最大转矩转速下的输出功率或驱动力时,将变速器挂入选定挡位,松开驻车制动,踩下加速踏板,同时调节测功机制动力矩对滚筒加载,使发动机在节气门全开情况下以额定转速运转。待发动机转速稳定后,读取并打印驱动车轮的输出功率(或驱动力)值、车速值。在节气门全开情况下继续对滚筒加载,至发动机转速降至最大转矩转速稳定运转时,读取并打印驱动力(或输出功率)值、车速值。

测量驱动车轮在变速器不同挡位下的输出功率或驱动力时,要依次挂入每一挡位,按上述方法进行检测。当发动机发出额定功率,挂直接挡,可测得驱动车轮的额定输出功率;当发动机发出最大转矩,挂 I 挡,可测得驱动车轮的最大驱动力。

发动机全负荷运转,在选定车速下进行输出功率或驱动力的检测时,是在踩下加速踏板的同时,调节测功机制动力矩对滚筒加载,使发动机在节气门全开情况下以选定的车速稳定运转进行的。发动机部分负荷选定车速下输出功率或驱动力的检测与此相同,只不过发动机是在选定的部分负荷下工作的。

8.3 汽车燃料经济性试验

随着汽车保有量的不断增加,汽车所消耗的燃料不断增长,汽车的燃料经济性越来越受到重视。减少汽车的燃料消耗量不仅可以降低汽车的使用费用、节省石油资源,而且可以降低发动机的排放,减少对环境的污染,对国民经济建设具有重大意义。

通常用汽车燃料消耗量对汽车燃料经济性进行评价,通过试验测定所消耗燃料的容积或质量。燃料经济性评价指标用单位行驶里程(如100 km)的燃料消耗量,即100 km 油耗(L/100 km)来表示。

燃料经济性试验是测量汽车在一定条件下的燃料消耗,以得到其燃料经济性评价指标的试验。燃料消耗量不仅是评价在用汽车技术状况与维修质量的综合性参数之一,也是诊断和分析汽车故障的重要参数。

按试验方法,汽车燃料经济性试验可分为等速行驶燃料消耗量试验、加速行驶燃料消耗量试验、多工况燃料消耗量试验、限定条件下的平均使用燃料消耗量试验和不限定条件的平均使用燃料消耗量试验等。按照试验时对各种因素的控制程度进行分类,汽车燃料经济性试验可分不控制的道路试验、控制的道路试验、道路上的循环试验和底盘测功机上的循环试验。

燃料消耗量试验需要考虑的主要因素有装载质量、测量路段距离、行驶工况及操作规程、车速规定。不同国家试验标准中对这些因素的规定不尽相同。

燃油消耗量可以通过道路试验和室内模拟道路试验来测定。

8.3.1 试验标准及要求

燃料消耗量试验方法根据 GB/T 12534—1990《汽车道路试验方法通则》、GB/T 12545.1—2001《商用车燃料消耗量试验方法》(适用于 M_1 类车辆和最大总质量小于 2 t 的 N_1 类车辆)、GB/T 12545.2—2001《商用车燃料消耗量试验方法》(适用于 M_2、M_3 类和最大总质量大于或等于 2 t 的 N 类车辆) 和 GB/T 19233—2003《轻型汽车燃料消耗量试验方法》(适用于以点燃式发动机或压燃式发动机为动力,最大设计车速大于或等于 50 km/h 的 M_1 类车辆,也可用于最大设计质量不超过 3.5 t 的 M_2 类和 N_1 类车辆) 进行检测。

GB/T 19233—2003《轻型汽车燃料消耗量试验方法》,规定汽车在模拟城市和市郊工况下的运转循环下,通过测室排放的二氧化碳、一氧化碳和碳氢化合物,用碳平衡法计算出燃油消耗量。测试方法中的运转循环为 GB 18352.2—2001《商用车燃料消耗量试验方法》附录 C 附件 CA 中所描述的模拟市区和市郊行驶工况的试验循环。

GB 19578—2004《乘用车燃料消耗量限值》规定了各质量段内乘用车应达到的燃油消耗量,见表 8-4。

表 8-4 乘用车燃料消耗量限值 (GB 19578—2004)　　　　　　L/100 km

整车整备质量 (CM)/kg	第一阶段	第二阶段	整车整备质量 (CM)/kg	第一阶段	第二阶段
CM≤750	7.6	6.6	1 540 < CM≤1 660	12.0	10.8
750 < CM≤865	7.6	6.9	1 660 < CM≤1 770	12.6	11.3
865 < CM≤980	8.2	7.4	1 770 < CM≤1 880	13.1	11.8
980 < CM≤1 090	8.8	8.0	1 880 < CM≤2 000	13.6	12.2
1 090 < CM≤1 205	9.4	8.6	2 000 < CM≤2 110	14.0	12.6
1 205 < CM≤1 320	10.1	9.1	2 110 < CM≤2 280	14.5	13.0
1 320 < CM≤1 430	10.7	9.8	2 280 < CM≤2 510	15.5	13.9
1 430 < CM≤1 540	11.3	10.3	2 510 < CM	16.4	14.7

8.3.2 试验设备及原理

在燃料消耗量测定的试验中主要测量车速、距离、时间和燃料消耗量等参数。道路试验测量燃料消耗量时,车速、距离和时间的测量仍然用第五轮仪或非接触式车速仪,而室内模拟道路试验测量燃油消耗量时,则采用底盘测功机来模拟汽车行驶时的道路。燃料消耗量的检测仪器均使用油耗仪。它可测量某一段时间间隔或某一里程内,流体通过管道的总体积或总重。

油耗仪由油耗传感器和二次仪表(显示装置)两部分组成。目前常用的主要为容积式和质量式油耗仪。

1. 容积式油耗仪

容积式油耗仪的工作原理是使被测燃油充满一定容量的测量室,通过充满测量室的次数,可得出被测燃油的总量,再除以测定时间间隔或行驶里程即可得平均燃油消耗量。

图 8-6 为行星式油耗传感器的流量转换机构的工作原理图。该装置由四个互成 90°的活塞(相当于四个滑阀)和旋转曲轴构成,进油室内充有一定压力的燃油,燃油储存在传

感器的曲轴箱中。由滑阀开闭时刻的巧妙配合，实现了油缸吸排油的连续进行，用于将一定容积的燃油流量转变为曲轴的旋转。

在泵油压力作用下，燃油推动活塞往复运动，四个活塞各往复运动一次则曲轴旋转一周，完成一个进排油循环。活塞在油缸中处于进油行程或者排油行程，取决于活塞相对进、排油口的位置。图8-6（a）表示活塞1处于进油行程，来自传感器曲轴箱的燃油经油道P_3推动其上行，并使曲轴作顺时针旋转。此时，活塞2处于排油行程终了状态，活塞3处于排油行程中，燃油从活塞3上部经P_1从排油口E_1排出，活塞4处于进油终了状态；当活塞和曲轴位置如图8-6（b）时，活塞1处于进油行程终了状态，活塞2处于进油行程，油道P_4导通，活塞3处于排油行程终了，活塞4处于排油行程，燃油从油道P_2经排油口E_2排出。图8-6（c）和图8-6（d）的进排油状态及曲轴旋转方向如图中箭头所示。如此循环往复，曲轴每旋转一周，各缸分别泵油一次，从而具有连续定容量泵油的作用。曲轴旋转一周的泵油量为

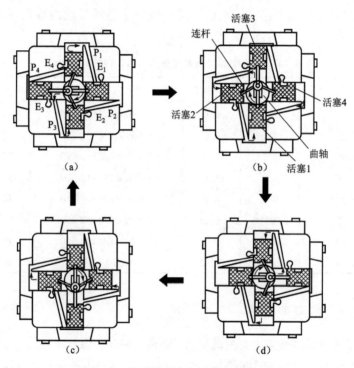

图8-6 行星活塞式油耗传感器原理图
P_1，P_2，P_3，P_4—油道；E_1，E_2，E_3，E_4—排油口

$$V = 4 \times \frac{\pi d^2}{4} \times 2h = 2h\pi d^2 \quad (\text{cm}^3) \tag{8-2}$$

式中　h——曲轴偏心距，cm；
　　　d——活塞直径，cm。

可见，经上述流量转换机构的转换后，燃油消耗量的测量转化为流量变换机构曲轴的旋转圈数测量，这可由装在曲轴一端的信号转换装置完成。一般采用光电测量装置进行信号转换，把曲轴旋转圈数转化为电脉冲信号。

2. 质量式油耗仪

质量式油耗仪由称量装置、计数装置和控制装置构成，如图8-7所示。

质量式油耗仪测量消耗一定质量的燃油所用的时间。燃油消耗量为

$$G = 3.6 \frac{m}{t} \quad (\text{kg/h}) \tag{8-3}$$

式中　m——燃油质量，g；

　　　t——测量时间，s。

称量装置的秤盘上装有油杯，燃油经电磁阀加入油杯。电磁阀的开关由平衡块上的行程限位器拨动左右两个微型限位开关进行控制。光电传感器由两个光电二极管和装在菱形指针上的光源组成，用于给出油耗始点和终点信号。光电二极管一个为固定式，另一个光电二极管装在活动滑块上，滑块通过齿轮齿条机构移动，齿轮轴与鼓轮相连，计量的燃油量通过转动鼓轮从刻度盘上读出。计量开始时，光源的光束射在固定的光电二极管上，光电二极管发出信号，使计数器开始计数，随着油杯中燃油的消耗，指针移动。当光束射到另一光电二极管上时，光电二极管发出信号，使计数器停止计数，表示油杯中燃料耗尽。记录仪上两个带数字显示的半导体计数器，一个用于计算发动机曲轴转速，另一个计数器记录时间。

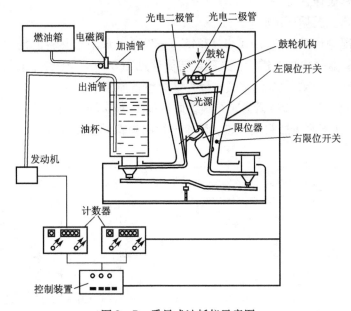

图8-7　质量式油耗仪示意图

8.3.3　汽车燃料经济性的试验方法

1. 试验准备

1）油耗传感器在汽油机上的连接方法

油耗传感器串联在汽油泵和化油器之间的油路上，使油耗传感器的入口接汽油泵的出口，油耗传感器的出口接化油器的入口。

2）油耗传感器在柴油机上的连接方法

油耗传感器串联在油箱到高压泵的油路中，但是，应该为其接好回油管路，并且必须把回油管路接在油耗传感器的出口管路上，以免燃油被油耗传感器重复计量使油耗检测数据

失真。

对于燃料流量较大的发动机测量燃油消耗时,应在油箱与油耗传感器之间加装辅助油泵。

2. 试验方法

燃料经济性试验可分为道路试验和室内台架试验,较多的是进行室内燃油经济性试验。燃料经济性试验与车型有关,车型不同,试验加载质量和测试项目是不同的。

1) 乘用车

根据 GB/T 12545.1—2001《乘用车燃料消耗量试验方法》,测试项目包括:模拟城市工况循环燃料消耗量试验、90 km/h 和 120 km/h 等速行驶燃料消耗量试验。

试验前,试验车辆应放在环境温度为 20 ℃ ~30 ℃ 的环境下,至少保持 6 h,直至发动机机油温度和冷却液温度达到该环境温度误差为 ±2 ℃ 为止。车辆应在常温下运行之后的 30 h 之内进行试验。试验车辆必须清洁,车窗和通风口应关闭,只能使用车辆行驶必需的设备,如果有手控进气预热装置,应处于制造厂根据进行试验时的环境温度规定的位置。如果试验车辆的冷却风扇为温控型,应使其保证正常的工作状态。乘客舱应关闭空调系统,但其压缩机应处于正常工作状态。

(1) 模拟城市工况循环试验。

模拟城市工况循环试验应按 GB/T 12545.1—2001《乘用车燃料消耗量试验方法》附录 A 的要求,要在底盘测功机上进行,试验运转循环见图 8-8。M_1 类车辆的试验质量为整车整备质量加上 100 kg;N_1 类车辆试验质量为整车整备质量加上 180 kg,当车辆的 50% 装载质量大于 180 kg 时,则试验质量为整车整备质量加上 50% 的装载质量(包括测量仪器和人员的质量)。为了便于测量燃料消耗量,两个连续的模拟城市工况循环之间的间隔时间(怠速状态)不应超过 60 s。

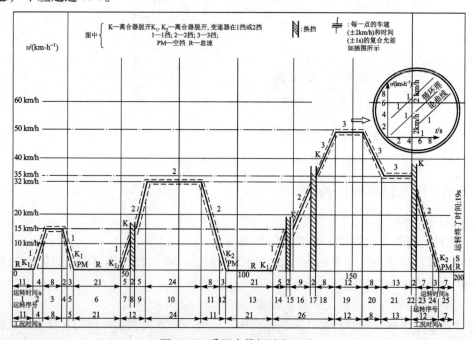

图 8-8 乘用车模拟城市工况

(2) 等速行驶燃料消耗量试验。

等速行驶燃料消耗量试验既可在底盘测功机上进行，也可在道路上进行。

底盘测功机试验时，按适当的试验速度和规定的试验质量根据标准中的规定设定测功机，以达到总的道路行驶阻力。测量行驶距离不应少于 2 km。试验时的速度变化幅度不大于 0.5 km/h 时，可以断开惯性装置，至少应进行 4 次测量。

道路试验时，测量路段的长度应至少 2 km，可以是封闭的环形路（测量路程必须为完整的环形路），也可以是平直路（试验在两个方向上进行）。为了确定在规定速度时的燃料消耗量，应至少在低于或等于规定速度时进行两次试验，并在至少等于或高于规定速度时进行另两次试验。但应满足下面规定的误差，即在每次试验行驶期间，速度误差为 ±2 km/h。每次试验的平均速度与试验规定速度之差不得超过 2 km/h。

2）商用车

根据 GB/T 12545.2—2001《商用车燃料消耗量试验方法》，测试项目包括：

除了特殊规定外，适用于 M_2、M_3 类城市客车为装载质量的 65%；其他车辆为满载，乘员质量及其装载要求按 GB/T 12534—1990 的规定。

车辆试验质量为整车整备质量加上 180 kg，当车辆的 50% 载质量大于 180 kg 时，则车辆试验质量为车辆整车整备质量加上 50% 的载质量（包括测量人员和仪器的质量）。

试验车辆必须清洁，关闭车窗和驾驶室通风口，只允许为驱动车辆所必需的设备工作，由恒温器控制的空气流必须处于正常调整状态。

(1) 等速行驶燃料消耗量试验。

汽车在进行道路试验时，测试路段长度为 500 m，挡位采用直接挡或直接挡和超速挡。对带自动变速器的车辆，采用高挡。等速行驶，通过 500 m 的测试路段，测量通过该路段的时间及燃料消耗量。

一般以等速行驶燃料消耗量试验来检测汽车燃料消耗量，即汽车在常用挡位（直接挡）从车速 20 km/h（当最低稳定车速高于 20 km/h 时，此值为 30 km/h）开始，以间隔 10 km/h 的整数倍的各预选车速，通过 500 m 的测量路段，测定燃油消耗量 Δ（mL）和通过时间 t(s)，每种车速试验往返各进行两次，直到该挡最高车速的 90% 以上，至少测定五个试验车速。两次试验时间间隔（包括达到预定车速所需的助跑时间）应尽量缩短，以保持稳定的热状态。

各平均试验车速 u 及其相应的等速燃料消耗量的平均值 Q 分别为

$$u = 3.6 \times 500/t = \frac{1\,800}{t} \quad (\text{km/h}) \tag{8-4}$$

$$Q = \frac{\Delta}{500}(\text{mL/m}) = 0.2\Delta \quad (\text{L/100 km}) \tag{8-5}$$

以试验车速为横坐标，燃料消耗量为纵坐标，绘制等速燃料消耗量散点图。根据散点图，绘制等速行驶燃料消耗量特性曲线。

(2) 多工况循环燃料消耗量试验。

多工况循环包括六工况循环（适用于城市客车和双层客车以外的车辆，如图 8-9 所示）和四工况循环（适用于城市客车和双层客车，如图 8-10 所示），可以进行道路试验，也可以在底盘测功机上进行。

① 道路试验。道路试验进行多工况循环燃料消耗量测试时，汽车尽量用高挡位进行试

验,当高挡位达不到工况要求,超出规定偏差时,应降低一挡进行,当车辆进入可使用高挡行驶的等速行驶段和减速行驶段时,再换入高挡进行试验。换挡应迅速、平稳。减速行驶中,应完全放松加速踏板,离合器仍接合。当试验车速降至 10 km/h 时,分离离合器,必要时,减速工况中允许使用车辆的制动器。

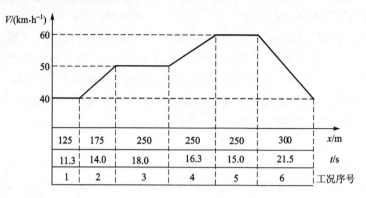

图 8-9 六工况循环

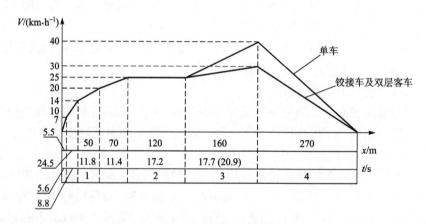

图 8-10 四工况循环

试验车辆在多工况的终速度的偏差为 ±3 km/h,其他各工况速度偏差为 ±1.5 km/h。在各种行驶工况改变过程中允许车速的偏差大于规定值,但在任何条件下超过车速偏差的时间不大于 1 s,即时间偏差为 ±1 s。

② 底盘测功机试验。四工况循环和六工况循环试验也可在底盘测功机上进行,具体方法可参照乘用车(GB/T 12545.1—2001《乘用车燃料消耗量试验方法》)的有关规定执行。

3) 轻型车

根据 GB/T 19233—2003《轻型汽车燃料消耗量试验方法》,按照 GB 18352.2—2001 附件 CA 中所述的模拟市区和市郊行驶工况的试验循环,冷启动后排气污染物排放试验用的运转循环包括 1 部(市区行驶)和 2 部(市郊行驶),如图 8-11 所示,通过测量 CO_2、CO 和 HC 的排放量,再用碳平衡法计算燃料消耗量。

以点燃式发动机或压燃式发动机为动力,最大设计车速大于或等于 50 km/h 的 M_1 类车辆,以及最大设计质量不超过 3.5 t 的 M_2 类和 N_1 类车辆都应进行此项试验。

试验车辆的机械状态应良好，试验前车辆至少应行驶 3 000 km，且少于 15 000 km。

试验前，车辆应置于温度保持为 293～303 K（20 ℃～30 ℃）的室内进行处理，此处理期至少为 6 h，直至发动机的润滑油和冷却液温度达到室温的 ±2 K 范围内。在制造厂的要求下，车辆可在正常温度下行驶后 30 h 进行试验。

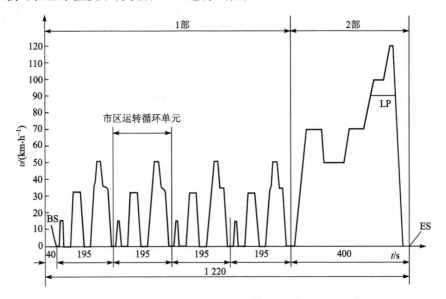

图 8-11　冷启动后排气污染物排放试验用的运转循环
BS—取样开始；ES—取样结束；LP—低功率车辆

8.4　汽车制动性能试验

汽车制动性能试验包括两项，即冷态制动效能试验和在制动检验台上测量制动力。冷态制动效能试验在室外进行。

制动检验台的分类方法包括：按测试原理的不同，可分为反力式和惯性式两类；按检验台支撑车轮的形式不同，可分为滚筒式和平板式两类；按检测参数的不同，可分为测制动力式、测制动距离式、测制动减速度式和综合式四种；按检验台的测量、指示装置、传递信号方式不同，可分为机械式、液力式和电气式三类。

8.4.1　制动检测标准及要求

国家标准 GB 7258—2004《机动车运行安全技术条件》对检验制动性能的规定，检验方法分为道路试验和台架试验两类。本节主要介绍这两类试验的方法和要求。此外，GB 12676—1999《汽车制动系统结构、性能及试验方法》规定了汽车制动系统结构、性能的试验方法。GB/T 13594—2003《汽车防抱制动系统性能要求和试验方法》规定了汽车防抱制动系统的性能要求和试验方法。

1. 道路试验检验要求

用路试的方法主要检验行车制动性能和应急制动性能。这些检验应在平坦（坡度不应大于 1%）、干燥和清洁的硬路面上进行，并且轮胎与地面的附着系数不小于 0.7。检验时，被测机动车沿试验车道的中线行驶至高于规定的初速度后，置变速器于空挡（自动变速器的机动车可置变速器于 D 挡），当滑行到规定的初速度时，急踩制动，使机动车停止。

1) 用制动距离检验行车制动性能

机动车在规定初速度下的制动距离和制动稳定性应符合表 8-5 要求。对空载检验制动距离有质疑时，可用表中规定的满载检验制动距离要求进行。

表 8-5 制动距离和制动稳定性要求

机动车类型	制动初速度 /($km \cdot h^{-1}$)	满载检验制动距离要求/m	空载检验制动距离要求/m	试验通道宽度 /m
乘用车	50	≤20.0	≤19.0	2.5
总质量不大于 3 500 kg 的低速货车	30	≤9.0	≤8.0	2.5
其他总质量不大于 3 500 kg 的汽车	50	≤22.0	≤21.0	2.5
其他汽车、汽车列车	30	≤10.0	≤9.0	3.0

进行此项制动性能检验时，制动踏板力或制动气压应符合以下要求：

(1) 满载检验时。

气压制动系：气压表的指示气压≤额定工作气压。

液压制动系：踏板力，乘用车≤500 N；其他机动车≤700 N。

(2) 空载检验时。

气压制动系：气压表的指示气压≤600 kPa。

液压制动系：踏板力，乘用车≤400 N；其他机动车≤450 N

2) 用充分发出的平均减速度 MFDD 检验行车制动性能

汽车、汽车列车在规定的初速度下急踩制动时，充分发出的平均减速度 MFDD 及制动稳定性要求应符合表 8-6 的规定，且制动协调时间对液压制动的汽车不应大于 0.35 s，对气压制动的汽车单车制动协调时间应不大于 0.60 s，对汽车列车、铰接客车和铰接式无轨电车的制动协调时间应不大于 0.80 s。值得注意的是，这里的协调制动时间是指在急踩制动时，从脚接触制动踏板（或手触动制动手柄）时起至车辆减速度（或制动力）达到表 8-6 规定的机动车充分发出的平均减速度 MFDD（或表 8-8 所规定的制动力）的 75% 时所需的时间。

表 8-6 制动减速度和制动稳定性要求

机动车类型	制动初速度 /($km \cdot h^{-1}$)	满载检验充分发出的平均减速度 /($m \cdot s^{-2}$)	空载检验充分发出的平均减速度 /($m \cdot s^{-2}$)	试验通道宽度 /m
乘用车	50	≥5.9	≥6.2	2.5
总质量不大于 3 500 kg 的低速货车	30	≥5.2	≥5.6	2.5
其他总质量不大于 3 500 kg 的汽车	50	≥5.4	≥5.8	2.5
其他汽车、汽车列车	30	≥5.0	≥5.4	3.0

进行此项制动性能检验时，对制动踏板力或制动气压的要求与用制动距离检验时的要求相同。

3）应急制动检验

汽车在空载和满载状态下，进行应急制动性能检验，按表8-7所列的初速度进行应急制动性能检验，应急制动性能应符合表8-7的要求。

表8-7 应急制动性能要求

机动车类型	制动初速度 /(km·h^{-1})	制动距离 /m	充分发出的平均减速度 /(m·s^{-2})	允许操纵力不应大于/N	
				手操纵	脚操纵
乘用车	50	≤38.0	≥2.9	400	500
客车	30	≤18.0	≥2.5	600	700
其他汽车	30	≤20.0	≥2.2	600	700

4）驻车制动性能检验

在空载状态下，驻车制动装置应能保证车辆在坡度为20%（对总质量为整备质量的1.2倍以下的车辆为15%）、轮胎与路面间的附着系数不小于0.7的坡道上正、反两个方向保持固定不动，其时间不少于5 min。对于允许挂接挂车的汽车，其驻车制动装置必须使汽车列车在满载状态下能停在坡度为12%的道路（坡道上轮胎与路面的附着系数不应小于0.7）上。检验时对操纵力应符合规定，即手操纵时，乘用车的允许操作力不应大于400 N，其他机动车的允许操作力不应大于600 N；脚操纵时，乘用车的允许操作力不应大于500 N，其他机动车的允许操作力不应大于700 N。

2. 台架试验检验要求

台架试验就是在试验台上进行制动性能测试，与路试方法相比，更节省时间和空间，更方便试验，因此目前应用较普遍。

台架试验可分为用滚筒式制动检验台检验和用平板制动检验台检验。

进行制动性能检验时，制动踏板力或制动气压也应满足在道路试验时行车制动检验的要求。

1）行车制动性能检验

汽车、汽车列车在制动检验台上测出的制动力应符合表8-8的要求。对空载检验制动力有质疑时，可用表8-8规定的满载检验制动力要求进行检验。

表8-8 台架试验检验制动力要求

机动车类型	制动力总和与整车重量的百分比		轴制动力与轴荷①的百分比	
	空载	满载	前轴	后轴
乘用车、总质量不大于3 500 kg的货车	≥60	≥50	≥60①	≥20②
其他汽车、汽车列车	≥60	≥50	≥60①	—

注：① 用平板制动检验台检验乘用车时应按动态轴荷计算。
② 空载和满载状态下测试均应满足此要求。

2）制动力平衡要求

在制动力增长的全过程中，同时测得的左右轮制动力差的最大值，与全过程中测得的该轴左右轮最大制动力中大者之比，对前轴不应大于20%；对后轴（及其他轴）在轴制动力不小于该轴轴荷的60%时，不应大于24%；当后轴（及其他轴）轴制动力小于该轴轴荷的60%时，在制动力增长全过程中同时测得的左右轮制动力差的最大值不应大于该轴轴荷的8%。

3）协调时间要求

对采用液压制动的汽车协调时间不得大于0.35 s；对采用气压制动的汽车协调时间不得大于0.60 s；汽车列车和铰接客车、铰接式无轨电车的制动协调时间不应大于0.80 s。

4）阻滞力要求

进行制动力检验时，车辆各轮的阻滞力均不应大于车轮所在轴轴荷的5%。

5）驻车制动力要求

机动车空载，乘坐一名驾驶员，使用驻车制动装置，驻车制动力总和不应小于该车在测试状态下整车质量的20%（对总质量为整备质量1.2倍以下的车辆此值不小于15%）。

6）制动完全释放时间要求

汽车制动完全释放时间（从松开制动踏板到制动消除所需要的时间）不应大于0.80 s。

8.4.2 试验设备及原理

1. 主要试验设备

主要仪器设备有第五轮仪或非接触式车速仪、制动减速仪、反力式滚筒制动试验台、平板式制动试验台、综合气象观测仪、多点温度计、试验车等，也可以采用汽车综合测试仪。

目前国内汽车检测所用制动检验设备多为反力式滚筒制动检验台和平板式制动检验台。虽然国内外已研制出惯性式防抱死制动检验台，但价格昂贵，短期内普及应用有较大难度。本节重点介绍反力式滚筒制动试验台和平板式制动试验台。

2. 制动试验台的结构与工作原理

1）反力式滚筒制动试验台

反力式滚筒制动检验台的结构简图如图8-12所示，由结构完全相同的左右两套对称的车轮制动力测试单元和一套指示、控制装置组成。每一套车轮制动力测试单元由框架（多数试验台将左、右测试单元的框架制成一体）、驱动装置、滚筒组、举升装置、测量装置等构成。

滚筒相当于移动的路面，各对滚筒分别带有飞轮，产生相当于汽车质量的惯性。制动时滚筒依靠惯性相对于车轮移过一定距离，因此这种试验台的主要检测参数是各轮的制动距离，同时还可以测得制动时间或减速度。反力式滚筒制动试验台的优点在于试验条件接近实际行驶条件，可在任何车速下进行测试。但是，旋转部分的转动惯量大，结构复杂，占地面积大，测试车型受限，也是这种试验台的不足之处。

有的滚筒制动检验台在主、从动滚筒之间设置一个直径较小，既可自转又可上下摆动的第三滚筒，平时由弹簧使其保持在最高位置。而在许多设置有第三滚筒的制动检验台上取消了举升装置，在第三滚筒上装有转速传感器。在检验时，被检车辆的车轮置于主、从动滚筒上，同时压下第三滚筒，并与其保持可靠接触。控制装置通过转速传感器即可获知被测车轮的转动情况。

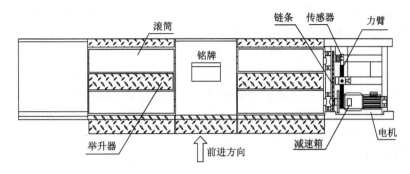

图 8-12 反力式制动检验台结构简图

制动力测试装置主要由测力杠杆和传感器组成,如图 8-13 所示。测力杠杆一端与传感器连接,另一端与减速器壳体连接,被测车轮制动时测力杠杆与减速器壳体将一起绕主动滚筒(或绕减速器输出轴、电动机枢轴)轴线摆动。传感器将测力杠杆传来的、与制动力成比例的力(或位移)转变成电信号输送到指示、控制装置。传感器有应变测力式、自整角电机式、电位计式、差动变压器式等多种类型。早期的日本产制动试验台多采用自整角电机式测量装置,而欧洲产以及近期国产制动检验台多采用应变测力式传感器。

进行车轮制动力检测时,被检汽车驶上制动试验台,车轮置于主、从动滚筒之间,放下举升器(或压下第三滚筒,装在第三滚筒支架下的行程开关被接通),通过延时电路启动电动机,经减速器、链传动和主、从动滚筒带动车轮低速旋转,待车轮转速稳定后驾驶员踩下制动踏板,车轮在车轮制动器的摩擦力矩作用下开始减速旋转。此时电动机驱动的滚筒对车轮轮胎周缘的切线方向作用制动力以克服制动器摩擦力矩,维持车轮继续旋转。与此同时,车轮轮胎对滚筒表面切线方向附加一个与制动力方向反向等值的反作用力,在反作用力矩作用下,减速机壳体与测力杠杆一起朝滚筒转动相反方向摆动(如图 8-13),测力杠杆一端的力或位移量经传感器转换成与制动力大小成比例的电信号。从测力传感器送来的电信号经

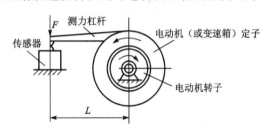

图 8-13 制动力测试原理图

放大滤波后,送往 A/D 转换器转换成相应的数字量,经计算机采集、储存和处理后,检测结果由数码显示或由打印机打印出来。一般可以把左、右轮最大制动力、制动力和、制动力差、阻滞力和制动力 - 时间曲线等一并打印出来。

测力传感器受力点受力的大小与滚筒表面制动力的关系为

$$滚筒表面制动力(N) = \frac{测力传感器受力(N) \times 测力杠杆水平长度}{滚筒半径}$$

在标定时,标定加载力的大小与滚筒表面制动力的关系为

$$滚筒表面制动力(N) = \frac{标定加载力(N) \times 标定杠杆水平长度}{滚筒半径}$$

GB 7528—2004《机动车安全运行技术条件》中定义的制动协调时间是从驾驶员踩下制动踏板的瞬间作为起始计时点,为此,在制动测试过程中必须由驾驶员通过套装在汽车制动

踏板上的脚踏开关向试验台指示、控制装置发出一个"开关"信号,开始时间计数,直至制动力与轴荷之比达到标准规定值的75%时瞬间为止。这段时间历程即为制动协调时间,通常可以通过检验台的计算机执行相应程序来实现。

目前,采用的反力式滚筒制动检验台对具有防抱死（ABS）系统的汽车制动系的制动性能,还无法进行准确的测试。主要原因是这些试验台的测试车速较低,一般不超过5 km/h,而现代防抱死系统均在车速10～20 km/h以上起作用,所以在上述试验台上检测车轮制动力时,车辆的防抱死系统应不起作用,只能相当于对普通的液压制动系统的检测过程。

2) 平板式制动试验台

平板式制动试验台结构如图8－14所示,是一种新型的制动检测设备。它利用汽车低速驶上平板后突然制动时的惯性力,来检测制动效果,属于一种动态惯性式制动试验台。它除了能检测制动性能外,还可以测试轮重、前轮侧滑和汽车的悬架性能,也是一种综合性试验台。

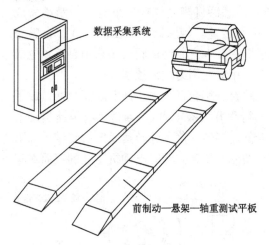

图8－14 平板式制动试验台结构示意图

这种试验台结构比较简单,主要由几块测试平板、传感器和数据采集系统等组成。轿车检测线一般由四块前制动—悬架—轴重测试用平板及一块侧滑测试板组成。数据采集系统由力传感器、放大器、多通道数据采集板等组成。该试验台不需要模拟汽车转动惯量,较容易将制动试验台与轮重仪、侧滑仪组合在一起,测试过程接近实际路试条件,车辆测试方便且效率高。但这种试验台存在测试操作难度较大（测试重复性主要取决于车况及检验员踩刹车快慢）、对不同轴距车辆适应性差、占地面积大、需要助跑车道等缺点。

平板制动检验台是一种低速动态检测车辆制动性能的设备。其检测原理基于牛顿第二定理,即制动力等于质量乘以（负）加速度。检测时只要知道轴荷与减速度即可求出制动力。从理论上讲制动力与检测时车速无关,与刹车后的减速度相关。检验时汽车以5～10 km/h（或按出厂说明允许更高）速度驶上平板,置变速器于空挡并紧急制动。汽车在惯性作用下,通过车轮在平板上附加与制动力大小相等方向相反的作用力,使平板沿纵向位移,经传感器测出各车轮的制动力、动态轮重并由数据采集系统处理,计算出轮重、制动及悬架性能的各参数值,并显示检测结果。其测试原理如图8－15所示。

3) 制动减速度仪

制动减速度仪通过测量制动加速度来检验制动性能,有摆锤式和滑块式两种。它们所依据的基本原理,都是牛顿第二定律。通过直接或间接测量摆锤或滑块与垂直位置形成的摆动角度 θ,就可以计算出减速度 $a = g\tan\theta$（g 为重力

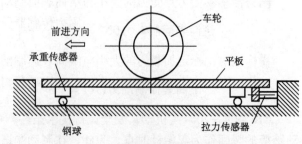

图8－15 平板式制动试验台原理图

加速度)。

8.4.3 试验方法

1. 试验准备

1) 制动力测试准备工作

清除试验车轮胎上泥土,检验台滚筒表面清洁,无异物及油污,仪表清零;车辆轮胎气压、花纹深度符合标准规定,胎面清洁;将踏板测力计装到制动踏板上;制动试验台通电预热 30 min。

2) 冷态制动效能试验准备

用支架将第五轮仪安装在试验车上(同加速试验),确保第五轮仪工作正常;将制动减速仪牢固地安装在车厢内;选择平坦、干燥、清洁的沥青或混凝土路面作为试验场地(同加速试验场地)。

2. 试验方法

汽车制动性能的检验宜采用反力式滚筒试验台或平板制动试验台,其中前轴驱动的乘用车更适合采用平板制动试验台检测制动性能。不宜采用制动试验台检验制动性能的汽车也可以采用路试检验制动性能。

1) 用反力式滚筒试验台检验

制动试验台滚筒表面应干燥,没有松散物质及油污,滚筒表面附着系数不应小于 0.75。驾驶员将车辆驶上滚筒,位置摆正,变速器置于空挡,启动滚筒,在 2 s 后测取车轮阻滞力;使用制动,测取制动力增长全过程中的左右轮制动力差和各轮制动力的最大值,并记录左右车轮是否抱死。

在测量制动时,为了获得足够的附着力以避免车轮抱死,允许在车辆上增加足够的附加质量和施加相当于附加质量的作用力(附加质量和作用力不计入轴荷);也可采取防止车轮移动的措施(例如加三角垫块或采取牵引等方法)。

2) 用平板制动试验台检验

制动试验台平板表面应干燥,没有松散物质及油污,平板表面附着系数不应小于 0.75。驾驶员将试验车辆对正平板制动试验台,并以 5~10 km/h 的速度(或制动检验台制造厂家推荐的速度)驶上平板,置变速器于空挡(自动变速器的车辆可置变速器于 D 挡),急踩制动,使试验车辆停止,测得各轮制动力、每轴左右轮在制动力增长全过程中的制动力差、制动协调时间、车轮阻滞力和驻车制动力等参数值。

3) 冷态制动效能试验方法

试验分四种车速,即 20 km/h、30 km/h、40 km/h、50 km/h,允许误差 ±0.5 km/h。每次试验开始时使车速略高于预定车速(一般高出 3~5 km/h)后,置变速器于空挡(自动变速器的车辆可置变速器于 N 挡),急踩制动,使试验车辆停止。用制动距离检验行车制动性能时,测量制动距离,对除气压制动外的机动车还应同时测取踏板力(或手操纵力)。充分发出的平均减速度检验行车制动性能时,测量机动车充分发出的平均减速度(MFDD)和制动协调时间,对除气压制动外的机动车还应同时测取踏板力(或手操纵力)。

8.5 汽车平顺性试验

汽车在道路上行驶时，会因不平路面而产生振动。汽车平顺性试验是通过测试汽车座椅、地板等位置的振动加速度，并评价因汽车振动使乘客感到不舒适或疲劳的程度的试验，因此，在汽车定型和改进研究中占有重要地位。汽车平顺性试验一般分为评价性试验和研究性试验两种。评价性试验又可以分为主观评价试验和客观物理量评价试验。本节主要讨论客观物理量评价性试验。

8.5.1 汽车平顺性试验的相关标准

汽车平顺性试验的标准有 GB/T 4970—1996《汽车平顺性随机输入行驶试验方法》和 GB 5902—1986《汽车平顺性脉冲输入行驶试验方法》。

8.5.2 试验设备及原理

1. 主要试验设备

汽车平顺性道路试验需要采集各种振动与冲击信号，特别是大量随机振动信号，然后在以计算机为主体的数据处理系统（或专用数据处理器）中进行处理。其测试仪器包括加速度传感器、前置放大器、数据采集分析仪。测试仪器系统框图如图 8-16 所示。目前试验常用的加速度传感器是压电式加速度传感器，相应的前置放大器为电荷放大器。数据采集分析仪有日本 RION 公司的振动分析仪、美国 HP 公司的 HP34970A 数据采集分析仪、丹麦 B&K 公司的 2511 测振仪和德国达特朗公司的 CORRSYS - DATRON 道路测试系统。

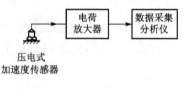

图 8-16 测试仪器系统框图

汽车平顺性道路试验是在实际环境下完成的，具有许多优点，但在有些情况下，如在需要查明振源和振动传递路线方面，道路试验并不理想，试验条件也很难控制。采用电子液压激振试验台进行的室内试验，可以将路面的随机激励在实验室的试验台上进行复现，完成在室内再现汽车行驶中所遇到的各种复杂工况，亦称复现试验。室内试验便于对试验对象进行系统识别，即通过对车辆施加各种随机输入，来预测系统的动力特性，如零部件的变形情况、噪声响应情况以及裂缝扩展情况。这样做有利于正确判断零部件损坏原因，容易寻找产品的缺陷和薄弱环节，为产品设计、制造与改进提供依据。此外，这种试验台不受自然条件的影响，还能有效控制工作台面的位移、速度和加速度，精确地测定和观察汽车各部分的振动状态，也可以通过强化试验缩短试验周期。因此，室内试验逐渐受到重视。

2. 电子液压振动试验台的结构与原理

在汽车室内复现试验中，把道路试验时记录下来的信号，输入试验设备中去便能精确地复现，如图 8-17 所示。目前，这种设备多为电液伺服振动台。电液伺服振动台的特点是下限频度低、振幅大、推力大，而且都可以实现宽带随机振动试验。有代表性的设备如德国的申克和美国的 MTS 系统等。

试验前汽车要在选定的典型路面上行驶，记录汽车上某些点（如轴头）的振动信号，

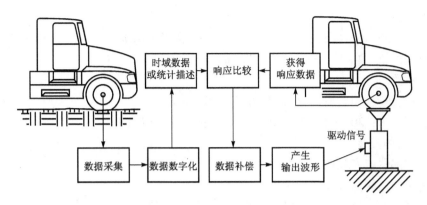

图 8-17 电液伺服振动台

然后初选道路激励信号，获得响应数据，经过统计分析与实测值比较，进一步得到补偿信号，直至输出信号与实测信号一致为止。这时将输入信号输入整车试验机，就能复现道路对汽车的激励。用这种整车试验复现全部道路载荷是比较精确的，观察整车各零部件的载荷（或应力）特征也是方便的，研究随机疲劳问题也是明显和真实的。但是这种试验所需的时间较长，费用也较大。

8.5.3 试验方法

汽车平顺性试验均采用匀速行驶，因此汽车产生的振动属于平稳随机振动。随机输入行驶试验就是通过控制车速实现路面的平稳随机激励，通过测试座椅和地板上的振动加速度来评价汽车的行驶平顺性。而脉冲输入行驶试验是研究汽车在路面上行驶时，遇到很突出的障碍物的情况，是汽车振动的极端情况。本节主要介绍随机输入行驶试验的准备和试验方法。

1. 试验准备

1）试验道路

本试验的试验道路应是平坦、干燥、无突变的。在汽车试验场修筑的专用试验路面应有确定的路面谱；在公路试验时，应选择沥青或沙石路面。

2）试验载荷

试验载荷包括两部分：一是整车载荷；二是座椅载荷。

整车载荷应该是满载的，根据需要可增作半载或空载。载荷物均匀分布且固定牢靠，试验过程中不得晃动和颠离，亦不应因潮湿、散失等情况而改变其质量。

对于座椅载荷，非测试部位的载荷应为身高（1.70±0.05）m、体重为（65±5）kg的自然人。除驾驶员外，各试验部位应放置人体振动模型。若无人体振动模型，也可按 GB/T 12534—1990 中的规定由相应质量的重物代替。

3）试验车速

在同一路面上进行不同车速试验时，产生加速度最大值的车速一般是不相同的。为此，在进行平顺性试验时，包括常用车速在内，至少应选择三种试验车速。试验时，应使用常用挡位。

(1) 沥青路。

轿车：40、50、60、70、80、90、100 km/h，常用车速 70 km/h。

其他类型汽车：40、50、60、70、80 km/h，常用车速 60 km/h。

(2) 砂石路。

轿车：40、50、60、70 km/h，常用车速 60 km/h。

其他类型汽车：30、40、50、60 km/h，常用车速 50 km/h。

4）传感器的安装

加速度传感器应安装在下述位置：

(1) 轿车的左侧前排和后排座椅上。

(2) 客车的驾驶员座椅、左侧后轴上方座椅和最后排座椅上。

(3) 其他类型汽车的驾驶员座椅上、车厢地板中心及距车厢边缘、车厢后板各 300 mm 处。

安装在座椅上的加速度传感器应能测三个方向的振动，即测量垂直振动（Z 轴向）、横向振动（左右方向的 Y 轴向和前后方向 X 轴向）的加速度时间历程。在测量座垫上的加速度时，传感器应与人体紧密接触，并且在人体与座椅间放入一安装传感器的半刚性的垫盘，需要把加速度传感器安装在此垫盘内，盘的最大厚度为 12 mm，盘的直径为 $\phi(200 \pm 0.5)$ mm，如图 8-18 所示。

5）调整电荷放大器的灵敏度系数

根据加速度传感器的灵敏度调整电荷放大器的灵敏度系数。

2. 试验方法

试验时测试人员应自然地靠在靠背上，首先汽车以速度 30 km/h 试行驶，然后示波，调整电荷放大器增益，保证信号清楚而且不过荷。此时输入系统标定系数，然后以规定的车速匀速驶过试验路段。

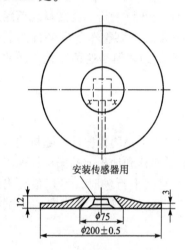

图 8-18 安装传感器的半刚性垫盘

8.5.4 平顺性的评价方法

ISO 2631-1：1997（E）标准规定，当振动波形峰值系数小于 9（峰值系数是加权加速度时间历程 $a_W(t)$ 的峰值与加权加速度均方根值 a_W 的比值）时，用基本的评价方法——加权加速度均方根值来评价振动对人体舒适程度和健康的影响。根据测量，各种汽车包括越野汽车，在正常行驶工况下对这一方法均适用。当振动波形峰值系数大于 9 时，采用辅助评价方法。

加权加速度均方根值是按振动方向，根据人体对振动频率的敏感程度而进行加权计算的，是人体振动评价指标。

1. 基本的评价方法

1）单轴向加权加速度均方根值 a_W 的计算

用基本的评价方法来评价时，先计算各轴向加权加速度均方根值。具体有两种计算方法：

(1) 利用滤波网络计算。

对记录的加速度时间历程 $a(t)$，通过相应的频率加权函数 $W(f)$ 或规定的频率加权滤波网络得到加权加速度时间历程 $a_W(t)$，按下式计算加权加速度均方根值，即

$$a_W = \left[\frac{1}{T}\int_0^T a_W^2(t)\mathrm{d}t\right]^{\frac{1}{2}} \quad (\mathrm{m/s^2}) \tag{8-6}$$

式中　T——统计持续时间，一般取 120 s。

各轴向在 0.5~80 Hz 之间的频率加权函数 $W(f)$ 可用下列公式表示，式中频率 f 的单位为 Hz，即

$$W_d(f) = \begin{cases} 1 & (0.5 < f < 2) \\ 2/f & (2 < f < 80) \end{cases} \quad (\text{用于座椅面 } X \text{、} Y \text{ 向，靠背的 } Y \text{、} Z \text{ 向的计算})$$

$$W_k(f) = \begin{cases} 0.5 & (0.5 < f < 2) \\ f/4 & (2 < f < 4) \\ 1 & (4 < f < 12.5) \\ 12.5/f & (12.5 < f < 80) \end{cases} \quad (\text{用于座椅面 } Z \text{ 向，脚部 } X \text{、} Y \text{、} Z \text{ 向的计算})$$

$$W_c(f) = \begin{cases} 1 & (0.5 < f < 8) \\ 8/f & (8 < f < 80) \end{cases} \quad (\text{用于靠背 } X \text{ 向的计算})$$

$$W_e(f) = \begin{cases} 1 & (0.5 < f < 1) \\ 1/f & (1 < f < 80) \end{cases} \quad (\text{用于椅面绕 } X, Y, Z \text{ 的旋转方向的计算})$$

(2) 利用功率谱密度函数计算。

对记录的加速度时间历程 $a(t)$ 进行频谱分析得到功率谱密度函数 $G_a(f)$，按下式计算加权加速度均方根值，即

$$a_W = \left[\int_{0.5}^{80} W^2(f) G_a(f) \mathrm{d}f\right]^{\frac{1}{2}} \tag{8-7}$$

2) 总加权加速度均方根值 a_V

当同时考虑椅面 X_s、Y_s、Z_s 这三个轴向振动时，按下式计算三个轴向的总加权加速度均方根值，即

$$a_V = [(1.4 a_{XW})^2 + (1.4 a_{YW})^2 + a_{ZW}^2]^{\frac{1}{2}} \tag{8-8}$$

式中　a_{XW}——前后方向（即 X 轴方向）加权加速度均方根值；
　　　a_{YW}——左右方向（即 Y 轴方向）加权加速度均方根值；
　　　a_{ZW}——垂直方向（即 Z 轴方向）加权加速度均方根值。

3) 加权振级 L_{aW} 与加权加速度均方根值 a_W 换算

有些"人体振动测量仪"采用加权振级 L_{aW} 进行平顺性的评价。它与加权加速度均方根值 a_W 换算，按下式进行，即

$$L_{aW} = 20 \lg (a_W/a_0) \tag{8-9}$$

式中　a_0——参考加速度均方根值，$a_0 = 10^{-6}$ m·s^{-2}。

表 8-9 列出了加权振级 L_{aW} 和加权加速度均方根值 a_W 与人的主观感觉之间的关系。

表 8-9 L_{aW} 和 a_W 与人的主观感觉之间的关系

加权加速度均方根值 a_W/(m·s^{-2})	加权振级 L_{aW}/dB	人的主观感觉
<0.315	110	没有不舒适
0.315~0.630	110~116	有一些不舒适
0.5~1.0	114~120	相当不舒适
0.8~1.6	118~124	不舒适
1.25~2.50	112~128	很不舒适
>2.0	126	极不舒适

2. 辅助评价方法

当振动波形峰值系数大于 9 时，ISO 2631-1:1997（E）标准规定 4 次方和根值的方法来评价。它能更好地估计偶尔遇到过大的脉冲引起的高峰值系数振动对人体的影响。此时采用辅助评价方法——振动计量值来评价，即

$$\mathrm{VDV} = \left[\int_0^T a_W^4(t)\mathrm{d}t\right]^{\frac{1}{4}} \quad (\mathrm{m/s}^{1.75}) \tag{8-10}$$

8.6 汽车噪声试验

噪声作为一种严重的公害已日益引起人们的关注。目前世界各国已纷纷制定出控制噪声的标准。噪声的一般定义是：频率和声强杂乱无章的声音组合，造成对人和环境的影响。更人性化的描述是，人们不喜欢的声音就是噪声。

随着汽车向快速和大功率方面的发展，汽车噪声成为一些大城市的主要噪声源。汽车噪声主要包括：发动机的机械噪声、燃烧噪声、进排气噪声和风扇噪声；底盘的机械噪声、制动噪声和轮胎噪声；车厢振动噪声、货物撞击噪声、喇叭噪声和转向、倒车时的蜂鸣声等噪声。由于车辆噪声具有运动性，影响范围大，干扰时间长，因而危害比较大。有关调查表明，城市噪声的 70% 来源于交通噪声，而交通噪声主要来源于汽车噪声。因此国内外对汽车噪声控制问题十分重视，所以对汽车噪声进行正确的测试和分析是十分重要的。

8.6.1 汽车噪声的相关标准及要求

1. 汽车噪声检测标准

车外噪声根据 GB 1495—2002《汽车加速行驶车外噪声限值及测量方法》进行检测；车内噪声根据 GB 7258—2004《机动车辆运行安全技术条件》和 GB/T 18697—2002《汽车车内噪声测量方法》进行检测；汽车的定置噪声根据 GB 16170—1996《汽车定置噪声限值》进行检测；喇叭的声级根据 GB 15742—2001《机动车用喇叭性能要求和试验方法》进行检测。

2. 车外噪声标准

汽车加速行驶时，车外最大允许噪声限值应符合 GB 1495—2002《汽车加速行驶车外噪声限值及测量方法》的要求。标准中所列机动车辆的变型车或改装车（消防车除外）加速行驶的车外最大允许噪声级，应符合基本车型噪声的规定。如：对于包括驾驶员座位在内座

位数不超过 9 座且最大总质量小于等于 3.5 t 的四轮载客车辆（M1 类汽车），若生产日期在 2002 年 10 月 1 日至 2004 年 12 月 30 之间，车外最大允许噪声级 77 dB（A）（A 指"A"计权，下同）；在 2005 年 1 月 1 日以后生产的同类型汽车，车外最大允许噪声级 74 dB（A）。

3. 车内噪声标准

根据 GB 7258—2004《机动车辆运行安全技术条件》要求，其标准如下：

(1) 客车以 50 km/h 的速度匀速行驶时，客车车内噪声级应不大于 79 dB（A）。

(2) 汽车驾驶员耳旁噪声级应不大于 90 dB（A）。

4. 汽车的定置噪声标准

根据 GB 16170—1996《汽车定置噪声限值》，对于使用汽油机的轿车，1998 年 1 月 1 日前出厂的限值为 87 dB（A），1998 年 1 月 1 日后出厂的限值为 85 dB（A）。

5. 汽车喇叭检测标准

从防止噪声对环境污染的观点出发，汽车喇叭噪声越低越好；然而从保证行车安全的角度出发，汽车的喇叭必须有一定的响度。为此，GB 7258—2004《机动车辆运行安全技术条件》对汽车喇叭提出如下要求：具有连续发声功能，其工作应可靠；机动车喇叭声级在距车前 2 m、离地高 1.2 m 处测量时，其值应为 90~115 dB（A）。汽车喇叭的测试依据国标 GB 15742—2001《机动车用喇叭性能要求和试验方法》进行。

8.6.2　汽车噪声测试系统构成

1. 噪声测试仪器

在噪声测试中，常用的仪器有噪声声级计、噪声频谱分析仪、声强分析仪及记录仪等。

1) 声级计

声级计是一种测量声音声压级或声压的仪器，由传声器、具有频率计权特性的放大器和一定时间计权特性的检波指示器等部分组成，是广泛使用的噪声测试仪器之一。常用的声级计可以测出：声源的声压级、计权声压级、暴露声级和等效声压级等参数，可以对噪声源噪声强弱进行分析和评价。另外，与各种滤波器配合，还可以完成噪声的频谱分析，为噪声控制提供必要的依据。声级计按其准确度等级可分四型，见表 8-10。

表 8-10　各型声级计的准确度

类型	0 型	1 型	2 型	3 型
准确度	±0.4	±0.7	±1	±1.5

声级计器一般由传声器和测量放大器（放大器、计权网络、滤波整形电路及显示仪表）等组成。

传声器是一种装有换能器的电声器件，在声波的作用下，换能器可输出相应的电信号，即将声波的机械能转变为电能。在汽车噪声测试中，常用的传声器有电容式、驻极体式和压电式三种，而感应声波方式多为压强式。传声器均由两部分组成：第一部分直接接受声压作用并将其转化为位移或速度，称声接收器，声接收器一般由膜片及壳体等构成；第二部分是将该位移或速度转化为电量的换能器。电容式、驻极体式传声器的换能器为可变电容；压电式传声器的换能器为压电晶片。

声级计的测量放大器由放大器、计权网络、滤波整形电路及显示仪表等构成,通过测量放大器,可以将传声器的微弱电信号变换为符合人耳听觉特性或与声压线性关系的电压信号,并经指示电表给出相应的指示。

在测量噪声时,由于噪声的波动,往往使指示读数不稳定。为此,声级计表头的阻尼一般都有"快"、"慢"两挡。通常在噪声起伏大于 4 dB 时,可用慢挡测量;如果小于 4 dB 或需记录声级变化过程时,使用快挡较为合适。

2)噪声频谱分析仪

频谱分析仪是以一定频带宽度分析声音的仪器,它主要由传声器、测量放大器、多组滤波器和检波显示等部分组成。滤波器是对频率具有选择性的仪器。一个滤波器只允许一定频率宽度的声波通过,超出该频率范围的上限或下限的声波均受到极大的衰减。通常在进行噪声成分的分析时,多采用 1/3 倍频程分析仪,也可以用倍频程分析仪。

3)声强分析仪

声强分析仪分为有限差分近似法声强分析仪和 FFT 信号分析仪。它们各有优缺点:有限差分近似法分析声强分析仪具有快速、直接、精度较高等优点,但频率分辨率相对较低;而 FFT 分析仪用于分析测量声强的频率分辨率较高,能测量声场中来自不同信号源而频率相近的信号,可清楚显示声场中的谐波成分,但其计算速度较低,要获得同样计算精度所花费时间较长。

4)声学照相机

该系统由一个麦克风阵列、一个数据记录装置和一个笔记本电脑组成。该类设备配有多通道的环形、立体和星形的麦克风阵列与配套软件,适合于室内、室外、生产环境等多种场合下的声源识别、定位与可视化声学分析,具有通道多、扫描频率高、功能多等特点,是进行车辆噪声分析和噪声源识别的重要工具。

2. 噪声测试设备的工作原理

噪声测试设备的工作原理如图 8-19 所示。由图可见,声压被传声器转换为电量,并送给放大器进行放大处理,再由后续的计权网络将其修正到适合人耳听觉特性的相应电压。计权网络的输出电量送给后面的放大器,放大器的输出可根据需要输送给信号示波器或波形分析仪,以取得噪声波形或进行频谱分析。若只要求获得噪声量大小则可直接从噪声计指示仪表上得到噪声声压的均方根值。FFT 频谱分析技术通用性强,常用于窄带分析,分辨率高,所以,在汽车噪声测试中也常用 FFT 频谱分析技术对声强进行测量。

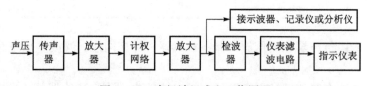

图 8-19 声级计组成和工作原理

8.6.3 汽车噪声测试方法

国家标准中对汽车的不同工况的噪声限值和测试方法做出了相应的规定,所以进行汽车噪声测试时,对应于不同的工况,测试方法是不同的。

1. 汽车加速行驶车外噪声测试方法

1）测试所需的条件

首先应选择合适的测量仪器。在没有作任何调整的条件下，如果后一次校准读数相对前一次校准读数的差值不超过 0.5 dB，则认为前一次校准后的测量结果有效。同时必须选用准确度优于 ±2% 的发动机转速表或车速测量仪器来监测转速或车速，不得使用汽车上的同类仪表。

其次应选择合适的测试天气和场地。测量应在良好的天气条件下进行。测量时传声器高度的风速不应超过 5 m/s，必须注意测量结果不受阵风的影响。可以采用合适的风罩，但应考虑到它对传声器灵敏度和方向性的影响。场地的中心放置一个无指向小声源时，半球面上各方向的声级偏差不超过 ±1 dB。

如果下列条件满足，则可以认为该场地达到了这种声场条件：

（1）以测量场地中心为基点，半径 50 m 的范围内不应有大的声反射物，如围栏、岩石、桥梁或建筑物等。

（2）测试场地跑道应有 20 m 以上的平直、干燥的沥青路面或混凝土路面，路面坡度不超过 0.5%，试验路面和其余场地表面干燥，没有积雪、蒿草、松土或炉渣之类的吸声材料。

（3）声级计附近除测量者之外，不应有其他人员，如确系必不可少的人员，则应站在测量者的背后。

（4）被测车辆不载重，测量时发动机应处于正常使用温度，车辆带有的其他辅助设备都是噪声源，测量时是否开动，应按正常使用情况而定。

（5）传声器附近没有任何影响声场的障碍物，并且声源与传声器之间没有任何人站留，进行测量的观察者也应站在不致影响仪器测量的位置。

2）测量区和传声器的布置

加速行驶测量区域按图 8-20 确定。O 点为测量区的中心，加速段长度为 2×（10 m±0.05 m），传声器应布置在离地面高 1.2 m±0.02 m，距行驶中心线 7.5 m±0.05 m 处，并用三脚架固定。其参考轴线必须水平垂直指向行驶中心线。

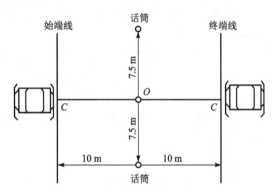

图 8-20　测量场地和传声器布置

3）加速行驶噪声的测试

测试时所使用挡位和车速按表 8-11 进行选择。

表 8-11　到达起始线车辆行驶状况

变速器类型	测试使用挡位	测试车速
手动变速器	≥4 个前进挡，用二挡测试	下列速度较低者：① 50 km/h；② 发动机功率≤225 kW 的汽车：对应于 3/4 的发动机额定转速对应的车速；③ 发动机功率＞225 kW 的汽车：对应于 1/24 的发动机额定转速对应的车速
自动变速器	<4 个前进挡，分别用二挡和三挡测试	
	使用加速最快挡	

（1）车辆应按下列规定条件稳定地到达始端线。

① 行驶挡位：前进挡位为四挡以上的车辆用第三挡，前进挡位为四挡或四挡以下的用第二挡。

② 发动机转速为发动机标定转速的 3/4。如果此时车速超过了 50 km/h，则车辆应以 50 km/h 的车速稳定地到达始端线。

（2）从车辆前端到达始端线开始，立即将油门踏板踏到底或节流阀全开，直线加速行驶，当车辆后端到终端线时，立即停止加速。

（3）测量加速行驶噪声时，要求被测车辆在后半区域发动机转速达到其标定转速。如果达不到这个要求，车辆使用挡位要降低一挡。如果车辆在后半区域超过标定转速，可适当降低车辆前端到达始端线时的发动机转速。

（4）声级计用"A"计权网络"快"挡进行测量，读取车辆驶过时的声级计表头最大读数。

（5）在汽车每一侧至少应测量 4 次，应测量汽车加速驶过测量区的最大声级，每一次测得的读数值应减去 1 dB（A）作为测量结果。如果车辆同侧连续 4 次测量结果之差不大于 2 dB（A），则认为测量结果有效。

（6）将每一挡位（或接近速度）条件下每一侧的 4 次测量结果进行平均，然后取两侧平均值中较大的作为中间结果。根据中间结果，可确定被测车辆的最大噪声级。

4）汽车匀速行驶车外噪声测量方法

汽车匀速行驶车外噪声测试的条件、测点布置、数据处理，与加速行驶噪声测试相同，在此不再重复叙述。

（1）车辆用常用挡位，油门保持稳定，以 50 km/h 的车速匀速通过测量区域。

（2）声级计用"A"计权网络"快"挡进行测量，读取车辆驶过时声级计表头的最大读数。

（3）同样的测量往返各进行一次，车辆同侧两次测量结果之差不应大于 2 dB。4 次测量值的平均值即为该车的匀速车外噪声。

5）数据处理

在汽车每一侧至少应测量 4 次，应测量汽车加速驶过测量区的最大声级。每一次测量的读数值应减去 1 dB 作为测量结果。如果在汽车同侧连续 4 次测量结果相差不大于 2 dB，则认为测量结果有效。将每一挡位（或接近速度）条件下每一侧的 4 次测量结果进行算术平均，然后取两侧平均值中较大的作为中间结果。

2. 车内噪声的测量方法

1）车内噪声测量条件

（1）测量跑道应有足够试验需要的长度，应是平直、干燥的沥青路面或混凝土路面。

（2）测量时风速（指相对于地面）应不大于 3 m/s。

（3）测量时车辆门窗应关闭。车内带有的其他辅助设备是噪声源，测量时是否开动，应按正常使用情况而定。

（4）车内本底噪声（指假定测量对象噪声不存在时，周围环境的噪声）比所测车内噪声至少低 10 dB，并保证车辆在测量过程中不被其他声源所干扰。

（5）车内除驾驶员和测量人员外，不应有其他人员。

2）车内噪声测点位置

（1）车内噪声测量通常在人耳附近布置测点，话筒朝车辆前进方向。

（2）驾驶室车内噪声测点位置如图 8-21 所示。

（3）载客车室内噪声测点可选在车厢中部及最后排座的中间位置，话筒高度如图 8-21 所示。

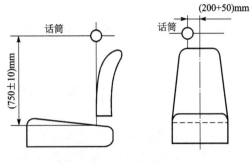

图 8-21 噪声测点位置

3）测量方法

（1）车辆以常用挡位 50 km/h 以上不同车速匀速行驶，分别进行测量。

（2）用声级计"慢"挡测量 A、C 计权声级，分别读取表头指针最大读数的平均值。

（3）进行车内噪声频谱分析时，应按中心频率为 31.5 Hz、63 Hz、125 Hz、250 Hz、500 Hz、1 000 Hz、2 000 Hz、4 000 Hz、8 000 Hz 的倍频带，依次测量各中心频率处的噪声级。

3. 汽车驾驶员耳旁噪声测量

1）测量时汽车的状态

汽车处于静止状态，变速器置于空挡，发动机应处于额定转速状态。

2）声级计位置

声级计按图 8-21 所示检测点位置，话筒应朝向驾驶员耳旁方向。

3）声级计设置

声级计应置于"A"计权、"快"挡。

4. 汽车定置噪声测试方法

1）测试场地与测试条件

测试场地应为开阔的，由混凝土、沥青等坚硬材料所构成的平坦地面。其边缘距车辆外廓至少 3 m。测量场地之外的较大障碍物，例如，停放的车辆、建筑物、广告牌、树木、平行的墙等，距离传声器不得小于 3 m。风速超过 2 m/s 时声级计应使用防风罩，同时注意阵风对测量的影响。

2）车辆位置、状态和测点设置

车辆位于测试场地的中央，变速器挂空挡，拉紧手制动器，离合器接合。没有空挡位置的摩托车，其后轮应架空。发动机罩、车窗与车门应关上，车辆的空调器及其他辅助装置应关闭。传声器位置：传声器放置高度距地面 0.5 m，并朝向车辆，放在没有驾驶员位置的车辆一侧；距车辆外廓 0.5 m，传声器参考轴平行地面，位于一垂直平面内，该垂直平面的位置取决于发动机的位置如表 8-12。

表 8-12 发动机位置对应的传感器位置

发动机位置	传声器位置
前置发动机	垂直平面通过前轴
后置发动机	垂直平面通过后轴
中置发动机及摩托车	垂直平面通过前后轴距的中点

3）测量结果

重复进行试验，直到连续出现三个读数的变化范围在 2 dB 之内为止，并取其算术平均值作为测量结果。

8.7　汽车尾气排放试验

随着汽车工业的发展和汽车保有量急剧增加，汽车排放的污染物是一致公认的城市大气污染主要公害之一，已成为严重的社会问题。治理汽车尾气污染问题已引起全球的重视。世界上许多国家都制定了相关法规对汽车排放加以限制。

汽车的废气是燃料在发动机中燃烧后形成的。燃烧后的生成物中，含有许多对人体有害的成分。汽油车排放的尾气中，有害气体成分主要是 CO（一氧化碳）、HC（碳氢化合物的总称）和 NO_x（氮氧化物的总称）等，因此，目前的排放法规对汽油机主要限制 CO、HC 和 NO_x 的排放量。柴油车所用燃料和工作方式与汽油机不同，排气中有害气体成分与汽油车有很大差别，其中 CO 和 HC 这两种成分都比较少，主要污染物是碳烟（悬浮的颗粒）和 NO_x，因此排放法规主要限制柴油机排放的烟度。

8.7.1　汽车排放的标准及要求

目前，我国对机动车在用车的排气污染物控制工作中所执行的标准是 GA 468—2004《机动车安全检验项目和方法》、GB 18285—2005《点燃式发动机汽车排气污染物排放及测量方法（双怠速法及简易工况法）》、GB 3847—2005《车用压燃式发动机和压燃式发动机汽车排气烟度排放限值及测量方法》和 GB 18352.3—2005《轻型汽车污染物排放限值及测量方法（中国Ⅲ、Ⅳ阶段）》。

新生产及在用的点燃式发动机汽车的排气污染物排放限值见表 8-13，在用的压燃式发动机汽车的排气烟度排放控制要求见表 8-14。

表 8-13　新生产及在用点燃式发动机汽车的排气污染物排放限值（GB 18285—2005）

车　型	类　别			
	怠速		高怠速	
	$w(CO)/\%$	$w(HC)/10^{-6}$	$w(CO)/\%$	$w(HC)/10^{-6}$
2005 年 7 月 1 日起生产的第一类轻型汽车	0.5	100	0.3	100
2005 年 7 月 1 日起新生产的第二类轻型汽车	0.8	150	0.5	150
2005 年 7 月 1 日起新生产的重型汽车	1.0	200	0.7	200
1995 年 7 月 1 日前生产的轻型汽车	4.5	1 200	3.0	900
1995 年 7 月 1 日起生产的轻型汽车	4.5	900	3.0	900

表8-14　在用的压燃式发动机汽车的排气烟度排放控制要求（GB 3847—2005）

生产年份	试验方法	测试指标	指标要求
2001年10月1日以后生产的汽车	自由加速试验	排气光吸收系数	自然吸气式　不大于2.5 m^{-1} 涡轮增压式　不大于3.0 m^{-1}
1995年7月1日至2001年9月30日生产的在用车	自由加速试验	烟度值	不大于4.5 Rb
1995年6月30日以前的在用车	自由加速试验	烟度值	不大于5.0 Rb

8.7.2　排气污染物的测试仪器及原理

1. 不分光红外线CO和HC气体分析仪

汽车尾气中的CO、HC、NO和CO_2等气体都分别能吸收一定波长范围的红外线，而且红外线被吸收的程度与废气中CO和HC的浓度之间有一定的关系。浓度越高，红外线被吸收的也越多。不分光红外线分析法就是根据这一原理，根据废气吸收一定波长红外线引起能量的变化，采用电容检测器检测红外光的能量差，并转换为电信号，经放大、整流后送入显示仪表，来测量废气中各种污染物的浓度。

根据上述原理制成的分析仪有综合式（能测CO和HC），也有单项式（只测CO或HC）。国产MEXA—324F型分析仪是目前应用较多的综合分析仪。

不分光红外线CO和HC气体分析仪如图8-22所示，主要由废气取样装置、废气分析装置、浓度指示装置和校准装置等组成。从汽车排气管中连续进行废气取样，由废气分析装置对其中所含的CO和HC气体进行浓度分析。

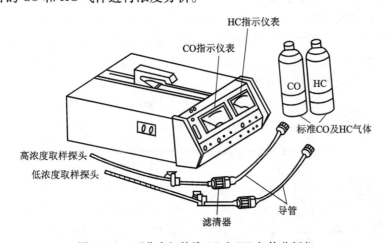

图8-22　不分光红外线CO和HC气体分析仪

2. 四气体与五气体分析仪

上面介绍的不分光红外线CO和HC气体分析仪只能检测CO和HC两种气体。这种排气检测手段已无法有效反映汽车排气中的NO_x和CO_2，因此，四气体与五气体的分析仪在检测中得到应用。四气体分析仪可以检测CO、CO_2、HC和O_2四种气体，五气体分析仪与四气体分析仪的区别在于五气体分析仪可检测氮氧化物（NO_x）。

五气体分析仪中，CO、CO_2 和 HC 通过非分散红外线不同波长能量吸收的原理来测定，可获得足够的测试精度，而 NO_x 与 O_2 的浓度采用一氧化氮传感器和氧传感器测定。

氧（O_2）传感器包括一个电解质阳极和一个空气阴极组成的金属-空气有限度渗透型电化学电池。氧传感器是一个电流发生器，所产生的电流正比于氧的消耗率。此电流可通过在输出端子跨接一个电阻以产生一个电信号。如果通入传感器的氧只是被有限度地渗透，利用上述信号可测氧的浓度。

在汽车废气检测上应用的氧电池，使用一种塑料膜作为渗透膜，其渗透量受控于气体分子撞击膜壁上的微孔，如果气体压力增加，分子的渗透率增加。因此，输出的结果正比于氧的分压，而且在整个浓度范围内响应是线性的。由氧传感器输出的信号经放大后，送至仪器的数据处理系统的 A/D 输入端，进行数字处理及显示。

NO_x 的传感器是基于 O_2 传感器基础上发展起来的电化学电池式传感器。

3. 滤纸式烟度计和不透光式烟度计

柴油机的排烟主要有黑烟、蓝烟和白烟三种，其中全负荷和加速工况时以排出黑烟最为常见。黑烟俗称炭黑，指极细的、可集成一串的微粒物，是柴油机排放微粒的重要组成部分，特别是在排放严重时的中高负荷，其中炭烟所占比例更大，因此，长期以来表征炭烟多少的排气烟度在排放检测中得到了广泛的应用。常用的烟度计测量排气烟度，其测量原理有两类：一类是滤纸式烟度计，采用滤纸收集排气中的黑烟，通过比较滤纸表面对光的反射率来测量烟度；另一类是消光式烟度计，根据光在排气中被烟度消减的程度来确定烟度。

1) 滤纸式烟度计

滤纸式烟度计用抽气泵从柴油机排气管中抽取一定容积的废气，通过一张一定面积的白色滤纸，排气中的碳烟存留在滤纸上，使其染黑，然后通过检测装置中的光源发光照射被染黑的滤纸。滤纸的黑度不同，其反射光强度也不同，光电元件产生的电流强度也不同，从而指示出滤纸的染黑度，即代表柴油机的排放烟度。滤纸式烟度计有手动、半自动和全自动三种类型，结构上都是由废气取样装置、染黑度检测与指示装置和控制装置等组成。图 8-23 为常见的滤纸式烟度计的结构示意图。

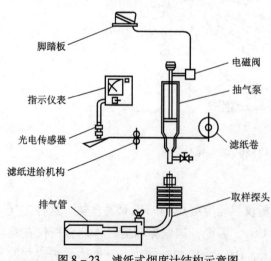

图 8-23 滤纸式烟度计结构示意图

滤纸式烟度计测试的是污染物的染黑度，计量单位以波许（Bosch）烟度表示，其单位符号为 R_b。波许烟度的范围是 0~10，波许烟度为 0 R_b，对应的是纯白滤纸；波许烟度为 10 R_b，对应的是全黑滤纸。滤纸式烟度计只能对废气作抽样试验，不能作连续测量，但可通过自动化检测来缩短抽样时间。

2) 不透光式烟度计

不透光式烟度计的显示仪表有两种计量单位，一种为不透光度的线性分度单位。不透光度是指光源的光线被排气中可见污染物吸收而不能到达光电检测单元的百分率，用

$N\%$ 表示。N 的取值范围是 0~100。0% 表示被测气体不吸光；100% 表示光线完全被废气吸收。另一种为绝对光吸收系数单位，用光吸收系数进行刻度，其单位是 m^{-1}。光吸收系数指光束被可见污染物衰减的系数，是排气中单位容积微粒数、微粒在光束方向的法向投影面积和微粒消光率的函数。光吸收系数为 0 表示光束没有被吸收。

不透光式烟度计（又称消光式烟度计、透射式烟度计）是利用透光衰减率来测量排气烟度的典型仪器。其原理是使光束通过一段给定长度的排烟管，通过测量排烟对光的吸收程度来决定排烟对环境的污染程度，是一种直接测量的计量仪器，分为全流不透光式烟度计和分流不透光式烟度计两种。全流不透光式烟度计测量全部排气的透光衰减率，分流不透光式烟度计是将排气中的一部分废气引入取样管中，然后送入不透光计进行连续分析。我国排放标准中规定使用分流不透光式烟度计。

图 8-24 为不透光式烟度计结构示意图。测定前，用鼓风机向空气校正管吹入干净空气，旋转转换手柄，使光源和光电池分别置于校正管两侧，做零点校正；然后，再旋转转换手柄，将光源和光电池移至测试管两侧，并把需要检测的一部分汽车排气连续不断地导入测量管，光源发出的光部分被排气中的可见污染物吸收，光电检测单元则可连续测出光源发射光透过排放气体的透光强度，并通过光电转换显示测量结果。

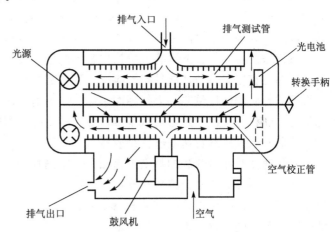

图 8-24 不透光式烟度计结构简图

不透光式烟度计可以对柴油机可见污染物进行连续测量，可以按排放法规的要求进行稳态和非稳态工况下的烟度测量，在低烟度时有较高的分辨率，可以用来研究柴油机的瞬态炭烟排放特性。目前不透光式烟度计在世界各国得到了广泛的应用。

8.7.3 排放污染物的分类及其测试方法

机动车排放污染物来自五个方面，分别是排气污染物、曲轴箱污染物、蒸发污染、排气可见污染物和污染控制装置的耐久性。以下主要介绍排气污染物和排气可见污染物检测方法。

1. 排气污染物的检测方法

机动车排气污染物对装点燃式发动机的汽车，指排气管排放的气态污染物；对装压燃式发动机的汽车，指排气管排放的气态污染物和颗粒物。其中气态污染物指排气污染物中的一氧化碳（CO）、碳氢化合物（HC）和氮氧化物（NO_x）。

确定机动车排气污染物的方法主要有：怠速法、双怠速法、工况法和简易工况法。根据 GB 18285—2005《点燃式发动机汽车排气污染物排放及测量方法（双怠速法及简易工况法）》的规定，对于装用点燃式发动机的新生产和在用的轻型汽车（最大总质量小于或等于 3 500 kg 的汽车），应采用双怠速法或加速模拟工况法进行试验，其他车辆则进行一般的怠速法测量。GB 3847—2005《车用压燃式发动机和压燃式发动机汽车排气烟度排放限值及测量方法》,则要求车用压燃式发动机和压燃式发动机汽车采用烟度法检测。

1) 急速法和双急速法

急速法和双急速法采用简易的便携式气体分析仪,检查汽油车在急速工况下 CO 和 HC 的排放浓度。

急速法是测量汽油车在急速工况下排气污染的方法,一般仅测 CO 和 HC。测量仪器采用便携式排气分析仪。具体测量方法为先将被测车辆预热至出厂规定的技术指标,发动机空转,离合器处于接合状态,变速器置于空挡,加速踏板松开,采用化油器的供油系统应使阻风门全开。发动机由急速工况加速至 0.7 倍额定转速,维持 60 s 后降至急速。分析仪也按照使用说明书的要求进行预热,然后将分析仪的取样探头插入被测车辆的排气管中,深度约为 400 mm,待分析仪读数稳定后,读取约 30 s 内的最高值和最低值,其平均值为 CO 和 HC 的浓度值,即为该车辆的急速排放值。如遇多排气管车辆,应分别测量后取其平均值。

急速法简便易行,测试装置价格便宜、便于携带,测量时间短,因而急速法极适用于汽车检测站对在用车排放性能的年检测试、环保部门对在用车进行排放监测。但由于急速时间占汽车运行时间的比例并不大,因而急速工况下所排出的污染物总量并不高,而且急速是稳态工况,非稳态工况才是影响汽车排放最大的工况。因此,急速法的测量结果缺乏全面代表性,目前开始采用双急速法进行排放测量。

双急速法是在急速法的基础上增加了一个高速空转转速的排放测量,俗称高急速排放。双急速法是国外为了监控因化油器量孔磨损或因催化转换装置转化效率降低所造成的气体排放恶化而采取的一种简单而有效的测量方法。通过高急速点的测量,可判断装有电喷和三元催化转换装置的车辆是否处于正常工作状态,以便及时发现污染物排放控制部件的问题,及时排除故障。该方法要求被测车辆预热后,先在 70% 额定转速下运行 60 s,再降低至 50% 额定转速(高急速),稳定运转 15 s 后开始读数,测量 30 s 内的最低值和最高值,其平均值为高急速排放测量结果。发动机从高急速降至急速状态,稳定 15 s 后,测量 30 s 内的最低值和最高值,其平均值为急速排放测量结果。其中,高急速排放测量值应低于低急速测量值。

因此,国外普遍采用双急速法测量,我国也从 2005 年 7 月 1 日后强制执行双急速法。

急速法及双急速法进行测量时,优点是方法简便,设备费用低;但无法对车辆 NO_x 的排放状况进行监控,同时对电喷车的排放检测也存在很大的局限性。

2) 工况法

工况法是将汽车若干常用工况和排放污染较重的工况结合在一起测量排放污染物的方法。工况法的循环试验模式应根据汽车的排放性能、行驶特点、交通状况、道路条件、车流密度和气候地形等因素,对大量统计数据进行科学分析而制定,以最大限度地重现汽车运行时的排放特性。

工况法模拟车辆在道路上实际的运行工况,同时测量其污染物的排放量,测得的结果基本上可以反映该车辆的实际排放状况,因此被公认为是评价汽车及发动机排放状况最为科学的试验方法,也是评判各种汽车排放控制装置净化效果最有说服力的试验方法。不同国家和地区往往会根据本区域车辆实际的使用情况制定相应的测试工况,以检测新车和新机型的排放状况,如轻型车有美国的 FTP75、欧盟的 ECE + EUDC 等,重型车有日本 9 工况、欧洲的 13 工况等。

但是工况法比怠速法要复杂得多。工况法要有转鼓试验台，并具有齐备的汽车行驶动能飞轮系统，还要有经过大量调查研究与数据处理制订的模拟城市（城区和郊区）道路上汽车运行工况的试验程序，还需要有功能完备的综合分析仪和发动机的自动控制系统，因此工况法的施行受到了很大限制，一般用于新车认证许可检测和出厂抽查检测。

3) 简易工况法

怠速法及双怠速法都属于无负载检测法，测试价格便宜，试验方法简单快捷。但是这类检测方法的缺点是不能反映车辆在道路上行驶的实际排放状态；另一方面随着环保要求的提高，越来越多的高新技术，如电控燃油喷射、三效催化器、柴油高压喷射和高增压比等技术在汽车上得到应用，简单的怠速法已不能判断车辆的排放控制装置是否完全有效，尤其对 NO_x 的控制效果必须在一定的负荷和车速下才能反映出来，同时也希望通过对在用车的检测，获得其实际运行中污染物的排放量。因而研究开发出各种简易的工况法，以达到对现代车辆污染物排放进行监控的目的。

简易工况法是指在测量时采取一些简单的工况，其测试设备要比工况法简单，同时该方法仅适用于对在用车进行较为简单的污染物排放检测。

目前，使用较多的简易工况法有汽油车加速模拟工况法（Acceleration Simulation Mode，ASM 法）、汽油车 IM240（240 s 瞬态加载工况）、汽油车 VMAS（简易质量测试）和柴油车加载减速法（LUG DOWN）。在 GB 18285—2005 和 GB 3847—2005 中所使用的就是 ASM 法。ASM 法是美国国家环保局在 20 世纪 90 年代提出的，可减少建设投资和日常运行费用，提高检测效率，扩大检测范围，是使用较多、具有代表性的一种。

(1) 加速模拟工况法。

所谓加速模拟工况，是指车辆预热到规定的热状态后，加速至规定车速，根据车辆规定车速时的加速负荷，通过底盘测功机对车辆加载，使车辆保持等速运转的运行状态。在这样的工况下测试汽车尾气的排放情况。ASM 最大的特点是试验设备充分简化，试验需要使用两种设备，即底盘测功机和排气分析仪。但 ASM 检测结果与美国联邦实验程序 FTP (Federal Test Procedure，美国联邦测试程序) 结果相关性较差。

加速模拟工况试验方法只有在稳定的匀速过程中加载保持固定值。该法由两个试验工况组成，分别称为 ASM5025 和 ASM2540。试验过程如图 8-25 所示。

① ASM5025 工况。经预热后的车辆加速至 25.0 km/h，测功机以车辆速度为 25.0 km/h、加速度为 1.475 m/s^2 时的输出功率的 50% 作为设定功率对车辆加载，工况计时器开始计时（$t=0$ s）。车辆以 25.0 km/h ± 1.5 km/h 的速度持续运转 5 s，如果底盘测功机模拟的惯量值在计时开始的 3 s 内没有超出所规定误差范围，则根据分析仪的最长响应时间确定预置时间（如分析仪的最长响应时间为 10 s，则预置时间为 10 s，$t=15$ s），然后系统开始采样，持续运行 10 s（$t=25$ s）即为 ASM5025 快速检查工况。ASM5025 快速检查工况结束后，继续运行至 90 s（$t=90$ s），即为 ASM5025 工况。

② ASM2540 工况。ASM5025 工况检测结束后车辆立即加速至 40.0 km/h，底盘测功机以车辆速度为 40.0 km/h、加速度为 1.475 m/s^2 时的输出功率的 25% 作为设定功率对车辆加载。工况计时器开始计时（$t=0$ s）。车辆以 40.0 km/h ± 1.5 km/h 的速度持续运转 5 s，如果底盘测功机模拟的惯量值在计时开始的 3 s 内没有超出所规定误差范围，则根据分析仪的最长响应时间预置时间（如分析仪的最长响应时间为 10 s，则预置时间为 10 s，$t=15$ s），然后系

统开始采样，持续运行 10 s（$t=25$ s），然后系统开始取样，持续运行 10 s（$t=25$ s），即为 ASM2540 快速检查工况。ASM2540 快速检查工况结束后，继续运行至 90 s（$t=90$ s）即为 ASM2540 工况。

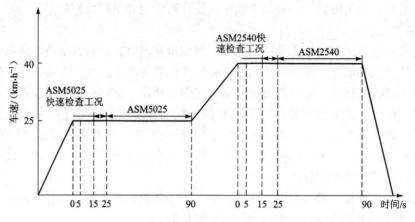

图 8-25　稳态工况法（ASM）试验运转循环图

(2) IM240 瞬态加载检测法。

该试验工况采用美国联邦新车型认定测试规程 FTP 曲线前 0~333 s 的两个峰，经修改缩短为 240 s。底盘测功机因车辆要变负荷变车速运行，故应配备多点载荷设定的功率吸收装置和惯性飞轮组，以模拟道路行驶阻力和车辆加速惯量。测试设备的工作原理同新车试验的要求一致，是一种技术含量较高的检测方法，与美国联邦实验程序 FTP 结果有极好的相关性。但是设备费用昂贵，维护比较复杂，检测时间较长，对检测人员有较高的要求。

(3) 瞬态加载 VMAS 检测法。

VMAS（Vehicle Mass Analysis System）是一种瞬态加载简易工况法，试验循环包含了怠速、加速、匀速和减速各种工况，能反映车辆实际行驶时的排放特征，克服了 ASM 与美国联邦实验程序 FTP 相关性差、IM240 虽与美国联邦实验程序 FTP 相关性好但费用太高、不利于推广的缺点。它使用与 IM240 相同的底盘测功机。它吸取了 IM240 瞬态工况测量稀释排气量最终可得出污染物排放质量的优点，也吸取了 ASM 直接利用便携式尾气分析仪就可对各个污染物浓度测试的长处。采用"气体流量分析仪"测得机动车的排气流量，经处理计算，得出污染物每公里的排放质量。

VMAS 系统与基于浓度排放的 ASM 稳态加载工况法相比，排放质量测试能够直接获取汽车污染物的排放总质量，可以更为准确地模拟车辆的实际工作状态，和美国联邦实验程序 FTP 相关性较好，误判率低。但是设备成本较高、测试规程相对复杂、测试耗时长、技术不成熟、没有大规模使用经验。

(4) 柴油车加载减速 LUG DOWN 法。

该方法是一种在模拟车辆负载运行时测量压燃式发动机汽车排气可见污染物的方法，由香港环保署于 2000 年 6 月颁布了修订后的压燃式发动机汽车加载减速排放限值和测量方法，将压燃式发动机汽车分为 5.5 t 以下级和 5.5 t 以上级两个级别。

该方法在 3 个加载工况点测试烟度。3 个测量点分别是最大功率点、最大功率对应转速的 90% 转速点和最大功率对应转速的 80% 转速点。

测试设备主要包括底盘测功机、不透光烟度计和发动机转速计,由计算机控制系统集中控制。测试时,采样探头插入机动车排气管中,插入深度不得低于400 mm。测试数据包括轮边功率、发动机转速和排气烟度。只有轮边最大功率、发动机转速范围和3个工况点测得的光吸收系数或烟度值均满足标准限值,排放测试才判定为合格。

2. 排气可见污染物的检测方法

排气可见污染物指压燃式发动机和装用压燃式发动机车辆运行时排气中的炭烟。进行排气可见污染物的检测主要有两种方法:稳态烟度测量和非稳态烟度测量。

1) 稳态烟度测量

柴油车冒黑烟在全负荷运转时较为严重,因此稳态烟度测量通常是在柴油车全负荷稳定转速时进行,也称为全负荷稳定转速试验。试验时要进行足够数量的转速工况点测量,其范围在最高额定转速和最低额定转速之间且适当分布(一般均匀选取8个工况点),其中测点必须包含最大功率转速和最大扭矩转速。分别测量每个工况点的烟度值,取其中最大的值作为该发动机稳定转速下的排气可见污染物结果。

稳态烟度测量适用于在台架上进行,在道路试验时难以测量。

2) 非稳态烟度测量

非稳态烟度测量有自由加速法和控制加速法两种规范。我国使用的是自由加速法。自由加速法指发动机从怠速状态突然加速至高速空载转速过程中进行排气烟度测定的一种方法。由于自由加速法不需要对柴油机加载,因此,该方法适用于检测站对在用的压燃式发动机汽车的年检以及环保部门对柴油车的监测。在此过程中,采用烟度计从排气管中抽取一定量的排气,以测定其排气烟度。进行自由加速试验的发动机必须达到其规定的最高额定转速和最大额定功率。

思 考 题

8-1 汽车动力性能检测的指标有哪些?

8-2 试述汽车底盘测功机的工作原理。

8-3 汽车燃料经济性的测试工况有哪些?

8-4 简述容积式油耗仪和质量式油耗仪的工作原理。

8-5 制动性路试试验的项目有哪些?制动性台架检验的项目有哪些?

8-6 在反力式滚筒制动试验台上测制动力时,车轮处于滚动状态与处于抱死状态,测量的制动力有何区别?

8-7 简述平板式制动试验台的测量原理。

8-8 简述汽车行驶平顺性试验测试系统构成。

8-9 汽车噪声的评价指标有哪些?

8-10 简述声级计的工作原理?

8-11 汽车排放污染物的主要成分有哪些?在用汽油车和柴油车应采用何种方法检测排放污染物?

8-12 为何使用多工况法检测汽车的排放性能?

参 考 文 献

[1] 《汽车工程手册》编辑委员会. 汽车工程手册（试验篇）[M]. 北京：人民交通出版社，2001.
[2] 曾光奇，胡均安. 工程测试技术基础 [M]. 武汉：华中科技大学出版社，2002.
[3] 李杰敏. 汽车拖拉机试验学 [M]. 北京：机械工业出版社，2000.
[4] 严普强，黄长艺. 机械工程测试技术基础 [M]. 北京：机械工业出版社，1985.
[5] 卢文祥，杜润生. 工程测试与信息处理 [M]. 武汉：华中科技大学出版社，2000.
[6] 王光铨，毛军红. 机械工程测量系统原理与装置 [M]. 北京：机械工业出版社，1998.
[7] 周生国，李世义. 机械工程测试技术 [M]. 北京：国防工业出版社，2005.
[8] 黄长艺，卢文祥. 机械工程测量与试验技术 [M]. 北京：机械工业出版社，2000.
[9] 周杏鹏，仇富国，等. 现代检测技术 [M]. 北京：高等教育出版社，2004.
[10] 唐岚. 汽车测试技术 [M]. 北京：机械工业出版社，2006.
[11] 梁德沛. 机械参量动态测试技术 [M]. 重庆：重庆大学出版社，1987.
[12] 吴正毅. 测试技术与测试信号处理 [M]. 北京：清华大学出版社，1991.
[13] 尤丽华. 测试技术 [M]. 北京：机械工业出版社，2003.
[14] Thomas G. Beckwith, Roy D. Marangoni, 等. 机械量测量 [M]. 王伯雄，译. 北京：电子工业出版社，2004.
[15] 贾民平，等. 测试技术 [M]. 北京：高等教育出版社，2001.
[16] 方佩敏. 新编传感器原理应用电路详解 [M]. 北京：电子工业出版社，1994.
[17] 屈维德，唐恒龄. 机械振动手册 [M]. 北京：机械工业出版社，1988.
[18] 刘君华. 现代检测技术与测试系统设计 [M]. 西安：西安交通大学出版社，1999.
[19] 范云霄，刘桦. 测试技术与信号处理 [M]. 北京：中国计量出版社，2002.
[20] 丁振良. 误差理论与数据处理 [M]. 哈尔滨：哈尔滨工业大学出版社，2002.
[21] 吴丽华，等. 电子测量电路 [M]. 哈尔滨：哈尔滨工业大学出版社，2004.
[22] 侯国章. 测试与传感技术 [M]. 哈尔滨：哈尔滨工业大学出版社，2000.
[23] 雷霖. 微机自动检测与系统设计 [M]. 北京：电子工业出版社，2003.
[24] 刘凤新，等. 计算机辅助测试技术导论 [M]. 北京：电子工业出版社，2004.
[25] 解太林. 自动检测技术 [M]. 北京：高等教育出版社，2003.
[26] 殷春浩，崔亦飞. 电磁测量原理及应用 [M]. 徐州：中国矿业大学出版社，2003.
[27] 刘培基，王安敏. 机械工程测试技术 [M]. 北京：机械工业出版社，2003.
[28] 王仲生. 智能检测与控制技术 [M]. 西安：西北工业大学出版社，2002.
[29] 蔡萍，赵辉. 现代检测技术与系统 [M]. 北京：高等教育出版社，2002.
[30] 任德齐. 现代通信技术 [M]. 北京：机械工业出版社，2002.
[31] 林庆云. 应用电工学 [M]. 北京：电子工业出版社，2001.
[32] 李文海. 数字通信原理 [M]. 北京：人民邮电出版社，2001.

[33] 谢沅清，解月珍. 通信电子电路 [M]. 北京：北京邮电大学出版社，2000.
[34] 王恒杰，刘自然. 机械工程检测技术 [M]. 北京：机械工业出版社，1997.
[35] 平鹏. 机械工程测试与数据处理技术 [M]. 北京：冶金工业出版社，2001.
[36] 林占江. 电子测量技术 [M]. 北京：电子工业出版社，2003.
[37] 宋悦孝. 电子测量与仪器 [M]. 北京：电子工业出版社，2003.
[38] 饶运涛，邹继军，郑勇芸. 现场总线 CAN 原理与应用技术 [M]. 北京：北京航空航天大学出版社，2003.
[39] 俞卫芳，赵不贿，杨鲲. 基于 USB 的 CAN 总线适配器的设计 [J]. 计算机测量与控制，2005，13（11）：1250 – 1252.
[40] 安相璧，马效. 汽车检测设备与维修 [M]. 北京：北京理工大学出版社，2005.
[41] 邢文华. 汽车检测与诊断技术 [M]. 北京：国防工业出版社，2004.